親切的、活潑的、趣味的、致用的

實用歷史叢書

遠流出版公司

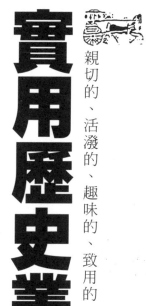

和親美人計

獨抱琵琶出陽關　始化干戈爲玉帛

李鴻建　著

《實用歷史叢書》

出版緣起

王榮文

・歷史就是大個案

《實用歷史叢書》的基本概念，就是想把人類歷史當做一個（或無數個）大個案來看待。

本來，「個案研究方法」的精神，正是因爲相信「智慧不可歸納條陳」，所以要學習者親自接近事實，自行尋找「經驗的教訓」。

經驗到底是教訓還是限制？歷史究竟是啓蒙還是成見？——或者說，歷史經驗有什麼用？可不可用？——一直也就是聚訟紛紜的大疑問，但在我們的「個案」概念下，叢書名稱中的「歷史」，與蘭克（Ranke）名言「歷史學家除了描寫事實『一如其發生之情況』外，再無其他目標」中所指的史學研究活動，大抵是不相涉的。在這裡，我們更接近於把歷史當做人間社會情境體悟的材料，或者說，我們把歷史（或某一組歷史陳述）當做「媒介」。

‧從過去了解現在

爲什麼要這樣做？因爲我們對一切歷史情境（milieu）感到好奇，我們想浸淫在某個時代的思考環境來體會另一個人的限制與突破，因而對現時世界有一種新的想像。

通過了解歷史人物的處境與方案，我們找到了另一種智力上的樂趣，也許化做通俗的例子我們可以問：「如果拿破崙擔任遠東百貨公司總經理，他會怎麼做？」或「如果諸葛亮主持自立報系，他會和兩大報紙持哪一種和與戰的關係？」

從過去了解現在，我們並不眞正尋找「重複的歷史」，我們也不尋找絕對的或相對的情境近似性。「歷史個案」的概念，比較接近情境的演練，因爲一個成熟的思考者預先暴露在衆多的「經驗」裡，自行發展出一組對應的策略，因而就有了「教育」的功能。

‧從現在了解過去

就像費夫爾（L. Febvre）說的，歷史其實是根據活人的需要向死人索求答案，在歷史理解中，現在與過去一向是糾纏不清的。

在這一個圍城之日，史家陳寅恪在倉皇逃死之際，取一巾箱坊本《建炎以來繫年要錄》，抱持誦讀，讀到汴京圍困屈降諸卷，淪城之日，謠言與烽火同時流竄；陳氏取當日身歷目睹之事與史實印證，不覺汗流浹背，覺得生平讀史從無如此親切有味之快感。

觀察並分析我們「現在的景觀」，正是提供我們一種了解過去的視野。歷史做爲一種智性活動，也在這裡得到新的可能和活力。

如果我們在新的現時經驗中，取得新的了解過去的基礎，像一位作家寫《商用廿五史》，用企業組織的經驗，重新理解每一個朝代「經營組織」（即朝廷）的任務、使命、環境與對策，竟然就呈現一個新的景觀，證明這條路另有強大的生命力。

我們刻意選擇了《實用歷史叢書》的路，正是因爲我們感覺到它的潛力。我們知道，標新並不見得有力量，然而立異卻不見得沒收穫；刻意塑造一個「求異」之路，就是想移動認知的軸心，給我們自己一些異端的空間，因而使歷史閱讀活動增添了親切的、活潑的、趣味的、致用的「新歷史之旅」。

你是一個歷史的嗜讀者或思索者嗎？你是一位專業的或業餘的歷史家嗎？你願意給自己一個偏離正軌的樂趣嗎？請走入這個叢書開放的大門。

目錄

序

化干戈為玉帛　血淚鋪就和親路

在人類歷史上，各「王室」之間的通婚聯姻，是一種十分自然也十分普遍的現象。這種通婚聯姻不僅是因為自古公主愛王子的門當戶對，還因為「王國」與「王國」結成「親家」，不僅增強了彼此間的信任與情感，增進了相互間的各種交融與交流，而且還可以在較短時間內，達到利益、名分乃至生死攸關的政治、軍事、經濟聯盟，形成雙贏的局面。因此在歐洲各國，這樣的通婚聯姻，幾成定制。在中國歷史上，這種王室之間的通婚聯姻——也就是中國人所說的「和親」，也可謂源遠流長。

細察「和親」一詞，最早在先秦文獻中即已出現。《周禮．秋官司寇第五》云：「象胥掌蠻、夷、閩、貉、戎、狄之國使，掌傳王之言而諭說焉，以和親之。若以時入賓，則協其禮與其辭言傳之。凡其出入、送逆之禮節、幣帛、辭令而賓相之。」《左傳．襄公二十三年》載：「四月，欒盈帥曲沃之甲，因魏獻子，以晝入絳。初，欒盈佐魏莊子於下軍，獻子私焉，故因之。趙氏以原、屏之難怨欒氏，韓、趙方睦。中行氏以伐秦之役怨欒氏，而固與范氏和親。」不過此兩處的「和親」一詞，單純是指華夏與蠻夷或各諸侯、家族權力集團之間的往來修好活動，並不含嫁娶姻親之內容在內。然而在先秦，諸侯王室，各政治集團之間通過聯姻，也就是後來所說的「和親」來修好結盟，鞏固雙方友好關係的情形卻比比皆是。《史記．五帝本紀》注《正義》引《帝王紀》云：「帝嚳有四妃，卜其子皆有天下。元妃有邰氏女，曰姜嫄，生后稷；次妃有娀氏女，曰簡狄，生卨，次妃陳豐氏女，曰慶都，生放勛。次妃娵訾氏女，曰常儀，生帝摯。」這位傳說中的五帝之一嚳玩的還是多元和親，搞的是平衡外交。周襄王（公元前六五一年～六一九年）時期，襄王欲借戎狄兵力伐鄭，先娶戎狄女為王后，然後與戎狄共同出兵鄭國。這就是最典型的以姻親方式結盟修好——和親。在中國歷史上，把皇帝的女兒（無論是貨真價實還是僅僅是名義上的）有目的地出嫁（下嫁、遠嫁），使得兩個不同民族或同一種族的兩個不同政權之間通過聯姻修好，兩大政治集團之間停止戰爭，捐棄前嫌，轉而建立和平、友好、親睦的關係，結成暫時的或表面的政治、軍事、經濟聯盟，這樣一種類型的和親，正如班固在《漢書》中所云：「和親之論，發於劉敬。」

漢高祖六年（公元前二〇一年），匈奴冒頓單于率兵攻打漢朝邊城馬邑，韓信投降。次年，匈奴勾結韓信，再次引兵南下圍攻漢晉陽（今山西太原），劉邦親率大軍往擊匈奴，結果在平城的白登山（今山西大同東南），陷入了匈奴騎兵的重重包圍之中，整整七天，只剩下坐以待斃，束手就擒的份。後來，劉邦採用大臣陳平之計，以金銀珠寶重賄匈奴閼氏（相當於單于皇后），君臣才得以趁隙突破重圍，急急如漏網之魚倉皇逃回。經此驚魂，劉邦自感大漢實力還不足以與匈奴抗衡，乃採用大臣劉敬的建議，主動與匈奴結「和親之約」，以「救安邊境」。為表明誠意，劉邦本想把自己女兒魯元公主嫁給匈奴單于，但遭到公主的母親呂后的堅決反對，無奈之下，劉邦只好把一位宗室女加封為大漢公主，嫁給了單于。除了與匈奴和親，漢每年還給匈奴送去大量的絮、繒、酒、米等物品作為陪嫁，並開放口岸，與匈奴進行邊境貿易。劉邦開了中國歷史上「和親」外交的先河，此後，朝廷認為透過出嫁當朝公主，以和親方式通好異域、異邦、異種（特別是少數民族），便成為大多中原王朝以及各少數民族政權奉行不悖的一種政治行為。

很顯然，漢初開始的和親，是漢朝在被逼無奈情況下的一種選擇，透過實施這種政策，漢王朝和匈奴保持了（至少在表面上）長期和平友好關係，從而給剛剛建立起來的大漢王朝帶來了休養生息的發展時間。有漢一代，在和親中發揮較大作用的公主共有兩人，一位是西嫁烏孫的解憂公主，她在西域生活半個多世紀，先後嫁給兩代三任烏孫國王，對烏孫的政治以及整個西域局勢產生了重大影響，成功地實現了漢王朝「斷匈奴右臂」的戰略目標。另一位就是千古流芳的王昭君了，昭君嫁入匈奴後，不但能夠「從胡俗」，畢生致力於匈奴與大漢的安定團結工作，而且還教導其子女，使他們繼續為漢匈團結友好作出不懈努力。昭君出塞，漢匈兩族「邊城晏閉，牛馬布野，三世無犬吠之警，黎庶忘干戈之役」，出現了持續五六十年的和平局面，一直為後人所津津樂道。以此為題材的各類文學作品更是汗牛充棟數不勝數，但值得一提的是，王昭君當時並不是以公主，而是以宮女的身分出塞和親的。

魏晉南北朝，中國社會進入數百年的大動盪、大分裂，同時也是大融合時期，除了中原王朝，各少數民族也紛紛建立自己的政權，其中不乏躍躍欲試問鼎中原者，於是民族矛盾就顯得異常尖銳。在各政權各政治集團之間，以和親方式互拉外援或者拆台挖牆腳的現象，也就屢見不鮮。由於此時的和親，很多是在各少數民族政權之間進行的，所以漢時所謂華夏正統論，也就棄之不論了，只要可以結成為同盟，無論夷狄，均可將金枝玉葉嫁過去或娶過來。另外還有一點，由於少數民族勢力的崛起，由於中原長期混戰不斷，此時中原王朝對於嫁過來的少數民族公主，都表現出前所未有的恭敬，西魏文帝甚至廢掉自己深愛的皇后，改立柔然公主為后，後來甚至為取悅柔然，「賜死」了原皇后。據不完全的統計，從公元二九三年到五八〇年，先後有十四位和親公主被立為嬪妃或皇后，其中絕大多數是少數民族入塞和親的女子，這在漢唐是根本不可想像的。

隋唐時期，無論是和親的對象，和親的地域範圍，還是和親的目的，都顯得超前寬泛，而且和親公主本人，也越來越多地在其中發揮主觀能動作用，影響雙邊多邊關係。比如和親突厥的義成公主，就利用其可賀敦（皇后）的地位，解了隋煬帝雁門之圍；出嫁回紇的咸安公主，則在調解唐與回紇的絹馬貿易糾紛中起了重要作用。唐朝國力強盛，加之統治者帶有鮮卑族的血統，因此對於少數民族更能採取開明的民族政策，立國之初，唐高祖李淵就說：「胡越一家，自古未之有也。」唐太宗李世民在與大臣討論與薛延陀部和親問題時甚至說：「朕為蒼生父母，苟可利之，豈惜一女！北狄風俗，多由內政，亦既生子，則我外孫，不侵中國，斷可知矣。」唐王朝先後與周邊的突厥、吐谷渾、鐵勒、吐蕃、契丹、奚等七個少數民族政權積極和親，其效果十分顯著。當然唐代和親對後世影響最大的，莫過於文成公主入藏了。

安史之亂爆發之後，逐漸走向衰弱的唐帝國不得不請回紇出兵幫助收復長安和洛陽，唐代最後的幾次和親，也幾乎是專對回紇一國了。為表明誠意爭得回紇的支援，憂心忡忡的唐肅宗甚至毫不猶豫拿出了自己的親生女兒寧國公主，也算是創下中原王朝和親「蠻夷之邦」的又一項紀錄。值得一提的是公元七八八年，唐德宗將自己第八個女兒咸安公主嫁給回紇的武義成功可汗，此後，咸安公主在回鶻（回紇後改名為回鶻）生活了二十一年，創造了歷嫁祖孫三代、兩姓、四位元可汗的和親記錄，一舉超過漢解憂公主和隋義成公主。

北宋時期，大臣們對於漢唐和親，大都持肯定或基本肯定的態度，但對現實的本朝和親，則大都持否定意見；南宋時期，大臣們則大都對和親持否定態度，反對南宋與金人議和。宋朝之所以在大兵壓境之時拒絕遼和西夏的求婚，不懂得以嫁公主來化干戈為玉帛，主要是因為在宋朝時期，理學興盛，君臣們總是把和親政策與倫理道德對立起來，從體面、尊嚴等方面來審視和親，提出「和親辱國」的極端看法，比如理學集大成者朱熹就把「中國結婚夷狄」視作「自取羞辱」。當時宋代人認為嫁公主於少數民族政權首領，是不可理喻的事，因此宋朝人寧可賠錢財也不肯嫁公主賠夫人，當然更不會主動去和親聯姻了。

遼、夏、金、元時期，由於這幾個政權都是少數民族建立的，所以這一時期的和親，頻繁而乾脆，少了繁文縟節的禮儀，功利性更強。有的公主出嫁，甚至是「三日成婚」，比現在閃婚一族速度還要快，但是和親目的與和親類型，卻明顯地比前朝更顯得多種多樣。比如在遼國，總是借和親的名義來調停西夏與宋朝的關係，以西夏來牽制宋朝，這在以往是很少有的。

值得一提的是元與高麗的聯姻，出嫁高麗的元朝公主，地位都很高，也顯得特別的強勢，她們幾乎無一例外都在高麗享有較高的地位，不過她們或因嫉妒心太強，或因太過貪婪，或者因為行為不太檢點，任性跋扈，大都沒給高麗人留下什麼好印象，只有一個承懿公主，憑著其果敢大度，贏得了一份真愛。

有明一代，幾無和親記錄。

與漢唐和親相比，清代的滿蒙聯姻則是中國歷史上一種別具一格的和親形態了。滿蒙統治集團之間累世交叉，親上加親，持續不斷的互相通婚，真正體現了滿蒙一體，親如一家的關係。細察滿蒙聯姻，其通婚人數，數不勝數，其通婚範圍，也已深入到帝王、親王、郡王以及中下層等整個滿蒙貴族階層，使得清廷與蒙古貴族都普遍建立起了血緣親屬關係。終清一代，滿蒙聯姻一直作為統治者奉行不替的一項基本政策，在清朝統一東北、入主中原、建立和鞏固多民族國家的過程中，這一國策發揮了極為關鍵的作用。

在中國漫長的封建社會中，從漢初無奈的選擇到唐朝積極和親直至滿蒙一體，親如一家，除了宋、明兩代，幾千年來，和親一直作為統治者遠交近攻、調處國家和民族關係的一項重要的外交手段和策略，和親之舉一直不絕於書。因此，一部中華民族史，既不乏金戈鐵馬，更少不了兒女情長，英雄的熱血與美人的熱淚，同樣成為鑄就千古青史不可或缺的內容。而在後者，數千年來遠嫁異域、埋骨他鄉、萬里和親的公主們的那一行行腳印，一串串熱淚，其內涵更豐富，其留下的歷史印跡似乎也更為清晰。毋庸贅言，那些走向異域，走入大漠的美麗公主們，雖然她們有的只是名義上的公主，並非當朝皇上真正的金枝玉葉，有的甚至是罪臣之女，但一旦踏出國門，她們或如戰地玫瑰，給衝突雙方帶來一絲暖意，或化身為一隻吉祥鳥，為大草原送去安寧與祥和，或主動調停戰爭，猶如和平鴿，以女人的溫柔發揮著千軍萬馬所難以達到的特殊作用。

當然，假如一個泱泱大國，要靠一位柔弱的女子去承當艱難的外交大任，這其中，又昭示著皇室的幾多無奈，幾多屈辱！又會令當朝君臣們感到何等地卑賤和悲哀！因此，雖然和親政策是古代中國一項重要的邊疆民族政策，其對民族友好、政治穩定、經濟文化的交融、發展都起到了顯著的推動作用，但這些和親，有的出於自願，有的是被迫無奈，有的成功，也有的失敗，並非每次都絕對的可靠，屢試不爽，有時甚至適得其反，其負面效應也十分明顯。比如魯桓公娶了齊襄公的妹妹文姜，不但未能聯手互利，反而禍起蕭牆，白白送了自己的性命。在歐洲歷史上，親家之間因王位繼承等原因反目為仇，甚至引起戰爭，也不乏其例。畢竟兩國關係要靠男女關係來維繫，總有些懸乎。因此，自古至今，「和親無益」，反對和親的也一直不乏其人。如班固就認為，「縉紳之儒則守和親，介胄之士則言征伐」，但這兩種方法「皆偏見一時之利害，而未究匈奴之終始也」。唐中期詩人戎昱，在目睹了唐肅宗以和親方式向回紇借兵給中原地區人民帶來的深重災難後，憤而寫下〈詠史〉一詩：「漢家青史上，計拙是和親。社稷依明主，安危托婦人。豈能將玉貌，便擬靜胡塵。地下千年骨，誰為輔佐臣」。

但是不管怎麼說，數千年來，還是有成百上千的美麗少女披著「和親」外衣，走上了充滿荊棘和險惡的悠悠遠嫁之路。這些少女們頭頂公主光環，遵從著比「父母之命，媒妁之言」更為嚴苛的君權之命，從她們踏出國門的第一步起，就猶如一隻隻被裝在籠子裡的小白兔，身不由己地被推上了充滿險惡與陰謀的政治祭台，無奈地去面對一個自己永遠也無法預知、無力把握、只能任人宰割的未來以及客死他鄉的悲慘結局。因此，無論哪朝哪代，恐怕沒有一位公主是笑著上路的，沒有一位心甘情願樂於背井離鄉去出塞和親的，淚水，憂傷，哀怨，淒婉，始終伴隨著這些無可奈何的和親公主們。西漢第一位遠嫁烏孫的公主——劉細君，是一位漢宗室之女，她遠別家人，來到烏孫，丈夫死了，她還得再嫁給丈夫的孫子，這對於一個來自「禮儀之邦」的女子來說，是何等的不可思議！可是當她上書漢朝天子，希冀親人能夠幫她解圍時，娘家人卻回答說：「從其國俗，吾欲與烏孫共滅胡」！細君無奈，她只得再次成為丈夫孫子的妻子，終於鬱鬱寡歡，積憂成疾，年紀輕輕便撒手人寰，埋骨異域他鄉。「吾家嫁我兮天一方，遠托異國兮烏孫王。穹廬為室兮氈為牆，以肉為食兮酪為漿。居常土思兮心內傷，願為黃鵠兮歸故鄉。」從她這首僅有的傳世之作，不難體味她當時的那種徹骨的思鄉之痛與獨在異鄉為異客的孤寂淒苦之心。

南北朝時，北朝皇室多出自草原的遊牧民族，因此他們與異邦王室之間的通婚，其出嫁公主就不像漢公主遠嫁時那樣淒切悲涼和形單影隻。然而頻繁的朝代更迭，也讓這些公主們嘗到了無根浮萍隨風飄零的滋味。突厥崛起後，西魏嫁長樂公主與突厥土門，北周也迎娶突厥之女為后，還嫁一位千金公主給突厥可汗。隋代周，隋文帝楊堅改封北周千金公主為大義公主，賜楊姓。後來，隋文帝聽說她寫了一首怨詩，便使反間計讓突厥可汗將她給殺了。其實大義公主那首怨詩，也不過有些國破家亡憂感傷情，恨時懷國罷了，根本不能算是「反詩」，只不過隋文帝要除去隱患，成心要她的命罷了，但令隋文帝萬萬沒有想到的是，大義公主的怨恨與命運，沒過多久便落到他隋朝公主的頭上，真是所謂「盛衰等朝暮，世道若浮萍！」短命的隋朝滅亡後，隋朝遠嫁異邦的公主也就如同大義公主，乃至還不如大義公主了。隋宗室女義成公主，於公元五九九年（隋開皇十九年）嫁給突厥啟民可汗，啟民可汗死後，義成公主又先後改嫁他的兒子始畢、處羅、頡利三位可汗，可謂勞苦功高。唐朝立國，國破家亡的義成公主多次要求丈夫頡利可汗出兵攻唐，為娘家報仇。六三〇年，唐將李靖大破突厥，頡利可汗、義成公主被俘，李靖竟將這位手無寸鐵的隋公主斬於劍下，而她的丈夫頡利可汗卻得到了赦免。

雖然元朝的公主們仗著娘家的勢力，都比較強勢，但是在「混世魔王」王燾為高麗王時，嫁過去的亦憐只班、金童、慶華三位公主，有的被打，年紀輕輕就不明不白地死去，有的甚至被強姦，日子過得也比較淒慘。

對於這些和親公主而言，一部和親史，就是一部悲歡離合的血淚史，她們以柔軟的肩膀，似水的柔情，以青春與智慧，以她們的熱血與熱淚，去充當國家無形的兵戈、城堡與紐帶，化干戈為玉帛，為國家，為人民帶來和平與安寧，但與此同時，她們也付出了青春，犧牲了愛情，甚至獻出了自己寶貴的生命。讓我們永遠不要忘記她們，一部中華民族史，少不了她們那憂傷的眼神與美麗的倩影！

琵琶幽怨多　青史第一人

劉細君

白日登山望烽火，黃昏飲馬傍交河。
行人刁鬥風沙暗，公主琵琶幽怨多。
野雲萬里無城郭，雨雪紛紛連大漠。
胡雁哀鳴夜夜飛，胡兒眼淚雙雙落。
聞道玉門猶被遮，應將性命逐輕車。
年年戰骨埋荒外，空見蒲桃入漢家。

這首借古諷今諷刺唐玄宗好大喜功窮兵黷武的《古從軍行》，為唐代詩人李頎所寫，詩中「公主琵琶幽怨多」中的「公主」，就是本文的主人公，中國古代第一位青史流芳的和親公主劉細君。正是她，以柔弱的肩膀擔負起國家民族大義，在二千一百多年前的漢武帝元封六年（公元前一〇五年），懷抱琵琶，帶著滿腔的幽怨，嫁入烏孫王室，讓中原王朝在遙遠的西域從此有了遠親，也為絲綢之路上的拓荒者們繫上了一條溫馨的紅絲帶。

一、白登之圍　和親伊始

細君和親，先從「白登之圍」說起。劉邦打敗項羽而建立的西漢王朝，一開始可以說是一個十足的爛攤子。由於秦王朝的殘暴統治，加之數年的農民起義與楚漢戰爭，連年戰亂，使得社會財富極端匱乏，皇上出行，連清一色的四匹馬都湊不齊，而將相們只能乘牛車去上朝。然而與此同時，與漢王朝相對峙的北方匈奴的力量，卻很強大，其勢力範圍東至遼河，西達蔥嶺，南到秦長城，北抵貝加爾湖，「士力能彎弓，盡為甲騎」，有「控弦之士三十餘萬」。他們常常越過長城，深入到中原地區，肆意搶掠人畜，劫奪財物，嚴重威脅到剛剛建立起來的西漢王朝。公元前二〇一年，匈奴單于派士兵圍攻漢北方重鎮馬邑，馬邑守將韓王信因受到劉邦猜忌，率部投降，匈奴「因引近南逾句注，攻太原，至晉陽下」（《漢書》〈匈奴傳〉），公開與剛剛建立的西漢王朝叫起了板。迫不得已，劉邦只得率三十二萬大軍親征。但令劉邦萬萬沒有想到的是，他率軍一到平城（今山西大同東北），馬上就被匈奴的四十萬大軍團團圍在了一個叫白登的地方，整整七天，「漢兵中外不得相救餉」。萬般無奈下，劉邦只得採納大臣的建議，派陳平偷偷去見匈奴單于冒頓的閼氏（匈奴稱單于之妻為閼氏），送給她許多金銀珠寶，還拿出一張預先畫好的美人圖，告訴她漢廷正準備將此絕色美女獻給單于，以換取匈奴撤圍。冒頓閼氏怕冒頓得到中原美女之後自己會失寵，於是就勸冒頓撤兵：「兩主不相困。今得漢地，而單于終非能居之。且漢主亦有神靈，單于察之」（《漢書》〈匈奴傳〉）。於是冒頓網開一面，劉邦才得以急急如漏網之魚，灰溜溜逃了出來，撿回一條命。

白登之圍雖解了，但是匈奴對西漢的威脅卻絲毫沒有解除。回來之後，驚魂未定的劉邦要大臣們商量如何對付匈奴，建信侯劉（婁）敬提出一個與匈奴和親的建議：「陛下誠能以適長公主妻之，厚奉遺之。彼知漢適女送厚，蠻夷必慕，以為閼氏，生子必為太子，代單于……冒頓在，固為子婿；死，則外孫為單于。豈嘗聞外孫敢於大父抗禮者哉？」（《史記》〈劉敬列傳〉）劉邦思來想去，覺得還只有此計可施，就準備派自己的女兒魯元公主出塞和親，嫁給匈奴單于，以保住自己好不容易得來的江山。但是劉邦此議卻遭到了呂后的堅決反對，她向劉邦哭訴：「妾唯太子、一女，奈何棄之匈奴！」拗不過老婆的劉邦只得「取家人子為公主，妻單于」，就以假代真，將一名宗室女封為公主，派劉敬為使者，與匈奴和親。

自此之後，無論是在漢惠帝、呂后時代，還是漢文帝、景帝時期，漢一直都與匈奴和親不絕。直到漢武帝建元元年（公元前一四〇年），單是《漢書》中記載的與匈奴的和親就達九次之多，先後有九位宗室女被封為大漢公主嫁到了匈奴。漢武帝即位，一開始也是「明和親約束，厚遇，通關市，饒給之」，延續漢初的和親通商政策，不敢得罪匈奴。通過和親，匈奴得到了大量的絮、酒、米等物資。然而雖然漢朝通關市、贈財物、嫁公主，匈奴卻一直未停止對漢邊界的侵擾：「漢與匈奴和親，率不過數歲，而復背約」。

漢武帝時期，經過「文景之治」，幾十年的休養生息使漢王朝經濟得到了較大的恢復和發展，國力大增，軍事力量也逐漸強大起來：「天子為伐胡，盛養馬，馬之來食長安者數萬匹。」

這時的漢武帝劉徹準備以武力來征服匈奴，解除邊患，一雪幾十年之恥。但他也深知，匈奴並不是那麼好對付的，靠硬拚恐怕還是打不過人家，他想出的第一招，即是遠攻近交，派張騫出使西域，希望能從西域五十多個國家中尋找一同抗擊匈奴的盟友。

早在建元年間（公元前一四〇～一三五年），漢武帝就曾聽匈奴降者說，匈奴老上單于擊敗西域大月氏時，曾以大月氏國王頭骨做成飲酒器，大月氏迫不得已逃向西方，深怨匈奴，一心想報仇雪恥，卻又找不到盟友來共擊匈奴。於是公元前一三八年，漢武帝派張騫與堂邑父等百餘人出使西域，首要聯絡對象就是大月氏。可是張騫一行人在出隴西，途經匈奴地區時，不幸被匈奴抓住。匈奴君臣單于把張騫拘留了十幾年，並強迫他娶匈奴妻子生兒育女，一心想招降張騫，「然騫持漢節不失」。後來，張騫乘匈奴不備，與堂邑父率眾逃了出來，並日夜兼程，風餐露宿，輾轉到達今新疆伊黎河流域的大月氏。然而不幸的是，此時「大月氏王已為胡所殺，立其夫人為王。既臣大夏而君之，地肥饒，少寇，志安樂，又自以遠遠漢，殊無報胡之心」（《漢書》〈張騫傳〉）。於是大月氏拒絕張騫要他們與漢聯合對付匈奴的建議。後來張騫與堂邑父於公元前一二六年歷盡艱辛輾轉回到長安。

計畫雖然落空，但這並未動搖和改變漢武帝抗擊匈奴的決心。元光二年（公元前一三三年），漢武帝採納大行王恢的建議：「佯為賣馬邑城以誘單于」，於馬邑布下三十萬大軍準備伏擊匈奴，不料為匈奴識破，未能成功。漢武帝元朔二年（公元前一二七年），武帝派大將軍衛青率十萬大軍出塞，由雲中郡重拳出擊，直掃河套南部地區，趕走了匈奴的白羊、樓煩王，並俘獲了數千人，這是漢匈交戰中漢軍取得的第一場大勝利。元狩二年（公元前一二一年），漢武帝又遣驃騎將軍霍去病率部深入河西走廊，一直打到焉支山（今甘肅山丹東南）、祁連山，捕斬匈奴混邪王子、相國、都尉等百餘人，匈奴右地渾邪王率領四萬眾投降，單于及左賢王遁逃，匈奴不得不退出了河套及其以西地區，河西走廊從此就沒有了匈奴足跡。丟掉祁連山、焉支山，對匈奴影響很大，因祁連山區是匈奴的重要牧場，焉支山盛產紅藍，其花可以做胭脂，因此此役之後，匈奴人悲歌曰：「失我祁連山，使我六畜不繁息；失我焉支山，使我婦女無顏色。」元狩四年（公元前一一九年），衛青、霍去病又兵分兩路，率十萬精騎兵及數十萬步兵，越沙漠尋殲匈奴主力。此役共消滅匈奴近九萬人，霍去病封狼居胥山，臨瀚海（北海，今貝加爾湖）而還，而匈奴伊雅斜單于不得不率殘部北遁，至此「幕南無王庭」，匈奴勢力算是正式退出了漢南地區。

然而，彪悍的匈奴並未由此而善罷甘休，西域樓蘭等五十餘國還處於匈奴的控制之下，成為匈奴的大後方。匈奴在焉耆、危須、尉梨等地設置「僮僕都尉」，控制商道，收取賦稅。據《漢書》記載，在西域，只要匈奴使者持單于信到國，「國傳送食，不敢留苦」，而漢朝使者在西域則「非出幣物不得食，不市畜不得騎」。因此，要想徹底擊敗匈奴，從根本上解除邊患，首先是要爭取西域諸國對漢的支持。而當時西域五十餘國中，最值得爭取的要數最為強大的烏孫國。據《漢書》〈西域傳〉載，當時烏孫國「戶十二萬，口六十三萬，勝兵十八萬八千八百人」，算得上是西域第一大國。張騫在第一次出使西域時就聽人說過，烏孫與大月氏原來均在祁連山附近游牧，後來烏孫王難兜靡被大月氏攻殺時，他的兒子獵驕靡剛剛出生，由匈奴冒頓單于收養成人。公元前一六一年，在匈奴的支持和援助下，獵驕靡率領部眾西擊並趕走了大月氏，在原大月氏領地伊黎河流域一帶，重新建立了烏孫國。多年來烏孫國一直是匈奴的附屬國，獵驕靡感念匈奴的收養之恩，但又不願意長此以往蜷伏於匈奴的肘腋之下：「會單于死，不肯復朝事匈奴，匈奴遣兵擊之，不勝，益以為神而遠之」（《漢書》〈張騫傳〉）。可以說烏孫國是西域諸國中唯一能使匈奴稍有忌憚的國家。因此，張騫向漢武帝建議：「誠以此時厚賂烏孫，招以東居故地，漢遣公主為夫人，結昆弟，其勢宜聽，則是斷匈奴右臂也。既連烏孫，自其西大夏之屬皆可招來而為外臣。」（《漢書》〈張騫傳〉）漢武帝聽從了張騫的建議，於元狩四年（公元前一一九年）拜張騫為中郎將，令他率三百人，馬六百匹，並帶上牛羊萬頭，金帛上萬，浩浩蕩蕩地第二次出使西域。

但張騫這一次出使烏孫，也像當年出使大月氏一樣，未能達到預期的目的。原來此時的烏孫國早已一分為三，年老體衰的昆莫已做不了什麼主，而大臣們因為烏孫離漢太遠，並不知道漢帝國的實力大小，且已習慣了現在的生活，因此無論張騫怎麼說，烏孫上下都不願意東居故地，娶漢朝公主，只是出於禮貌，且又收了那麼多的禮物，就派了數十人的使團，帶上數十匹馬等禮物在漢武帝元鼎二年（公元前一一五年）隨張騫到達長安，以示答謝。

然而在長安盤桓了一段時間，大為驚豔的烏孫使者回國以後，極力向昆莫誇耀他們所見的大漢王朝：山川壯麗，建築雄偉，物產豐盛，商業繁榮，文化發達，人物俊美，強大的漢王朝這才引起了烏孫上下的關注。而與此同時，匈奴單于伊雅斜聽說烏孫與漢互通使者，非常惱怒，幾次揚言要出兵教訓一下烏孫。烏孫國上下頓時害怕起來，因為這時國家已一分為三，勢單力薄，絕不是匈奴的對手。再加上自張騫第二次出使西域後，漢與大宛、大月氏等國建立了聯繫，頻繁地派使者出訪，深恐在外交、軍事上陷於孤立的烏孫，遂又派使者來到長安，主動提出要與漢結盟和親。

對於烏孫的和親請求，漢武帝一開始有點兒將信將疑，他堅持要求烏孫先送聘禮來，才可出嫁公主。烏孫國王於是馬上選了一千匹上好的烏孫馬，派人送到長安。漢武帝欣喜異常，他將烏孫馬稱之為「天馬」，立刻就答應了烏孫的和親請求。於是在元封三年（公元前一〇八年），漢武帝封原江都王劉建女兒劉細君為公主，令她前往烏孫和親。

二、惜別鄉關　遠嫁烏孫

算起來劉細君還是漢武帝劉徹的侄孫女。劉細君的祖父劉非與漢武帝劉徹，為同父（即漢景帝劉啟）異母兄弟，比劉徹大十二歲。漢景帝二年（公元前一五五年），劉非被封為汝南王，次年吳楚七國之亂時，年僅十五歲的劉非主動請纓，自告奮勇要求率軍伐吳。漢景帝賜劉非將軍印，血氣方剛的劉非越戰越勇，率部打敗了吳國。景帝遂將吳國改為江都國，封劉非為江都王，國都廣陵（今揚州），並「以軍功賜天子旗」。劉非前後守江都二十七年，他任用董仲舒為江都相，採納其「獨尊儒術」的一系列治國方略，使揚州迎來歷史上第一個經濟社會繁榮發展的鼎盛時期。劉非去世後，其子劉建，也就是細君的父親嗣為江都王。劉建從小在王宮長大，養尊處優，放蕩不羈，父親去世後，他認為江都國就是他的天下了，於是更加荒淫無度，為所欲為起來：「所行無道，雖桀紂惡不至於此。」（《漢書》〈景十三王傳〉）更為嚴重的是，他還聯絡不滿朝廷的劉安等人，企圖謀反：「創皇帝璽，鑄將軍都尉金銀印，作漢使節二十，綬千餘。」（《漢書》〈景十三王傳〉），這些事很快就被捕風捉影、添油加醋地捅到漢武帝那裡。漢武帝遂派員前往廣陵查辦，劉建知罪不可赦，於元狩二年（公元前一二一年）以衣帶自縊身亡，其妻子，劉細君的母親則以同謀罪被問斬，除江都國為廣陵郡。

父母死時，劉細君還只是個剛剛學會走路的小女孩，漢武帝赦她無罪，並將她召入長安宮中派專人照顧她的起居，教她讀書寫字。由於從小聰明伶俐，且容貌秀美，所以細君很得漢武帝，也就是她的叔祖父劉徹的疼愛。到元封年間，劉細君已出落成能詩善文，精通音律，才貌雙全的大姑娘了。可是由於國破家亡，她養成多愁善感的個性與體弱多病的體質，但有叔祖父顧惜，日子過得還算寧靜。然而漢武帝的一紙詔書，卻讓她從此不得不告別焚香撫琴、品茗賞曲的閨房生活，走上一個完全陌生的人生舞台了。

漢武帝元封六年（公元前一〇五年），盛裝的劉細君在數百名隨從官員、車隊、雜工以及侍女的簇擁下，懷抱漢武帝特命樂工根據琴、箏、箜篌等樂器為她製作的便於馬上彈奏的琵琶①，帶著數百輛滿載大量金銀珠寶、綾羅綢緞等陪嫁的車隊，浩浩蕩蕩地一路西進。氈車外，彩旗高飄，鼓樂喧天，可車廂內，劉細君卻是蹙眉緊鎖，雙眸含淚。越往西走，人煙越稀少，服飾越怪異，膻腥之味越來越濃，「野雲萬里無城郭，雨雪紛紛連大漠」，一切都是那樣的陌生，那樣的格格不入，她只能將滿腔幽怨與無奈，化作斷斷續續的琵琶清音，將自己的未來，交予這無盡的大漠草原了。

關於細君公主出嫁，民間還有另外一種傳說。劉細君出嫁的車隊是從她的家鄉江都出發的，當車隊行經安徽一個叫靈璧的地方時，人踟躕，馬不前，細君停車下馬，在一處山岩前悄然佇立，她手撫巨石，東望鄉關，久久不忍離去，以至於劉細君的汗漬在石上留下一枚清晰的手印。一個大大的手印，烙下了細君對故鄉的無限不捨與思念，也顯示了她對未來生活的踟躕與無奈。後來，當地的工匠感於細君的思鄉之情，就在她手撫巨石的地方，摹刻了一個石手印。不過劉細君畢竟是以公主的身分出嫁，是皇家嫁女，出嫁時從江都出發的可能性不大，但出嫁前武帝念其即將離鄉去國，身邊又沒有什麼親人，故額外開恩，讓她回一趟江都故國，祭祖拜別，倒是有可能的。

據史書記載：「烏孫國，大昆彌治赤穀城……東至都護治所千七百二十一里，西至康居蕃內地五千里。地莽平。多雨，寒。山多松。不田作種樹，隨畜逐水草，與匈奴同俗。」（《漢書》〈西域傳〉）我們知道，西域游牧民族，大多逐水草而居，他們春天大多生活於河谷地段，夏季隨著氣溫的上升，就開始搬到海拔較高的山地草場，人畜在此度過炎熱的夏天，到了秋天，他們再返回山下的草場，而在寒冷的冬天，他們就又會選擇向陽的坡地定居過冬。烏孫人也同樣有這樣的生活習性，他們有夏都和冬都兩個都城。在烏孫夏都赤穀城，為了迎接遠道而來的這位漢家公主，烏孫人也早早地忙碌起來，數百頂帳篷被收拾得乾乾淨淨，帳前帳後更是花團錦簇。劉細君到達的那一天，大路兩旁官民奏起了胡樂，能歌善舞的烏孫人穿著節日盛裝，載歌載舞，熱情歡迎來自遠方的新娘。烏孫人見劉細君生得纖弱嫻靜，白嫩豔麗，一見面就親切地稱她為「柯木孜公主」（意即膚色白淨美麗像馬奶酒一樣）。烏孫昆莫獵驕靡更是欣喜異常，立即封劉細君為「右夫人」。漢烏聯盟，至此算是邁出了實質性的一步。

而在此時，不甘失敗隨時都想捲土重來的匈奴單于，聽說烏孫與漢結為秦晉之好，惱怒異常。他馬上也東施效顰，「亦遣女妻昆莫」，匆匆打扮一名女子，嫁給獵驕靡為妻。畢竟烏孫與匈奴為鄰，離漢朝太遠了，無奈之下，「昆莫以為左夫人」。烏孫以左為貴，獵驕靡立匈奴女為左夫人，這是他的謹慎之處，看得出來，此時他及大臣們仍然畏懼匈奴的勢力，希望在漢朝與匈奴之間保持某種平衡。

匈奴公主的到來，無疑使劉細君的日子雪上加霜，因烏孫與匈奴同俗，匈奴公主自然在烏孫大草原上馬上來馬上去，挽弓射鵰，縱橫馳騁。很容易就會被接受認同與烏孫君臣上下打成一片了。而出身於魚米之鄉，長在深閨之中的劉細君，想要一下子就適應這逐水草，住氈房的異族生活，談何容易？好在善解人意的獵驕靡不久就特地為她仿漢建築建了一座宮室，讓她獨居，這才讓她暫時安定了下來。

語言不通，生活方式都與中原不一樣，丈夫昆莫獵驕靡又是一個鬢髮皆白的七十多歲的老頭子，兩人每年相聚才一兩次，所謂夫妻只不過掛個虛名而已，根本談不上有什麼感情可言，現在再加上有左夫人從中作梗，身為右夫人的劉細君四面楚歌，其處境也就可想而知了。但儘管艱難無比，劉細君沒有忘記自己所肩負的使命，沒有忘記漢武帝對她的千叮萬囑。在她的草原宮殿裡，她經常「置酒飲食，以幣帛賜王左右貴人」。她帶去的數百名官員、僕傭也跟她一起，上下疏通，廣泛交遊，大力傳揚漢王朝的繁榮強盛以及跟烏孫結盟的誠心誠意。這樣子沒過多長時間，劉細君不但贏得了老昆莫的信任，而且也贏得了烏孫上下的好感，算是在烏孫站穩了腳跟，沒讓那位匈奴公主專美於前。

跟匈奴公主相較，細君有她的優勢，不要說那高貴大方的氣質，單是她隨身攜帶的大量的綾羅綢緞，就是匈奴公主根本拿不出來的。比起獸皮衣服來，絲綢做成的袍子自然漂亮也柔軟舒適得多，這是昆莫及其王公大臣們夢寐以求的。能得到右夫人的一件綢衣絲巾，在烏孫人看來那是莫大的榮幸了。因此，柔軟無比的絲綢，彷彿成了劉細君手中一把利器，她就用它來為漢烏聯盟，為漢朝在西域勢力的拓展鋪路了。

有一說，西域的蠶桑業起源於劉細君。原來，當時漢王朝雖然允許向西域輸送絲綢製品，進行絲綢貿易，卻不允許輸入桑蠶業，所以西域人雖然喜歡絲綢，卻不知道絲綢的來源，更無法生產。劉細君出嫁時，把蠶和桑的種子帶到了西域，並教會了當地人種桑養蠶，蠶桑業由此在西域流傳開來。不過這種說法未能見證於正史。其實，劉細君的家鄉江都（今揚州），蠶桑業極為發達，相信她的許多女傭隨從也有不少來自江都，她們對種桑養蠶並不陌生，養蠶技術由她們帶到西域，也不是不可能②。

但有一點，細君此行開啟了邊疆的屯田業，卻是史實。細君遠嫁，數百名官員隨從中有相當一部分屬於軍隊官兵系列，他們一來是為了保護細君，二來也是顯示大漢軍威。這些人隨細君到了烏孫，自然一下子也不習慣逐水草而居的異域生活。為安頓生計問題，他們開始在烏孫國的肱靁（今伊黎河谷）屯田，在那裡繁衍生息，這就是歷史上有名的赤穀屯田，西域數千年的屯田史，也由此開啟。

三、再嫁夫孫　魂斷雪域

轉眼間，細君嫁到烏孫國已是一年有餘了。一年來，她每天看到的就是「天蒼蒼，野茫茫，風吹草低見牛羊」的異域風景，無論是桃紅柳綠，鶯飛草長的故國風光，還是彩燈高懸，車水馬龍的長安風情，都只能在夢裡相見了。史載烏孫國「民剛惡，貪狠無信，多寇盜，最為強國。」（《漢書》〈西域傳〉）身處這樣的環境，與這樣的人相處，劉細君其處境與心態自然也就可想而知了。想想自己的身世，感嘆命運的悲涼與現實的無奈，劉細君常常懷抱琵琶，獨自徘徊於伊黎河畔，自彈自唱，以歌聲來抒發心中那無以排解的哀怨：

吾家嫁我兮天一方，遠托異國兮烏孫王。

穹廬為室兮旃為牆，以肉為食兮酪為漿。
居常土思兮心內傷，願為黃鵠兮歸故鄉！

這首被班固收入《漢書》的《悲愁歌》（又名《黃鵠歌》），輾轉傳到長安以後，就連鐵石心腸的漢武帝聽了也不禁潸然淚下。但為了朝廷的大局，他只能「間歲遣使者，持帷帳錦繡給遺焉」（《漢書》〈西域傳〉）。每隔一年派使者攜帶帷帳衣飾等前往烏孫慰問，勉勵細君安心邊塞，不辱使命。

作為烏孫歷史上一位傑出的政治家，獵驕靡雖然很少與細君相會，但細君的哀怨與處境，他卻是知道的。按照匈奴等北方民族風俗：「父死，妻其後母，兄弟死，皆取其妻妻之。」國王死後，他的妻子必須嫁給其子孫為妻的。為了細君的幸福，也怕將來兇險莫測的政局變化可能對細君不利，從而影響了漢烏聯盟，獵驕靡決定在自己生前就將細君嫁給他的王位繼承人，年紀與細君相仿的孫子——軍須靡。

嫁給爺爺，再嫁給孫子，在烏孫國這是再正常不過的事，可在從小接受儒家倫理道德教育的劉細君看來，卻是極其違反倫理綱常大逆不道的啊！她幾次要求獵驕靡收回成命，可獵驕靡就是不聽。萬般無奈下，她不得不上書漢武帝，表示自己萬萬不能接受這一傷風敗俗的安排，她懇求漢武帝，一旦老昆莫歸天，便將她召回，讓她能夠魂歸故里。但令細君失望的是，她的叔祖父的回答卻是：「從其國俗，欲與烏孫共滅胡！」（《漢書》〈西域傳〉）要她為國家大局計，按照烏孫國俗，再嫁軍須靡。

傷心絕望之下，劉細君只得含悲忍辱，再次穿上嫁衣，嫁給了丈夫的孫子軍須靡。雖然軍須靡與她年齡相仿，待她也不錯，但是這樣的婚姻一直讓細君感到羞愧難當，心中的陰影怎麼也揮之不去，自然也就沒有什麼快樂可言了。兩年後，獵驕靡病故，軍須靡繼承了王位（官號岑陬），成為新的烏孫昆莫，細君為軍須靡生下一個女兒，取名少夫。一想到女兒的父親是自己原先丈夫的孫子，劉細君甚至連看女兒一眼的勇氣也沒有，這如果在中原故鄉，那是千夫所指，禽獸不如啊！因此，生下女兒後，細君的心情反而更加抑鬱憂傷，再加之水土不服，產後失調，年紀輕輕的母親不久即丟下繈褓中的女兒，撒手而去。

由藩國郡主淪為罪臣之女，再由罪臣之女高升為大漢公主，最終成為烏孫王祖孫兩代的妻子，幾番沉浮，飽嘗人間的榮寵辛酸，命運多舛的劉細君，最終永遠長眠於伊黎河畔，香消玉殞於異國他鄉了。

細君遠嫁，把征戰的號角化作迎親的嗩吶，讓琵琶的清音取代殺伐的鼙鼓，雖然在烏孫只有短短的五年，但作為一位和親公主，劉細君無疑為了民族的團結，國家的安寧，為了千百萬人能夠安居樂業，為了不再「年年戰骨埋荒外」，作出了巨大的犧牲與貢獻。作為第一位名留青史的和親公主、絲綢之路上的第一位女性、最早的開拓者之一，後人一直沒有忘記劉細君。唐代大詩人白居易曾為之詠嘆：「烏孫公主歸秦地，白馬將軍入潞州……畫角三聲刁斗曉，清商一部管弦秋。」宋代大詩人黃庭堅亦發出千年之嘆：「……萬里嫁、烏孫公主。對易水、明妃不渡。淚粉行行，紅顏片片，指下花落狂風雨……」民國初年，細君家鄉的一位著名國學大師劉師培，曾作一首七律《烏孫公主歌》，表達家鄉人民對兩千多年前這位萬里和親運河女兒的深切緬懷：

胡箏撥怨黃金徽，麈轂凝香紈罽幃。
鏡裡青鸞知惜別，歌中黃鵠寧羈飛？
狼望春花雪絮積，龍堆秋草陽暉稀。
到此應輸青塚骨，芳魂猶共佩環歸。

附注

①最早提到劉細君與琵琶關係的，是晉人傅玄《琵琶賦．序》：「聞之故老云：『漢遣烏孫公主，念其行道思慕，使知音者裁琴、箏、筑、箜篌之屬，作馬上之樂。』觀其器，盤圓柄直，陰陽序也；四弦，四時也。以方語目之，故曰琵琶，取易傳於外國也。」明確指出，琵琶的發明直接因於細君和親，另外，同時代的石崇在《明君詞．序》裡也說：「昔公主劉細君嫁烏孫，令琵琶馬上作樂，以慰其道路之思，其送明君王昭君亦必爾也。」唐人段安節在《樂府雜錄》中則說：「琵琶，始自烏孫公主造。」直接把琵琶的發明同劉細君聯繫了起來。到了宋代，蘇軾《宋書達家聽琵琶聲詩》云：「何異烏孫送公主，碧天無際雁行高。」更是把細君琵琶當成了公認的典故來使用。

②關於蠶桑如何被傳到西域，還有另外的說法。有一種說法是西域於闐國王派人到漢王朝求親，漢朝許配公主與其和親。和親時，公主悄悄把蠶種和桑籽藏進鳳冠裡帶走，西域人這才知道中土的絲綢是怎麼來的。據說，現在新疆麻射蠶神廟裡的古桑，就是當年公主遠嫁於闐國時帶去的種子栽植的。還有一種說法是，西域人是將蠶種裝在手杖中帶回樓蘭，從此蠶桑業就在西域流傳了開來。不管有多少種說法，但有一點是真的，那就是西域的蠶桑技術肯定是來自中原，而且其傳播途徑應該不是僅此一路。

烏孫族國母　功成歸故里

劉解憂

漢武帝太初年間（約公元前一〇一年左右），滿眼蔥綠、牛羊成群的河西走廊又再一次響起了喜慶的嗩吶與鼓樂聲。數百輛花團錦簇的彩車，數不盡的迎風招展的彩幡，還有盛裝的士兵，穿著豔麗的侍女以及那金色的綬帶，惹眼的節仗，都昭示著這是一支不同尋常的送親隊伍。這是皇家嫁女，那披金掛銀、雍容華貴地坐在大紅步輦上的，是漢武帝剛封的大漢公主劉解憂。他們要去的，是遠離長安的伊黎河畔的烏孫國，解憂公主要嫁的，是烏孫昆莫軍須靡，也就是細君公主的第二任丈夫。

原來在細君公主去世後，軍須靡又再次上書，求娶漢家公主。漢武帝於是封原楚王劉戊的孫女劉解憂為公主，令她踩著細君公主的腳印，前往烏孫和親。而劉解憂跟劉細君一樣，也是一位罪臣之女啊。楚王劉戊，乃是漢高祖劉邦的三弟劉交的孫子，他被封為第三代楚王。西漢初期的王侯，那可是不可一世的。漢文帝、景帝時期，實行無為而治，與民休養生息，對各諸侯國的管轄相對較少，各諸侯國政治、軍事實力也就漸漸強大了起來，於是乎，就有一些王侯們開始不買朝廷的賬，獨霸一方，意圖犯上作亂。史載楚王劉戊「稍淫暴。二十年，為薄太后服私奸，削東海、薛郡，乃與吳通謀。」（《漢書》〈楚元王傳〉）淫暴的劉戊竟然不服處罰，開始與吳王劉濞私下聯絡，圖謀不軌。公元前一五四年，御史大夫晁錯等向漢景帝提出「削藩」的改革措施，建議將諸侯國的地盤收歸中央，以削弱他們的勢力。吳王劉濞探聽到消息後，就搶先一步聯絡楚、趙、膠東等六國，以「清君側，誅小人」為口號，浩浩蕩蕩地起兵殺向長安，這就是歷史上有名的「吳楚七國之亂」。無奈之下，漢景帝先是腰斬了晁錯，後又急派太尉周亞夫率領三十六個將軍去平叛。三個月後，叛亂被平定，吳王劉濞被殺，劉戊見大勢已去，自殺身亡。經此一劫，劉戊家族中人絕大多數難逃一死，只有極少數人得以僥倖活了下來，這其中就有劉解憂的父親。

同是罪臣之女，同樣命運坎坷，解憂卻不像細君那樣多愁善感、弱不禁風。劉解憂從小生長在民間，暗淡的幼年生活磨練了她的意志，因此她比一般女孩子顯得更為成熟與剛強。雖然走的是同一條路，同樣是和親烏孫，但坐在步輦中的劉解憂，卻不像幾年前的劉細君那樣多慮心酸。更難能可貴的是，解憂深受儒家思想影響，充分理解朝廷的和親政策，她認為，既為漢室子孫，理當為國分憂，所以她並未被劉細君的遭遇，被即將到來的異域生活，或被未來莫測的命運所嚇倒，而是帶著一股巾幗不讓鬚眉的勇敢和堅毅，出陽關，越天山，涉流沙，一路走進西域諸國那錯綜複雜、鉤心鬥角的歷史舞台。此時此刻，可能連她自己都沒有想到，這一去竟然就是整整五十年！而且這半世紀的風雨人生，竟然會影響中華民族，特別是西部地區少數民族數千年的發展史。

一、一波三折　解憂解憂

解憂公主到達烏孫後，依舊被封為右夫人，與左夫人匈奴公主同事軍須靡。解憂明白，要想不辱使命，首先得融入這個社會，成為一位道地的烏孫人。因此，從一開始，她就和她的貼身侍女馮嫽一起，學騎馬，學烏孫語，吃乳酪，飲牛乳，在很短的時間內就適應了馬上來馬上去的草原生活。解憂知道，軍須靡封她為右夫人，封匈奴公主為左夫人，說明此時烏孫對匈奴和漢朝的態度還是近乎一視同仁，哪邊都不得罪，但是更傾向匈奴，畢竟匈奴離烏孫國太近了，匈奴又掌控著西域諸國，她和匈奴公主誰更得寵，將會直接影響到烏孫、漢與匈奴彼此間的角力關係。兩個女人所爭奪的，不僅僅是一個男人，更是一個對自己家鄉、民族命運有著重大影響的國家。解憂在侍女馮嫽的協助下，與匈奴公主鬥智鬥勇，不久即在軍須靡面前贏得重視，在烏孫的政治、社會生活中爭得了一席之地。

然而幾年下來，解憂卻未能為軍須靡生下一兒半女，反而是匈奴公主生下了一個兒子。軍須靡親自為兒子取名泥靡，並確定其為王位繼承人。

一個小小的嬰兒，使外交天平頃刻傾斜。眼看著烏孫上下日漸親近匈奴，雙方使者往來不絕，漢烏聯盟似乎就要夭折了。但就在解憂來到烏孫四、五年之後，軍須靡突然一病不起，眼見兒子泥靡年紀尚小，處於彌留之際的軍須靡就立下遺囑，讓自己的堂弟翁歸靡繼承王位：「泥靡大，以國歸之。」要求翁歸靡等到泥靡長大以後，再將王位還給他。

軍須靡去世後，翁歸靡繼承了王位，成為新的烏孫國王。因為他身寬體胖，被稱之為肥王。肥王依舊娶了匈奴公主和解憂公主為左右夫人。

作為烏孫歷史上一位有作為的政治家，豪爽健碩，胸懷大志的翁歸靡很快就喜歡上了善解人意、進退有度、聰明開朗的解憂公主。婚後，翁歸靡與解憂兩人整日形影不離，烏孫人經常可以看到，解憂身著烏孫服飾，頭戴孔雀翎羽帽，身穿貂狐裘，肩披狼尾，騎著馬和翁歸靡肩並肩巡視各部。而且婚後幾年內，解憂接二連三地為肥王生下三個王子：元貴靡、萬年和大樂，還生下兩位公主：弟史和素光，成了名副其實的烏孫國母。兒女繞膝的翁歸靡，不但在生活上對解憂關懷備至，在一些國家大事上，也時常聽從解憂的意見。烏孫與漢王朝之間，更是人員往來不斷，信使不絕於道，而與匈奴則日益疏遠了。之所以會發生如此逆轉，除了解憂個人的努力，也因為越來越強大的漢王朝成為了解憂堅強的後盾，還有當年軍須靡留下泥靡為王位繼承人的遺囑，翁歸靡自然要加強與大漢的聯絡，以壓制國內親匈奴勢力，努力鞏固自己的地位了。

而此時的劉解憂，不僅僅以自己的才智、努力去影響烏孫政局，她還眼高一著，以烏孫為基地，派侍女馮嫽出訪西域諸國，以擴大漢王朝在西域的影響。說到馮嫽，堪稱是一位了不起的女性，「能史書」、「內習漢事，外習西域諸國事」，聰慧伶俐而且富有見識，名義上她為侍女，其實就是解憂的左右手。到了烏孫之後，解憂將她嫁給了烏孫身分顯赫的右將軍為妻，這樣她就與解憂一個宮外，一個宮內，互相幫襯，化解了一個又一個矛盾與危機。受公主委託，馮嫽以大漢「欽差大臣」的身分，持漢旌節，駕著錦車，翻雪山，越大漠，出訪了西域三〇多個城郭國家。她熱心為各國排憂解難，推心置腹地替國王大臣們出謀劃策，所到之處受到上上下下隆重而熱烈的歡迎，城郭諸國都尊稱她為「馮夫人」。馮嫽的出訪，不但使西域諸國對大漢有了進一步的了解，爭相與漢交好，也使解憂在烏孫的地位得到進一步的鞏固，至此和親政策可以說取得了初步的成效了。

當然，和親之所以會產生這樣的影響，還取決於當時漢王朝、烏孫、匈奴之間力量的彼消此長。經過衛青、霍去病、李廣利等將領數十次的打擊，此時匈奴勢力已經再也不比從前了，而漢王朝無論經濟還是軍事均處於上升時期。隨著漢朝在西域軍事、政治影響的越來越強，烏孫等西域諸國也就越來越不甘於匈奴的控制，這也就為解憂、馮嫽她們發揮和親威力、結盟西域諸國提供了一個極好的歷史機遇。

面對漸漸失去控制的西域諸國，強悍的匈奴自然不會就此罷手，它還要作最後的掙扎。漢昭帝末年（公元前七十四年），為了切斷烏孫與漢的聯繫，圖謀向南疆發展，匈奴就先派遣四千名騎兵占領了西域的門戶車師，然後又與車師聯兵，一舉入侵烏孫，多次以武力威脅，要烏孫交出解憂公主。弱小的烏孫自然不是匈奴的對手，萬般無奈下，解憂只得上書昭帝：「唯天子幸救之！」接到公主求救書後，漢朝就加緊練兵馴馬，準備出擊匈奴，但就在這時，漢昭帝去世，宣帝即位，這樣忙於新帝登位穩定局勢，出兵一事也就被耽擱了下來。

好在本始二年（公元前七十二年），漢宣帝即位後第二年，即派常惠出使烏孫，了解當時烏孫及西域諸國的情況。解憂跟翁歸靡又再次透過常惠上書漢宣帝。接到兩人上書後，漢宣帝當機立斷，調發十五餘萬騎兵，分五路由東向西出擊匈奴，以解烏孫之圍；以御史大夫田廣明為祁連將軍，率騎兵四萬餘人，從西河出塞；由雲中太守田順為虎牙將軍，率騎兵三萬餘人，從五原出塞；以後將軍趙充國為蒲類將軍，率騎兵三萬餘人出擊；另外還有度遼將軍范明友、前將軍韓增各率騎兵三萬餘人，分別從張掖、雲中出塞。約定諸路大軍各出塞二千餘里，尋殲匈奴。另外，根據烏孫國王的請求，朝廷還任命常惠為校尉，讓他持節督護烏孫軍隊與漢軍共擊匈奴。

漢宣帝本始三年（公元前七十一年），五位將軍分別領兵出發了。聽到漢朝派大兵前來征討，匈奴「老弱奔走，毆畜產遠遁逃」。因此，漢朝五位將領雖然威風凜凜，稱得上是所向披靡，卻戰功不大。

然而校尉常惠與烏孫國王率領五萬騎兵出擊匈奴，卻是收穫頗豐。因為匈奴不敢和漢軍正面交鋒，一路向北潰敗，烏孫軍隊便以逸待勞，在半路上痛痛快快地截殺。他們還從西邊乘勝追擊，一直打到匈奴右谷蠡王王庭，俘虜近四萬人，並繳獲牲畜七十餘萬頭。戰鬥中「匈奴民眾死傷而去者，及畜產遠移死亡不可勝數。」（《漢書》〈匈奴傳〉）烏孫國將他們俘獲的人、畜等全部留下自用，上上下下欣喜若狂，都說託大漢公主的福，不但救了他們的命，還讓他們發了大財，而匈奴經此打擊，從此國力就衰弱下來。

雖然這次常惠持節護烏孫兵，取得了空前的勝利，但是常惠歸漢時卻忐忑不安。因為在歸漢的路上，常惠他隨身帶著的印綬和節仗給偷走了。作為一個曾隨蘇武在匈奴漠北牧羊十九年，九死一生歸漢的使臣，常惠深知漢印綬和節仗就是大漢天子使者身分的象徵。這次自己丟了印綬和節仗，回去定是凶多吉少，腦袋恐怕保不住了。可是令常惠萬萬沒有想到的是，回來之後，宣帝因所派五位將軍都沒有什麼功勞，只有常惠出使烏孫，打了個大勝仗，所以不但沒有追究他的過錯，還封他為長羅侯，大大犒賞了一番。然後，宣帝又命他攜帶金銀等財物前往烏孫，去賞賜那些在本次戰鬥中有功的烏孫貴族們。這真是令常惠喜出望外了，於是在激動之餘，他又上奏說，過去西域龜茲國曾經擊殺漢校尉賴丹，尚未受到懲罰，請求允許他這次順路去教訓它一下。漢宣帝怕節外生枝，沒有答應他的請求，但是退朝時，當時執掌朝政的大將軍霍光暗示常惠，讓他相機行事。

常惠於是率五百部屬趕到烏孫，在賞賜完烏孫貴族回國時，他就徵調龜茲國以西各國的軍隊二萬人，又命副使徵調龜茲以東各國軍隊二萬人，命烏孫國出兵七千，從三面進攻龜茲。在三路大軍對龜茲國形成包圍之前，常惠先派人前往龜茲，指責其擊殺漢使之過。龜茲國王見大兵壓境，馬上道歉不迭，稱那是先王在世時，誤聽貴族姑翼之言而做出的錯事。常惠說：「既如此，縛姑翼來，吾置王。」於是，龜茲王將姑翼逮捕，讓常惠砍下姑翼的頭，算是為賴丹報了一箭之仇。顯然通過和親，通過漢烏聯盟，特別是經過上次漢烏聯手擊敗匈奴，漢朝在西域的影響力已是大大增強，西域諸國此時已唯大漢馬首是瞻了。

二、再嫁三嫁 匈奴斷臂

然而，被漢烏聯手打得苟延殘喘的匈奴，沒有因此而罷手。這一年的冬天，匈奴壺衍鞮單于又親率數萬騎兵，襲擊烏孫。然而當他們在俘獲了不少烏孫國的老弱牧民，準備退兵之際，一場大雪從天而降。這場百年不遇的大雪，使大批匈奴部眾、牲畜活活凍死，活著回去的不到原來的十分之一。這真是天賜良機，趁著匈奴大為衰弱之際，平日裡被匈奴欺壓的丁令、烏桓、烏孫三國一起出兵，分別從北、東、西攻入匈奴，又斬殺了數萬匈奴部眾，並捕獲了大量的馬匹和牛羊。經過此次戰鬥，再加上餓死、凍死，一個冬天，匈奴人口就減少了十分之三，牲畜損失了一半以上。從此，匈奴更為虛弱不堪，原來臣服於它的西域諸國全部背叛，並反過來不斷對其進行攻擊和騷擾，而匈奴卻只能無可奈何地東躲西藏，疲於奔命。漢朝邊將見到這種情況，索性一不做二不休，又派出三千騎兵，從三路攻入匈奴，結果又俘虜了數千匈奴人，其餘的則抱頭鼠竄，落荒而逃。雄霸草原數百年的匈奴從此由盛轉衰，不再對大漢王朝構成威脅。至此，漢武帝在建元二年（公元前一三九年）派張騫出使西域，加之後來細君、解憂兩位公主下嫁烏孫所貫徹執行的聯烏孫「斷匈奴右臂」，從而徹底擊敗匈奴的戰略計畫，通過幾代人的不懈經營，終於開花結果，完全實現了。

漢烏兩國聯手出擊，大敗匈奴，使得解憂公主在烏孫國的威望空前地高漲，也使得大漢王朝在西域的地位大大提升，西域諸國均以能「巴結」上漢朝使臣，與漢朝拉上關係為榮，就連曾經殺死漢使的龜茲國，其國王絳賓也開始「傾心慕漢」了，他多次派使者專程前往烏孫，求娶解憂公主的女兒為王后。

漢宣帝地節四年（公元前六十六年），被解憂派往長安學習鼓琴的長女弟史三年業滿，漢宣帝派侍郎樂奉為特使，護送弟史回烏孫。途中經過龜茲國國都延城時，國王絳賓便以國禮迎接並挽留弟史一行。此時他派出的前一撥求親使者還沒有回來，他馬上又派出另一批使者趕到烏孫，懇請解憂公主允許他留下弟史，並娶弟史為王后。解憂見絳賓誠心如此，便答應了他的請求。絳賓欣喜異常，龜茲國上下更是緊急行動起來，為兩人舉辦了隆重而熱烈的婚禮。婚後，兩人經常一個彈琴，一個鼓瑟，琴瑟和鳴，形影不離。解憂公主見此，第二年便上書朝廷，希望允許弟史以宗室的身分往來大漢，也就是說希望能封弟史為漢宗室女，以便進一步籠絡龜茲及西域諸國，絳賓也上書漢朝廷：「言得尚漢外孫為昆弟，願與公主俱入朝」。漢宣帝同意了他們的請求。於是在漢宣帝元康元年（公元前六十五年），絳賓與弟史雙雙入漢朝賀，漢廷對這一對「遠親」寵愛有加，賜以他們印綬，稱弟史為「公主」，並賜以車騎、旗鼓、歌吹數十人以及價值數十萬錢的綺繡、雜繒和各種奇珍異寶。絳賓死後，他和弟史所生的兒子丞德自稱自己是漢外孫，繼續發展與漢的友好關係，直到漢成帝、哀帝時，與漢朝仍「往來尤數，漢遇之亦甚親密。」（《漢書》〈西域傳下〉）

與烏孫往來密切的莎車國是西域一個只有二千多戶，一萬六千多人的小國，莎車國王非常喜歡解憂公主的次子萬年。漢元康元年（公元前六十五年），莎車國王去世，他沒有子嗣，於是莎車國人「欲自托於漢，又欲得烏孫心，即上書請萬年為莎車王」（《漢書》〈西域傳上〉）。宣帝答應了，特派使者奚充國護送當時正在長安學習的萬年到莎車國即位。只是這位萬年國王性格暴躁，上任伊始，就我行我素，未能根據莎車國的國情處事，結果引起莎車國人的強烈不滿，原莎車國王的弟弟呼屠征見有機可乘，就殺死了萬年及漢使者奚充國，自立為王，並約定各族背叛大漢。後來不久，漢衛侯馮奉世持節送大宛等國的使者回國，恰好在途中聽說此事，他聯絡鄭吉、校尉司馬熹等人，「以節諭告諸國王，因發其兵」（《漢書》〈馮奉世傳〉）從各國徵發一萬五千人的軍隊，從南、北、西三路進攻莎車國，攻下莎車城後，呼屠征自殺，馮奉世就「更立它昆弟子為莎車王」。直到西漢末年，莎車國王延還因「嘗為侍子，長於京師，慕樂中國，亦復參其典法」。並經常告誡他的兒子：「當世奉漢家，不可負也。」（《後漢書》〈西域傳〉）可見莎車國從此即歸附於大漢王朝了。

不難看出，經過兩次和親，半個世紀的苦心經營，此時漢朝已完全取代匈奴控制西域諸國了，而烏孫這個西域最大的國家，也因和大漢和親結盟，備受西域諸國的敬重，國力日益強盛。在嘗到了甜頭之後，漢宣帝元康二年（公元前六十四年），烏孫昆莫翁歸靡又通過漢使常惠上書漢廷：「願以漢外孫元貴靡為嗣，得令復尚漢公主，結婚重親。」並且表示「畔（叛）絕匈奴，願聘馬騾各千匹」。（《漢書》〈西域傳下〉）雖然對此次和親，大臣們有不同意見，但漢宣帝「美烏孫新立大功」，還是派使者去烏孫表示同意和親。翁歸靡非常高興，派出三百多人的使團，帶著聘禮前往長安求親。漢宣帝於是封解憂公主弟弟的女兒，也就是解憂的侄女相夫為公主，令她出嫁元貴靡。

漢宣帝很重視這次由烏孫主動提出來的和親，他特地為相夫配置了一百多人的官屬、侍者，還讓她住進長安上林苑，專門學習烏孫語言、習俗，為她成為未來新的烏孫國母作準備。漢宣帝神爵二年（公元前六十年），漢廷舉行了盛大而隆重的歡送會，正式遣相夫公主前往烏孫和親。漢宣帝派常惠護送出塞，另外還有四人持節作為公主的陪嬪，其規格、規模，都遠遠超過當年細君、解憂出嫁之時。

然而天有不測風雲。就在漢朝送公主遠嫁的車隊浩浩蕩蕩地行至敦煌還未出塞時，烏孫國傳來消息，翁歸靡突然病逝，烏孫貴族按照解憂公主第一任丈夫（也是劉細君的丈夫）軍須靡的遺囑，擁立軍須靡與匈奴公主所生的兒子泥靡為代國王。但漢宣帝認為烏孫此次和親缺乏誠意，就召回了相夫，算是單方面取消了婚約。

三、弄巧成拙　波瀾頓生

或許是因為有軍須靡的遺言在先，或許是因為元貴靡年輕，在烏孫還沒有什麼勢力，總之在這場立新昆莫的較量中，漢朝的外孫敗給了匈奴的外孫，泥靡最終在烏孫貴族的推舉下，做了烏孫新國王，史稱狂王。這樣，漢和匈奴在烏孫的勢力，兩國對烏孫的影響便此消彼長，一下子發生了根本性的變化。眼見漢和烏孫多年的親善交往，還有細君、解憂在烏孫多年的苦心經營，似乎就要付諸東流了，為了拯救漢烏聯盟，維護大漢在烏孫的影響，已年逾半百的解憂毅然作出決定，根據烏孫習俗，再嫁比自己小得多的新國王泥靡。

這位狂王泥靡，在默默無聞做了幾十年王子後，終於登上王位，他再也不甘寂寞了。史載狂王「暴惡失眾」，「為烏孫所患苦」。他性格非常殘暴兇狠，處處倒行逆施，烏孫國上下很快就被他弄得雞犬不寧。雖然結婚以後，解憂又為狂王生下了一個兒子鴟靡，但兩人的關係大有劍拔弩張，一觸即發之勢。這也難怪，解憂是大漢公主，而狂王卻是有一半的匈奴血統，兩人雖是夫妻，同餐共寢，但卻是分別代表了兩個敵對的國家。解憂心中明白，這種同床異夢的日子如果再持續下去，不但漢烏聯盟名存實亡，就連自己以及兒女們的性命，恐怕也是朝不保夕了。經過縝密的觀察與分析，解憂認為，狂王幾年來的胡作非為，早已弄得眾叛親離，全國上下怨聲載道，就連翁歸靡跟匈奴公主所生的兒子烏就屠，對他的殘暴統治也極端的不滿。因此，如果尋機除掉他，應該是大勢所趨，不會引起眾怒。於是解憂一邊繼續忍耐，一邊悄悄尋找下手的機會。

漢宣帝五鳳四年（公元前五十四年），漢派遣衛司馬魏和意，副侯任昌送侍子回烏孫，解憂向他們哭訴了狂王的所作所為以及自己的處境，並表示想除掉狂王。幾個人經過一番商量，決定為狂王擺下一桌「鴻門宴」，乘觥籌交錯之時，讓侍衛拔劍刺殺狂王。狂王那天興高采烈地如期而至，可這至關重要的一劍，偏偏是刺偏了，未被刺中要害的狂王大吼一聲，捂著傷口倉皇而逃。

這下雙方可以說是撕破臉了。狂王逃走以後，他的兒子細沈瘦帶兵把魏和意、任昌以及解憂公主等人包圍在赤穀城內，揚言要殺了他們為父報仇。幾個人只好緊閉城門，堅守不出，直到幾個月之後，西域都護鄭吉發來救兵，才將他們救了出來。

漢廷為了化解矛盾，安撫狂王，拯救岌岌可危的漢烏聯盟，特地從長安派遣中朗將張尊帶著醫、藥千里迢迢來給狂王治傷，並賜給他黃金二十斤和其他許多東西。而參與謀劃刺殺的使臣魏和意、任昌，則被立即斬首。另外，漢廷還做個樣子，特令車騎將軍、長史張翁留在烏孫，調查這次刺殺之事，意在把這次謀殺的責任全部推給魏和意、任昌，好將解憂解脫出來，讓她繼續留在烏孫，發揮她應有的作用。可是張翁居然沒有理解朝廷與解憂之間的默契，竟然大模大樣的開審起來，解憂不服，申辯了幾句，他就揪住解憂的頭髮破口大罵，弄得解憂在眾人面前威風掃地，顏面喪盡。受盡委屈的解憂祕密上書漢宣帝，報告張翁的所作所為，宣帝馬上將張翁召回，並以侮辱公主罪將他處以極刑

雖然漢廷採取了種種補救措施，甚至還殺了幾個人，總算讓狂王與解憂公主暫時能夠相安無事了，但烏孫的局勢並沒有因此很快地穩定下來。翁歸靡跟匈奴公主所生的兒子烏就屠，在狂王、細沈瘦圍城，雙方鬧得不可開交之時，逃到了北山，他不斷揚言要請匈奴派兵來平亂，於是烏孫國中親匈奴一派勢力全部歸附於他，他一下子就強大了起來。漢宣帝甘露元年（公元前五十三年），早就野心勃勃的烏就屠乾脆尋機刺殺狂王（他的這一劍倒是沒有刺偏！），自立為烏孫國王。

為了挽救苦心經營多年，而眼看著就要毀於一旦的漢烏聯盟，為了維護大漢在西域剛剛建立起來的權威，漢廷不得不遣破羌將軍辛武賢率一萬五千人駐紮敦煌，準備出兵討伐烏就屠。

就在討伐大軍積極備戰，行將出發之際，西域都護鄭吉突然想起了一個人：馮嫽。他知道馮嫽的丈夫，烏孫右將軍向來跟烏就屠關係不錯。他找到馮嫽，要馮嫽夫婦再勸勸烏就屠，看能否化干戈為玉帛。於是，馮嫽冒著生命危險來到北山，憑著多年來對西域諸國，特別是對烏孫國各方面的了解，對烏就屠剖析利害，動之以情曉之以理，勸他放棄王位。馮嫽告訴烏就屠，大漢的軍隊已在敦煌集結，隨時準備出擊烏孫：「以漢兵方出，必見滅，不如降」。《漢書》〈西域傳下〉烏就屠怕了，因為他知道，此時匈奴實際上已自顧不暇，而他手中的這點軍隊，也根本不是大漢的對手，一旦漢兵出擊，他必敗無疑，還不如現在和平妥協，為自己爭取一個好的結局。

漢宣帝得知此事，對馮嫽不戰而能屈人之兵非常高興，但他還是對烏孫的局勢很不放心，於是緊急召馮嫽回朝，並徵求她對解決烏孫政局危機的意見。馮嫽大膽說出自己的想法：就目前烏孫局勢而言，如果立元貴靡為國王，而不對烏就屠有所安撫的話，恐怕難以服眾。漢宣帝深為馮嫽對西域時局深刻的見識以及傑出的外交才能所折服，破天荒地任命馮嫽為大漢持節正使，由竺次、甘延壽充任她的副使，令她去烏孫全權處理一切事宜。

於是，中國歷史上第一位女外交家就乘著錦車，手持節仗，威風凜凜地出發了。來到烏孫後，馮嫽以大漢正式使者的身分，代表漢帝將烏就屠詔至赤穀城，與正在附近屯田戍邊的長羅侯常惠等人，對烏就屠進行再一次的勸導說服，最後雙方商定，立解憂跟翁歸靡所生長子元貴靡為烏孫大昆莫，烏就屠為小昆莫，兩昆莫皆賜印綬，大昆莫管理六萬戶，小昆莫管理四萬戶。一場箭在弦上，一觸即發的戰爭，就這樣被馮嫽給輕輕化解了。而從此以後，烏孫國就一分為二，實際上成了漢朝的附屬國。漢在西域的地位，又進一步的提升。

四、二子早夭　榮歸故里

兒子當上了大昆莫，作為烏孫國母，解憂總算可以鬆一口氣，悠閒地安度兒孫繞膝的晚年了。但這樣的日子剛過了兩年，漢宣帝甘露三年（公元前五十一年），解憂長子，也就是烏孫的大昆莫元貴靡，不幸英年早逝。還未等年逾七旬的解憂從喪子之痛中解脫出來，她那剛滿九歲的幼子鴟靡，又不幸因病夭折了。白髮人再送黑髮人，一向堅強的解憂公主，一下子被擊倒了，她感到前所未有的孤獨與痛楚。想當年，二十歲的她意氣風發，滿懷信心地來到烏孫，如今五十年過去了。先後歷經烏孫四朝更迭，嫁給父子兩代三位國王，經歷了無數的驚濤駭浪與血雨腥風，為了大漢王朝，也為了西域諸國的安寧與發展，她奉獻出了自己全部的青春年華與滿腔的心血智慧。離家千萬里，故土、親人，無時無刻不縈繞在心頭。解憂覺得是到了葉落歸根的時候了。於是，她最後一次上書漢宣帝，表示「年老土思，願得歸骸骨，葬漢地」。漢宣帝接信後，感慨萬千，他派出使團，以極隆重的禮儀去烏孫迎接這位大漢的功臣。

白髮蒼蒼的解憂公主攜三個孫子孫女，跟馮嫽一起①，顫巍巍地回到了她離開了半個世紀的長安。漢宣帝為了感謝這位為大漢作出突出貢獻的巾幗英雄，賜予大量的田宅、奴婢，處處待之以大漢公主的禮遇。解憂在長安度過了兩年的幸福生活後，公元前四十九年安然辭世。漢宣帝以極高的規格安葬了她，她的三個孫子孫女從此就留在長安，為她守靈。

東漢明帝永平十七年（公元七十四年），漢朝新任的西域戊己校尉耿恭決定將駐點移檄烏孫，當他來到烏孫時：「大昆彌以下皆歡喜，遣使獻名馬，及奉宣帝時所賜公主博具。」（《後漢書》〈耿恭傳〉）換言之，在解憂去世一百二十多年後，烏孫上下還一直沒有忘記這位來自中原的烏孫國母，並精心珍藏著她的遺物作為紀念。是的，一個人的青春，一個人的生命都是有限的，但當他（她）把青春，把自己的生命融進了歷史發展長河中，就會被歷史永遠銘記。

對於細君、解憂和親烏孫對中華民族的發展所作出的突出貢獻，曾任中國佛教協會會長的趙朴初先生有一首〈塞鴻秋〉詞讚道：

「漫等閒帝女烏孫嫁，長留著王子金杯話。為的是和親民族安戎馬，為的是交歡琴瑟傳文化。重任付兒家，雪嶺冰川跨，論功勳豈在蕭房下？」

細君、解憂和親烏孫，成功地配合漢朝政治、軍事部署，制止匈奴與西域結盟的趨勢，從而逐步瓦解匈奴對西域的統治，使漢朝與西域的關係不斷鞏固和加強。就在解憂和親烏孫期間，漢宣帝神爵二年（公元前六十年），匈奴日逐王先賢撣率眾歸漢，漢派遣正在渠梨屯田的鄭吉迎降，並趁勢攻下了車師這一戰略要衝，使匈奴設在焉耆、危須、尉犁間的僮僕都尉形同虛設，由此，漢朝正式取代匈奴控制了西域諸國。之後，漢在西域的渠梨附近的烏壘城（今新疆輪台縣境內的烏壘）設置統管西域軍政事務的西域都護，任命鄭吉為首任安西都護使，西域地區，至此正式列入大漢版圖。

公元前五十二年，也就是在解憂榮歸故里的前一年，匈奴呼韓邪單于歸漢，打了數百年的匈漢正式實現了和解，漢元帝竟寧元年（公元前三十三年），昭君出塞和親匈奴。這一切，細君、解憂無疑功不可沒。

所以，千古青史中除了英雄的熱血，也同樣不乏美人的熱淚。在一百多年對抗匈奴開拓西域的歷史中，人們忘不了大將衛青、霍去病、李廣以及張騫、蘇武、班超等人，但是我們也應該記住劉細君、劉解憂、馮嫽以及後來的王昭君，她們的青春與智慧，她們的柔情與熱淚，同樣是鑄就這段歷史不可或缺的內容之一。不管你信不信，女人的裙擺，有時候更勝過百萬雄兵。

附注

①馮嫽回到長安以後，她的心一刻也沒有離開烏孫。解憂的孫子星靡代為烏孫大昆莫時，由於他性格比較懦弱，且又年幼，尚無治理國家的能力，使得不少人都投向了小昆莫烏就屠。遠在長安的馮嫽聞此，焦急萬分，她多次上書漢元帝，請求讓她返回烏孫，幫助星靡治理好烏孫。漢元帝雖然不忍心讓七十多高齡的老婦人再翻山越嶺，長途跋涉，但是考慮到當時西域的情況，加之馮嫽的情真意切，最後還是同意了她的奏請。於是在漢元帝初元元年（公元前四十八年），也就是解憂去世的第二年，滿頭華髮的馮嫽又精神抖擻地第三次穿過河西走廊，在一百多名官兵的護衛下，重返烏孫。憑著多年來對烏孫及西域諸國的了解，憑著她在烏孫的威望，馮嫽協助星靡和大臣們處理國家大事，安撫民眾，使烏孫國很快安定下來。可以說為了民族團結，馮嫽耗盡了畢生的心血，她不愧為中國歷史上一位傑出的女外交家。

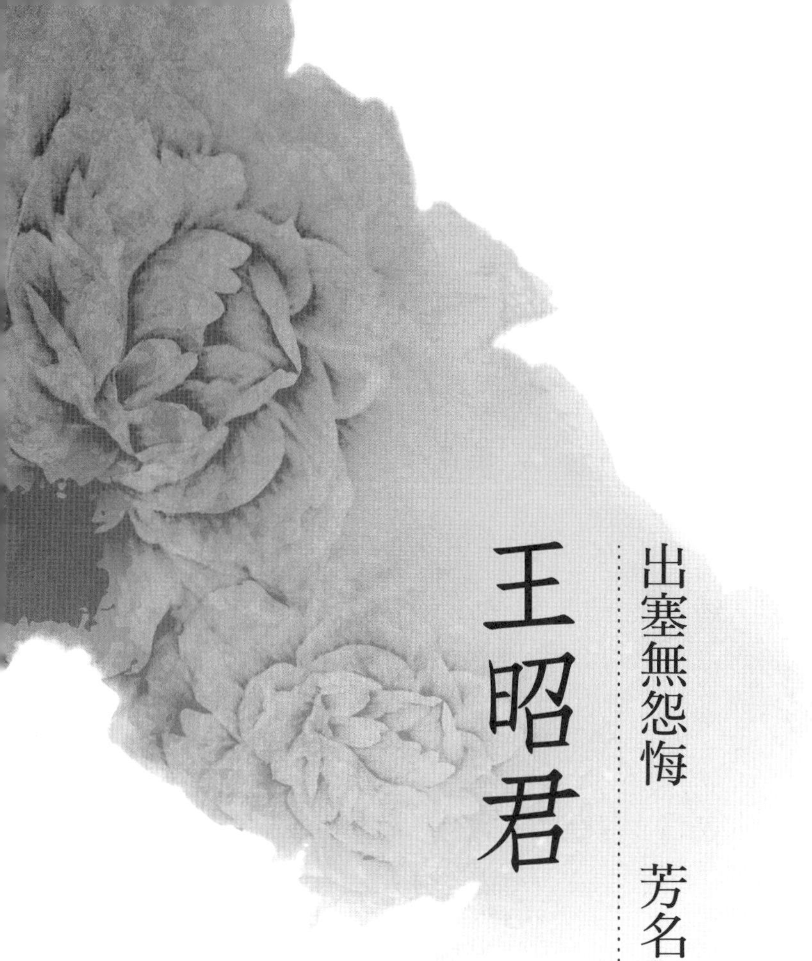

王昭君

出塞無怨悔　芳名永憶取

據統計，在西漢一朝，包括王昭君在內，先後有十二位女子出塞與匈奴和親，其中的十一位，都是來自劉氏皇家宗室，且都是以公主身分嫁給匈奴單于的，而唯獨王昭君，她是以宮女的身分出塞和親的。但在西漢這麼多和親匈奴的美麗女子中，對後世影響較大，被人們所津津樂道的，卻首推這一次昭君出塞。而王昭君也無可爭議地名列中國古代四大美女之一。

一、單于爭位　昭君探頭

王昭君此次和親匈奴，之所以會以宮女而不是以公主的身分，這就要從當時漢匈之間的情勢說起了。一向強悍不羈的匈奴帝國在漢武帝一朝經衛青、霍去病等人連續打擊，以及西漢長期實施的聯絡西域諸國以孤立匈奴的政策下，到公元前七十二年之後，早已失去了往日那不可一世的威風了，「匈奴大虛弱，諸國羈屬者皆瓦解，攻盜不能理」（《漢書》〈匈奴傳上〉）。公元前六十年（漢宣帝神爵二年），匈奴第十一代單于虛閭權渠嘔血而死，大臣郝宿王刑未央派人召諸牧地王赴單于庭，共商下一代單于人選，但諸牧地王還未到達龍庭，匈奴顓渠閼氏與她的弟弟左大且渠（匈奴官名）都隆奇合謀，搶先一步，立與她私通的右賢王屠耆堂為握衍朐鞮單于。未經單于庭會諸貴族的確認，屠耆堂成為匈奴第十二代單于，即位後，立即在匈奴內部搞起了清算運動，他把虛閭權渠單于當年所用的貴族刑未央等人全部殺死，轉而任用顓渠閼氏的弟弟都隆奇等人，把虛閭權渠單于的子弟近親全部罷免，改派任自己的子弟。新單于如此排斥異己的行為，自然引起虛閭權渠系的貴族強烈的怨恨和不滿：老單于虛閭權渠的兒子稽侯珊憤而離開單于庭，投奔他的老丈人烏禪幕；狐鹿姑單于的兒子匈奴日逐王先賢撣向來與屠耆堂不和，現在見屠耆堂當上了單于，知道自己不會有好下場，乾脆就率數萬之眾投奔了漢朝，漢當下就封他為歸德侯，這些都是發生在公元前六十年的事。

公元前五十八年（漢宣帝神爵四年），烏桓人攻擊匈奴東方姑夕王的牧地，姑夕王失去了不少的牧民與牛羊。握衍朐鞮單于對姑夕王的無能非常不滿，揚言要懲罰他，這讓姑夕王深感不安，他索性一不做二不休，與烏禪幕及左地眾貴族們一合計，擁立虛閭權渠單于的兒子稽侯珊為呼韓邪單于，併發兵四五萬騎殺向單于庭。當這四五萬人馬來到姑且河北岸時，握衍朐鞮單于的內部發生了分裂，弄得他無法出兵作戰，他派人向他的弟弟右賢王求救。右賢王回答他道：「若不愛人，殺昆弟諸貴人，各自死若處，無來汙我。」（《漢書》〈匈奴傳上〉）握衍朐鞮單于於是憤而自殺，他的死黨左大且渠都隆奇則投奔右賢王，左大且渠的民眾則投奔了呼韓邪單于。呼韓邪兵不血刃，占據了單于庭。

呼韓邪單于即位後，立他的弟弟呼屠吾斯為左谷蠡王，並派使者到匈奴右地，要求右地貴族殺掉握衍朐鞮單于的弟弟右賢王。右地貴族當然不肯，於是右賢王與都隆奇為首的右地部落就擁立原握衍朐鞮單于的堂兄匈奴日逐王薄胥堂為單于，是為屠耆單于。屠耆單于當即發兵數萬騎，東擊並打敗了呼韓邪，占據了單于庭，時為公元前五十八年的冬天。

屠耆單于即位後統治不到一年，內部卻又發生了分裂。原來，匈奴西方呼揭王來到單于庭，他與唯犁當戶經過一番密謀，向屠耆單于進讒言說，右賢王有自立為單于的打算。屠耆單于未加詳察，就把右賢王父子給殺死了，後發覺不對勁，又回頭殺死了唯犁當戶。呼揭王見勢不妙，飛馬逃離了單于庭，在西方自立為呼揭單于。而在東方，負責防守呼韓邪單于的右奧鞬王與烏籍都尉見有機可乘，也分別自立為車犁單于與烏籍單于，這樣，在公元前五十七年的冬季，大草原上就有五位單于了。屠耆單于當然不能坐視這樣的局面，於是他派都隆奇帶兵攻打烏籍單于，自己則帶兵向車犁單于進擊，烏籍單于與車犁單于被擊敗後，逃向西北方，與呼揭單于會合。三單于經過一番協商，決定烏籍單于與呼揭單于都去掉單于號，擁立車犁單于為共主。這樣，草原變成了三單于：東方呼韓邪單于，中央屠耆單于，西方車犁單于。屠耆單于決心要結束這一地三王的局面，他派左大將、都尉等帶四萬騎屯兵東方以防備呼韓邪單于，自己帶四萬騎兵西向攻擊車犁單于，結果，車犁單于再次被打敗，狼狽逃竄。但誰知螳螂捕蟬，黃雀在後，東方呼韓邪單于見屠耆單于西征未回，就派他的弟弟右谷蠡王帶兵襲擊屠耆單于在東方的屯兵，萬餘人被殺。屠耆單于知道後，立即帶六萬騎兵向東殺過來，在接近嗕姑地方，雙方短兵相接大戰一場，直殺得天昏地暗，血流成河，雙方傷亡都極其慘重。最後還是呼韓邪略占上風，屠耆單于兵敗自殺。

勝利者呼韓邪單于又回到單于庭，但數年混戰，今非昔比，此時留給他的卻已是一個十足的爛攤子了：他的軍隊已在嗕姑戰鬥中損失殆盡，失敗者屠耆單于的幼子姑瞀樓頭與都隆奇帶殘部投奔漢朝去了，呼韓邪單于屬下兩大部落烏厲屈部落與烏厲溫敦部落幾萬人也投向了漢朝，整個匈奴大草原此時只剩下幾萬民眾。而更為雪上加霜的是，呼韓邪坐在單于位上還未來得及喘口氣，在西方，屠耆單于的堂弟休旬王又帶著五六百騎兵擊殺了左大且渠，自立為閏振單于，呼韓邪的哥哥呼屠吾斯也在左地自立為郅支骨都侯單于。這樣草原上又是三單于了，但此時呼韓邪卻再也無力去征討任何一方，只能無奈地維持現狀了。

然而有人卻不願意維持現狀。兩年之後，西方的閏振單于首先發兵攻擊東方郅支單于，結果兵敗被殺。郅支合併了閏振單于的部眾後，立馬轉過身來，將矛頭對準他的弟弟呼韓邪單于。不堪一擊的呼韓邪不得不帶部眾與他的幾個老部下一起南逃，郅支單于占據了單于庭。

帶眾出走的呼韓邪單于，在草原上過起了東躲西藏苟且偷生的日子。其實如果不是手下留情，他的哥哥郅支單于隨時隨地、輕而易舉就可以消滅他。嚴峻現實之下，呼衍氏大貴族左伊秩訾王就勸呼韓邪「稱臣入朝事漢」，借助漢朝之力，來穩定匈奴局勢。但他的建議遭到大多數貴族的反對：「臣事於漢，卑辱先單于，為諸國所笑！雖如是而安，何以復長百蠻！」（《漢書》〈匈奴傳下〉）然而現實是殘酷的，考慮再三，呼韓邪單于最後還是決定向漢朝求助。於是呼韓邪單于帶部眾繼續南行，並派遣他的兒子右賢王銖婁渠堂到長安為質子，這一年，是漢宣帝甘露元年（公元前五十三年）。

甘露二年，呼韓邪單于來到五原塞下，稱願在明年正月入朝朝賀。漢宣帝聽此，非常高興，他不但馬上派車騎都尉韓昌前去迎接呼韓邪單于，還下詔給單于來長安所經過的七郡，要他們在呼韓邪經過時各發二千騎，陳列於道，以示寵衛。這樣在甘露三年（公元前五十一年）正月，就是在劉解憂歸漢的前幾個月，呼韓邪單于稽侯珊來到長安，在甘泉宮朝見了漢宣帝。

對於這位遠道而來的匈奴大單于，「漢寵以殊禮，位在諸侯王上，贊謁稱臣而不名。」（《漢書》〈匈奴傳下〉）。這一次，呼韓邪在長安逗留了一個多月，歸國時，漢「遣長樂衛尉高昌侯董忠，車騎都尉韓昌將騎萬六千，又發邊郡士馬以千數，送單于出朔方雞鹿塞」。（《漢書》〈匈奴傳下〉）漢宣帝還特別下詔，叫董忠等人留在匈奴，護衛單于，幫助他誅伐那些不服管轄、妄圖謀反的部屬。之後，為了救助饑餓的匈奴民眾，漢朝還前後向匈奴大草原輸送三萬四千斛的谷米，以幫助呼韓邪度過饑荒穩定局勢。

而此時，占據單于庭的郅支見弟弟呼韓邪南投中原，有了大漢這個靠山，自知已不是呼韓邪與大漢的對手了，於是他引兵西進至烏孫國一帶。本來，郅支想與烏孫人聯合起來一起對付呼韓邪及漢朝，烏孫小國王烏就屠知道郅支是親漢的呼韓邪的對手，但他不想與漢為敵，於是就殺了郅支派來的使者，割下他的頭，送往漢朝的西域都護府。郅支見使者不回，烏孫人不善，就勒兵攻擊烏孫，再轉而北向攻打烏揭人，烏揭人投降，郅支又與烏揭人聯兵西破堅昆，北降丁零（令），直打得西域諸國心驚膽戰，人人自危。這時西域另一大國康居國的貴族與國王看匈奴兵這麼能打，就派使者去請郅支。郅支聽到康居王來請他，非常高興，立即帶兵南走，在康居定居了下來。

本來，郅支與西漢關係也還不錯，史載「郅支單于亦遣使奉獻，漢遇之甚厚」。漢對兄弟倆都很友好，絕不厚此薄彼。郅支與呼韓邪也都把兒子送到長安為質子。郅支與漢關係惡化是因為他殺害了漢使者谷吉，公元前四十四年時，「郅支單于自以道遠，又怨漢擁護呼韓邪，遣使上書求侍子，漢遣谷吉送之」（《漢書》〈匈奴傳下〉），可是谷吉此次出使後再也沒有回來，直到幾年後，朝廷才證實谷吉早已被郅支殺害。漢廷震怒，居然連大漢使臣都敢殺！公元前三十六年，西域都護府都護甘延壽、陳湯召集漢駐守西域的兵馬與諸城邦兵共四萬人，攻入康居，殺死了郅支及其家族等千餘人。

郅支被殺，呼韓邪單于是「且喜且懼」。喜的是自己多年的勁敵終於被誅，永絕後患，懼的是牽制漢朝的郅支既不在，自己原先在漢與郅支之間舉足輕重的地位也已不再重要了，呼韓邪於是又上書：「自言願婿漢氏以自親」（《漢書》〈匈奴傳下〉），讓匈漢之間世世代代友好下去。漢元帝遂「以後宮良家子王牆（嬙）字昭君賜單于」，令王昭君等五位宮女出嫁單于。

王昭君為什麼是以宮女而不是以公主的身分出塞和親，原因正是此時的匈奴，已不能跟漢武帝那個時代比了，不要說難以與漢為敵，就連單于自身的安全，也要依賴大漢。進一步說，此時的呼韓邪，可謂是勢窮力蹙，榮辱興衰完全在漢朝天子的一念之間，從而他只想「身為漢家婿」以求自保，而不敢再求尚漢家公主以自高了。漢元帝內心當然也很清楚，漢朝以前與匈奴的十一次和親，基本上都是由漢廷主動提出，是以借和親來籠絡匈奴，保境安民，故每次都是遣以公主。既然現在匈奴已無力與大漢抗衡，要和親，只能賜以宮女。否則，也就有損大漢尊嚴，太抬舉呼韓邪了。

關於王昭君的家世生平，《後漢書》卷八十九〈南匈奴傳〉中有一段簡短的文字：「昭君名嬙，南郡人也。初，元帝時，以良家子選入掖庭。」元帝時，即公元前四十八年至前三十三年間，王昭君「以良家子選入掖庭」，所謂「良家子」，是說王昭君可能是農家或平民的女兒，屬於自食其力人家的子女。雖然生長於窮鄉僻壤，但王昭君卻出落得如出水芙蓉，不像是小家碧玉，倒有大家閨秀的風範。因此，王昭君在元帝選秀時，被層層選中，成為一名掖庭待召的宮女（漢代嬪妃居住的後宮稱「掖庭」）。王昭君入宮時的年齡在十七歲左右，家裡應該還有一個兄弟，因為後來她有一個侄子當上了和親侯，不斷往返於漢匈之間，成為一名和平信使。漢元帝會選派王昭君出塞和親，史書上是這樣記載的：「時，呼韓邪來朝，帝敕以宮女五人賜之。昭君入宮數歲，不得見御，積悲怨，乃請掖庭令求行。呼韓邪臨辭大會，帝召五女以示之。昭君豐容靚飾，光明漢宮，顧景裴回，竦動左右。帝見大驚，意欲留之，而難於失信，遂與匈奴。」（《後漢書》〈南匈奴傳〉）這段簡短而不失生動的記載說明：一是王昭君在看到元帝的敕令後，主動要求出塞和親，其原因是「入宮數歲，不得見御」，也就是眼看著自己花樣年華一寸一寸地消逝，「積悲怨」，所以主動求行，出嫁呼韓邪；其二，臨行前，元帝召五女給呼韓邪看時，王昭君故意打扮得花枝招展，婀娜多姿，以至於「顧景裴回，竦動左右」，其顧盼流眸的美妙風姿就連整天紮在美人堆裡的漢元帝見了，也是大吃一驚——沒想到自己後宮還有這麼美麗動人的宮女！想反悔留下王昭君，又恐怕失信於匈奴，只好強忍著懊悔放行了。

昭君為什麼出塞，歷史上還有另外不同的說法。東漢末年蔡邕的《琴操》中寫道：

王昭君者，齊國王襄女也。昭君年十七時，顏色皎潔，聞於國中。襄見昭君端正閑麗，未嘗窺看門戶，以其有異於人，求之皆不與。獻於孝元帝。以地遠，既不幸納，叨備後宮。積五六年，昭君心有怨曠，偽不飾其形容。元帝每曆後宮，疏略不過其處。後單于遣使者朝賀，元帝陳設倡樂，乃令後宮妝出。昭君怨恚日久，不得侍列，乃更修飾，善妝盛服，形容光暉而出。俱列坐，元帝謂使者曰：「單于何所願樂？」對曰：「珍奇怪物，皆悉自備。唯婦人醜陋，不如中國。」帝乃問後宮，欲以一女賜單于，誰能行者起。於是昭君喟然越席而前曰：「妾幸得備在後宮，粗醜卑陋，不合陛下之心，誠願得行。」時單于使者在旁，帝大驚，悔之不得復止。良久，太息曰：「朕已誤矣！」遂以與之。

昭君至匈奴，單于大悅，以為漢與我厚，縱酒作樂。遣使者報漢，送白璧一雙，駿馬十匹，胡地珠寶之類。昭君恨帝始不見遇，心思不樂，心念鄉土，乃作《怨曠思惟歌》曰：「秋木萋萋，其葉萎黃，有鳥處山，集於苞桑。養育毛羽，形容生光，既得升雲，游倚曲房。離宮絕曠，身體摧藏，志念抑冗，不得頡頏。雖得餧食，心有徊徨，我獨伊何，改往變常。翩翩之燕，遠集西羌，高山峨峨，河水泱泱，父兮母兮，道裡悠長，嗚呼哀哉，憂心惻傷。」

晉人筆記小說《西京雜記》又是這樣寫的：

元帝后宮既多，不得常見，乃使畫工圖形，按圖召幸之。諸宮人皆賂畫工，多者十萬，少者亦不減五萬，獨王嬙不肯，遂不得見。匈奴入朝，求美人為閼氏。於是上按圖以昭君行。及去，召見，貌為後宮第一，善應對，舉止閒雅。帝悔之，而名籍已定，帝重信於外國，故不復更人。乃窮案其事，畫工皆棄市，籍其家資皆巨萬。

畫工有杜陵毛延壽，為人形，醜好老少必得其真；安陵陳敞、新豐劉白、龔寬，並工為牛馬飛鳥眾勢，人形好醜不逮延壽；下杜陽望亦善畫，尤善布色；樊育亦善布色。同日棄市，京師畫工，於是稀差。

《琴操》與《西京雜記》中的記述，雖然事實難考，想像大於史實，但卻成為後來眾多吟詠、述寫王昭君作品的濫觴。美女昭君「怨恚」出塞的故事從此引起文人騷客，也包括歷史學家濃厚的創作興趣。據初步統計，兩千多年來，述寫昭君出塞的詩歌有七百多首，小說、變文、民間故事、戲曲等有近四十種，比較有名的作者有五百人之多，特別是到了元代雜劇家馬致遠的《漢宮秋》雜劇裡，《西京雜記》裡的這一段記述，則更是被演繹成一段曲折離奇的家國愛情故事了。

至於王昭君到底為什麼會主動提出出塞和親，應該還是以史書記載為準。《後漢書》〈南匈奴傳〉說她「入宮數歲，不得見御，積悲怨」，所以就主動求行。看來她是想以此來逃脫後宮這個「黃金牢籠」，與命運搏一搏了，但似乎還可以對她出塞的動機作更深一層的推測。身為一名宮女，王昭君對此時的漢匈關係，對於出塞和親，她應該有自己的理解與判斷。據史書記載：漢元帝建昭三年（公元前三十六年）冬，甘延壽、陳湯斬郅支單于首，「傳詣京師，懸蠻夷邸門」；漢元帝建昭四年春正月，「以誅郅支單于，告祠郊廟，赦天下。群臣上壽置酒。以其圖書（顏師古注謂「討邦支之圖書」）示後宮貴人」（《漢書》〈元帝紀〉）；建昭五年，呼韓邪單于上書說：「今郅支已伏誅，願入朝見」。翌年，呼韓邪單于入朝，元帝為了慶賀郅支伏誅和呼韓邪入朝而改元「竟寧」（《漢書》〈匈奴傳下〉），所有這些轟動朝廷、聲震全國的大事，王昭君作為一名宮女，不可能不知，特別是對於遍示後官的郅支圖書，她更有機會看到。因之，她對於漢匈兩族之間的關係，其利害得失，不會沒有自己的想法。還有，細君、解憂兩公主和親烏孫，十幾年前解憂公主回國後所受到的榮耀無比的特殊禮遇，作為宮女的王昭君不可能沒有聽說過。所以，當呼韓邪單于要求「婿漢氏以自親」時，當漢元帝下詔動員宮女出塞和親為國分憂時，她便挺身而出，慷慨應詔了。

二、北上大漠　兩穿嫁衣

公元前三十三年，王昭君「垂淚別親賓」，頭戴紅暖兜（後人稱之為昭君套），身披紅斗篷，懷抱著琵琶，跟呼韓邪一起，風餐露宿，馬不停蹄，向匈奴大草原進發。一路上，「滿面胡沙滿鬢風，眉銷殊黛臉銷紅」（白居易《王昭君》），「含情欲說無語處，傳於琵琶心自知」（王安石《明妃曲》）。雖然是主動求行，但對故土的不捨與留戀，對未來異域生活與命運的迷茫與畏懼，卻還是在所難免，此時的王昭君心中，應該是五味雜陳。

據史載，由於水土不服，又難以適應大漠氣候，來自於長江之濱、生活於宮廷之中的王昭君一路上經常生病。每當這時，呼韓邪便會停馬不前，在草原上搭起帳篷，讓昭君好生調養，直到身體恢復了再繼續走。這樣直到第二年的春天，一行人馬才浩浩蕩蕩地走到單于庭。

抵達王庭後，呼韓邪正式封王昭君為寧胡閼氏，「言胡得之，國以安寧也」。昭君到了塞外：「胡風入骨冷，夜月照心明。方調琴上曲，變入胡茄聲」（庾信《昭君詞》）。開始了住穹廬、食羊肉、騎馬射獵的生活。關於昭君出塞後的生活情況，歷史上留下了許多傳說，其中有這麼一個：說是昭君出塞後的第二年，陰山山麓和大漠南北出現了嚴重的災害，朔風怒號，飛沙走石，久旱不雨，水草一片片枯萎，牛羊一群群餓死，牧民處於極端的饑餓混亂之中。這時，匈奴中不斷有人放話，說這些災難是漢女王昭君帶來的，只有用她的血祭奠天靈，才能化險為夷。呼韓邪單于聽了，心中也禁不住發怵，王昭君更是痛苦萬分。在夜深人靜的時候，她手捧從家鄉帶來的小錦囊，到了個無水、無草、無牛羊的沙丘山上暗自流淚。慢慢地，淚水變成了小清泉，清泉轉眼間化為了小溪，小溪邊很快出現了綠草和野花。昭君又從錦囊中取出了五穀種子，撒在大漠南北的大地上，從此塞外便有了莊稼，匈奴得救了——這當然只是一個民間傳說，但從這個傳說中我們不難推論，一是昭君出塞促進了匈奴大草原農業的發展，在昭君出塞時，大漠南北草原已嚴重退化，氣候惡劣，牛羊產量急劇減少，所以每年匈奴都要從西漢輸入大量的谷米、布匹，匈奴人才得以生存。出生於平民之家，成長於長江之濱的王昭君，對農耕應該略知一二，因此她在其隨從的幫助下，在草原上發展農業生產，教匈奴婦女紡紗織布，縫衣繡花，讓匈奴人能夠有飯吃，有衣穿，這是可能的事。[①]其二，呼韓邪投靠漢朝，與大漢和親，娶昭君為寧胡閼氏，匈奴內部一定有不少人認為此舉會給匈奴帶來災難，好在呼韓邪能夠審時度勢，力排眾議，始終保持與漢朝的親善關係，對王昭君也是寵愛有加，這才讓初來乍到的王昭君能夠在草原上站穩腳跟。

王昭君到了匈奴後不久，即為呼韓邪生下了一個男孩，呼韓邪給他取名為伊屠智牙師，並封他為匈奴的右日逐王[②]。漢成帝建始二年（公元前三十一年），也就在王昭君嫁到匈奴的第三年，呼韓邪單于不幸病逝，其子雕陶莫皋被立為匈奴復株累若鞮單于，王昭君不得不遵從匈奴「子烝其母」的習俗，又嫁給了雕陶莫皋。

王昭君與雕陶莫皋感情融洽，情投意合，她接連為雕陶莫皋生下了兩個女兒，長女取名叫雲，後來嫁給了匈奴右骨都侯須卜當為妻（所以雲又被稱為須卜居次，匈奴把公主稱為居次），小女兒名字不詳，只知道她後來嫁給當於氏，史書上稱她為當於居次（兩女兒在王莽當政時期都曾到長安入侍太皇太后）。雲生有一兒子奢，後來當上了匈奴的大且渠（匈奴官名），小女兒當於居次也生有一兒子叫醯櫝王（參《漢書》〈匈奴傳下〉）。

漢成帝鴻嘉元年（公元前二十年），複株累若鞮單于去世，三十多歲的王昭君從此寡居單于庭。

昭君出塞，漢匈兩族「邊城晏閉，牛馬布野，三世無犬吠之警，黎庶忘干戈之役」，出現了連續五六十年的和平局面。現在歷史學家翦伯贊也認為：「漢武雄圖載史篇，長城萬里遍烽煙。何如一曲琵琶好？鳴鏑無聲五十年！」（翦伯贊《游昭君墓》）王昭君猶如一隻吉祥鳥，給大草原，給漢匈人民帶去了和平、富庶和安寧，在昭君出塞後，漢匈雙方不但從未發生任何戰爭，而且雙方使者不斷，漢匈友好關係得到前所未有的加強。漢成帝鴻嘉元年（公元前二十年），復株累若鞮單于病死，他的弟弟且糜胥被立為匈奴搜諧若鞮單于，他立即遣子左祝都韓王入侍長安；漢成帝綏和元年（公元前八年），囊知牙斯即位為烏珠留若鞮單于後，也派其子訪問漢朝。漢哀帝元壽二年（公元前一年），烏珠留若鞮單于和隨從五百人到長安朝拜，單于回去後，又派他的兒子來漢（《漢書》〈匈奴傳下〉）。由此可見，無論是哪一位匈奴單于，此時已真正把自己當成漢朝的遠親，匈奴也真正成為大漢的藩屬了，而這種關係的形成，正是王昭君在匈奴生活的時期，對此，王昭君功不可沒。

三、青塚擁黛　千古流芳

王昭君是哪一年去世的，史書上沒有記載。但肯定的是昭君出塞後再也沒有回到中原，死後就葬在了匈奴大草原上。因為到現在，在內蒙古及山西一帶過去匈奴人生活過的地方，還保留有十餘處昭君墓，其中最為著名的，要屬位於內蒙古呼和浩特市郊的青塚了。據說每年入秋九月，塞外各地青草都已枯黃，唯獨昭君墓上仍然是嫩黃黛綠，草青如茵，所以叫「青塚」。現在傳說中的十餘處昭君墓，究竟哪一處是真的昭君墓或者都不是，也眾說紛紜。但是這十幾處昭君墓的出現，無疑象徵了當地人民對昭君的尊敬、熱愛與懷念，他們都希望這位大漢的和平使者，能夠永遠守候在自己的身邊。

王昭君去世後，她的女兒須卜居次雲，女婿須卜當，仍秉承她的生平之志，繼續為維護、鞏固漢匈兩族的和平友好關係而努力。西漢末年，王莽執政後，由於對匈奴採取錯誤的政策，一度造成漢匈關係趨於緊張。公元十一年（始建國三年）以後，匈奴單于便不斷發左右部兵馬進擾漢北方地區，「殺將率（帥）吏士，略人民，驅畜產去甚眾。」王莽也動員三十萬兵馬準備反擊，一時劍拔弩張，戰爭一觸即發。這時雲、當二人便挺身而出，設法彌合。公元十三年（始建國五年），烏珠留若鞮單于去世，此時須卜當為匈奴用事大臣右骨都侯，握有廢立單于大權，他「常欲與中國和親，又素與咸厚善」，便與雲一商量，越輿而立咸（輿與咸俱為烏珠留之弟）為烏累若鞮單于，以此來維護並發展與漢的隸屬關係。烏累既立，雲、當就立即勸他與漢和親，以緩和雙方的緊張關係。公元十四年（天鳳元年），雲、當又派人到西河塞（今內蒙古準噶爾旗）下求見和親侯王歙（歙為王昭君兄弟的兒子）。王莽就派王歙及其弟颯出使匈奴，祝賀單于新立，並賜黃金、衣被、繒帛等物品。這樣在雲、當的居中斡旋及單于的努力下，漢匈關係又呈現出一線光明。公元十八年（天鳳五年），烏累單于去世，他的弟弟左賢王輿被立為呼都而尸道臯若鞮單于，為了再一次爭取漢匈關係的和好，匈奴又派大且渠奢與王昭君的小女兒當於居次的兒子醯櫝王「俱奉獻至長安」。之後，王莽又把自己的庶女嫁給王昭君外孫大且渠奢，將奢的爵位由侯晉升為公，並欲出兵助奢為匈奴單于，後來因為王莽被誅，雲、奢亦被殺死，這一計畫沒有成功。經此得知，當時代表漢匈雙方出面居中折衝的人物都是昭君的親屬。由此可以看出王昭君在漢匈關係中的重要地位及其所遺留下來的深遠影響。昭君出塞，不僅自己為漢匈友好作出了貢獻，而且她所播下的漢匈友好種子，已經紮根發芽，開花結果。王昭君，也成了一個被後世傳誦、吟詠的不朽人物。

附注

①現在，在昭君故鄉昭君紀念館的門前，還有一處平坦的空地，叫「三熟地」。據說，昭君到了匈奴以後，把從家鄉帶去的蕎麥播種到塞外的草原上，獲得豐收。她又托人把匈奴的粟穀捎回寶坪村，人們把它種到地裡，不到三個月，粟穀就熟了。眼看季節還早，鄉親們又連種一季，結果又獲豐收。從此，鄉親們每年能收一季小麥和兩季粟穀。昭君故鄉興山地區女子在出嫁的時候，父母都要讓她帶兩包玉米和粟子，以祝願女兒將來豐衣足食。這些以農耕文化為代表的習俗，昭君出塞時可能將其帶進了塞外大草原。

②根據匈奴制度，「其大臣貴者左賢王，次左谷蠡王，次右賢王，次右谷蠡王，謂之四角；次左右日逐王，次左右溫禺鞮王，次左右漸將王，是為六角：皆單于子弟，次第當為單于者也。異姓大臣左右骨都侯，次左右屍逐骨都侯，其餘日逐、且渠、當戶諸官號，各以權力優劣、部龭多少為高下次第焉。」（《後漢書》〈南匈奴傳〉）伊屠知牙師初為右日逐王，在單于諸子中，處於中間位置，但按次序可輪為單于。呼韓邪死後，他的六個兒子（雕陶莫皋、且麋胥、且莫車、囊知牙斯、咸、輿）次第繼承單于之位。東漢光武帝建武年間，在伊屠知牙師的哥哥輿為單于時：「初，單于弟右谷蠡王伊屠知牙師以次當為左賢王。左賢王即是單于儲副。單于欲傳其子，遂殺知牙師。」

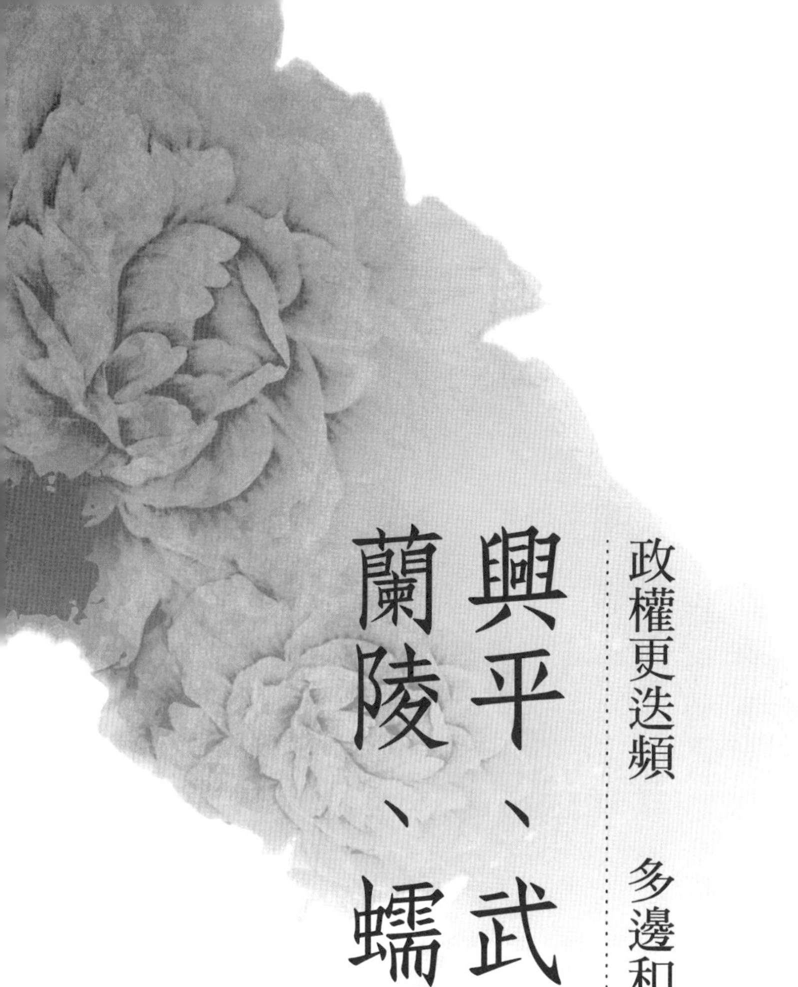

興平、武威、蘭陵、蠕蠕公主

政權更迭頻　多邊和親繁

無論是匈奴還是烏孫，都未曾有哪位公主或宮女嫁到漢朝來。然而到了魏晉南北朝時期，這種互嫁或多邊和親的現象就不少了。之所以如此，這當然跟魏晉南北朝時期的整個社會大情勢有關。

一、中原板蕩　公主遭殃

歷史上的魏晉南北朝時期，堪稱中華民族大混戰、大分裂、大融合，戰亂最頻仍，政權更迭最頻繁的時期。東漢末年，軍閥混戰，最後形成魏、蜀、吳三個封建割據集團，三國之間經過長期混戰，蜀國首先為魏吞併，但魏國政權實際上已掌握在司馬氏手中。公元二六五年（魏咸熙二年），司馬炎廢掉魏元帝曹奐，建立晉朝，史稱「西晉」。公元二八〇年，晉軍南下，攻入建業（今南京），吳主孫皓出城請降。這樣中國經過長期的動亂分裂，算是出現了暫時的統一。但司馬炎即位之初，大封同姓宗室為王，改郡為國，他本來是想讓那些同姓宗室們與他共掌天下，殊不知他這一行為卻爆發了長達十六年之久的「八王之亂」，這八王當然全部是晉皇室宗親了。

三〇四年（西晉永安元年），成都王司馬穎因在混戰中處於劣勢，就想引匈奴為外援——於是就拜匈奴屠各胡部首領北部都尉劉淵（劉元海）為「北單于、參丞相軍事」，並要他回並州去召集匈奴五部騎兵前來支援。劉淵並未出兵赴援，而是見有機可乘，自稱「大單于」，於離石左國城（今山西省離石縣北）建立政權，自稱「漢王」，樹起反晉旗幟。三〇八年（西晉永嘉二年）秋，劉淵攻克平陽、河東二郡，遷都於蒲子（今山西省隰縣）。繼又徙平陽（今山西省臨汾市堯都區），進位皇帝，改元「永鳳」。三一三年，時為「漢帝」的劉淵之子劉聰命人率二千七百匈奴兵攻入洛陽，掠走了晉懷帝司馬熾。懷帝被俘後，豫州刺史閻鼎與雍州刺史賈疋等擁立晉武帝司馬炎之孫司馬鄴為帝，都於長安。西晉建興四年（公元三一六年），劉聰派劉曜率兵圍攻長安，晉湣帝司馬鄴出降，剛剛建立五十多年的西晉王朝至此走向終結。

西晉滅亡後，晉琅琊王司馬睿在建康稱晉王，次年稱帝，建立了一個新的政權，是為東晉。而在中國北方，就進入了一百多年的大分裂、大混戰的時期了。匈奴滅了西晉，可是匈奴政權並沒有能力控制當時進入中國北方地區的鮮卑、羯、氐、羌等少數民族。百萬之眾湧入中原，一時間狼煙滾滾，刀兵四起，英雄豪傑們一個個輪番彎弓射雕，飛馬逐鹿。幾經較量，這些少數民族紛紛建立起自己的政權，其中，匈奴族建立起了前趙、北涼、夏三國，鮮卑族則建立有前燕、後燕、西秦、南涼、南燕，羯族建立有後趙，氐族建立了前秦、後涼，羌族則建立了後秦，再加上漢族人建立的西涼、北燕、前涼、成漢，總計有十六國，所以史書上把這段歷史又稱為「五胡十六國」時期。其實此時北方除了這十六個割據政權，另外還有代國、冉魏、西燕、吐谷渾等，共有二十國。這些國家之間當然不可能和平共處，相安無事。這樣整個中原地區就陷入征伐不斷的大混戰時期，其間也有一些有才幹的統治者試圖統一中原，結束混亂。比如後趙的建立者石勒，他雖出身貧寒，目不識丁，卻很有見識，求賢若渴。後趙在他的統治下，基本上統一了黃河中下游地區，可惜石勒死後，其侄石虎斷送了他開創的大好基業。後趙衰落以後，前秦苻堅勵精圖治，重用漢族謀士王猛，終於實現了統一北方的夢想，黃河流域在十六國時期第一次歸於一個政權。但是好景不長，苻堅在北方還不鞏固的情況下就倉促發兵南伐，結果在三八三年的淝水之戰中大敗而歸，北方又再次陷入四分五裂之中，黃河流域又在戰亂中經過了五十多年，直到四三九年才被北魏政權重新統一。

北魏國的建立者為鮮卑拓跋部，他們最初活動於大興安嶺北端東麓一帶，以遊牧漁獵為主業。西晉末年，有個叫猗盧的部落首領統一了拓跋各部，因依附西晉抗擊匈奴，從而擁有匈奴舊地，被晉朝冊封為代王，後猗盧被殺，代國曾一度衰弱下去。三三八年（東晉咸康四年），拓跋什翼犍重新統一拓跋各部，自封代王，建都盛樂（現內蒙古和林格爾），他設置官職，制定法律，任用漢族人作長史，初步確定了國家的體制。三七六年，代國為前秦苻堅征服，淝水之戰後，前秦土崩瓦解，什翼犍的嫡長孫拓跋珪，又重建代國。三八六年，他改國號為魏，史稱北魏，三九八年，拓跋珪遷都平城（今山西大同市）改元稱帝。其後數年間，北魏四處興兵，黃河以北諸郡幾為其所有。四二四年，拓跋燾繼位，為魏太武帝。此時，北方還剩下北涼、北燕、夏和西秦四個割據政權，而南朝則為宋文帝劉義隆元嘉時期，而在漠北，還有逐漸強大起來的柔然（亦稱蠕蠕、芮芮等）。

關於柔然人的來源，有東胡、鮮卑、匈奴、塞外雜胡諸說。柔然的最高統治集團郁文閭氏，其始祖木骨閭，在公元三世紀中葉，是被拓跋鮮卑掠獲的奴隸，後免為騎卒。木骨閭去世後，他的兒子車鹿會雄健，不斷兼併其他部落，擁有不少部眾和財富，成為世襲貴族，以柔然自稱。北魏建國初期，拓跋氏銳意進取中原，與後秦、後燕、西秦以及南燕、南涼等政權互爭雄長，無暇北顧，因而給了柔然發展以可乘之機。四〇二年（北魏天興五年），柔然仿效北魏，立軍法，置戰陣，整頓軍隊，建立可汗王庭，迅速由部落聯盟進入早期奴隸制階段，儼然建立起一個柔然汗國。北魏時期，柔然統治者一方面繼續採取近攻遠交，聯合後秦、北燕、北涼，共同對付北魏的策略，另一方面，不斷對北魏北境進行騷擾和掠奪。在相當長的時期內，柔然一直是北魏北方最主要的威脅，拓跋燾繼位為太武帝時，柔然居然趁喪伐魏，攻陷了北魏舊都盛樂。年方十四歲的拓跋燾聞訊，親率輕騎，疾馳三天兩夜，直抵雲中（今內蒙古錫林格爾）。在遭遇柔然騎兵，被重重包圍後，拓跋燾少年老成，神色夷然，指揮若定。魏軍將士見主帥少年英雄，個個勇往直前，大敗柔然。次年，拓跋燾又率五路大軍征伐柔然，打得柔然國主落荒而逃，很長一段時間不敢興兵南下。

處在這樣一個政權更迭頻繁，割據勢力紛爭不止的動盪時期，人人都想逐鹿中原，而任何一家又都缺少一統天下的足夠實力，於是和親，便作為結交軍事同盟，拉攏、瓦解對手，對付共同強敵，乘機爭霸天下的重要且有效手段了。比如北魏與後秦，北魏與前燕、北涼，西秦與前秦、南涼以及北魏、東魏、西魏與柔然等，都曾在不同情勢下，出於不同的目的，單邊或雙邊、多邊，一次或數次和親。所以，整個魏晉南北朝時期，可以說是和親使者不絕於路，乃至有時為了爭奪和親資格而勾心鬥角，費盡心機，甚至不惜饋贈大量金銀絲帛，低三下四去求人家和親。

二、武威難威　興平不平

具有雄才大略的一代霸主，拓跋燾即位後不斷南征北戰，一心想借武力來完成全國統一，但此時南有強大的劉宋王朝，北有虎視眈眈的柔然，周邊還有鐵弗匈奴赫連勃勃建立的大夏，臨松盧水胡匈奴沮渠蒙遜建立的北涼以及割據東北的北燕等三國。別看這三國地盤不大，可都不是好惹的。如大夏國的建立者赫連勃勃在率部攻破長安後，殺人如麻，用數萬人頭築一「骷髏台」。他命工匠蒸土築「統萬城」，城牆每完工一段，就以鐵錐試驗，扎進一寸，立殺築牆匠人，並把屍體築進牆內再換一批工匠來築。由此可見，這位赫連勃勃兇殘暴虐、不可一世之情態了。面對此類頑敵，善於審時度勢的拓跋燾除了東拼西征，採用戰爭手段之外，他也力爭通過通使、貢賜、聯姻和親等手段來拉攏打壓、分化瓦解對方。比如，拓跋燾就主動納夏主赫連昌三個妹妹、也就是赫連勃勃的女兒為貴妃，並立其中之一為皇后，他還將自己的女兒始平公主嫁給赫連昌，而他與北涼的聯姻，當然也是基於這樣的軍事、政治的策略。

北涼原本是十六國中轄區最小的，只有今甘肅中西部，青海北部那巴掌大的一塊。北涼國王沮渠蒙遜，也是屬於匈奴別種，據史載，蒙遜先世為匈奴左沮渠（官名），此後即因以為姓。三九九年，段業即涼王位，授蒙遜為尚書左丞。四〇一年（東晉隆安五年，北魏天興四年），蒙遜反誣段業殘害忠良，殺了段業，奪取了後涼政權，改元「永安」。四一二年，蒙遜在打敗南涼王禿發傉檀攻下姑臧（今甘肅威武）後，自張掖遷都姑臧，稱河西王，改元「玄始」。四二一年，蒙遜滅掉西涼，取得酒泉、敦煌，據有河西走廊，北涼由此進入強盛時期。北魏強大後，蒙遜自忖不是它的對手，又新敗於柔然，就向北魏稱臣。此時的沮渠蒙遜，「年衰多疾」，加之又「荒淫猜虐，群下苦之」，其統治基礎並不穩固。為了避免誘發內亂，或為其他政權所兼併，他決定將女兒興平公主嫁給北魏太武帝拓跋燾，擬與北魏建立同盟。

對於北涼的這一和親建議，拓跋燾當然是求之不得。因為此時，北魏正「有事東方」，對北燕用兵，而大夏赫連氏又「跋扈於關西」，令北魏幾面受敵，再加之北魏還可利用沮渠蒙遜在西北地方的影響力以「懷柔荒隅」，集中優勢兵力對付強敵，所以拓跋燾很快就答應了這一和親建議。公元四三三年，拓跋燾派太常李順到北涼迎接興平公主，可是不巧，迎親使臣剛到北涼，沮渠蒙遜就因病去世了，他們只得先打道回府。

沮渠蒙遜去世後，其子沮渠牧犍繼位。沮渠牧犍一忙完即位之事，即「受蒙遜遺意」，選了個吉日，派左丞宋繇將妹妹興平公主送到了北魏。魏太武帝拓跋燾立即封興平公主為右昭儀。在北魏，左右昭儀的品位與大司馬相同，由此可見魏太武帝對此次和親的重視。

興平公主到了北魏之後，魏太武帝馬上派李順出訪北涼，冊封沮渠牧犍。但拓跋燾對沮渠牧犍有點放心不下。因為沮渠牧犍在向北魏報喪的同時，也遣使向南朝的宋國報喪，南朝宋文帝厚報其使，加封沮渠牧犍多種官銜，沮渠牧犍還向宋太祖「求晉、趙《起居注》諸雜書數十件，太祖賜之」（《宋書》〈胡大沮渠蒙遜傳〉），其封賜遠重於北魏。魏太武帝拓跋燾十分清楚，如果沮渠牧犍被南朝拉攏了去，兩國一南一北聯合起來對付他，那他可就有點招架不住了。於是為了進一步控制北涼，使北涼成為北魏統治河西和西域的穩固基地，拓跋燾在興平公主到了北魏之後，特地下詔將親妹妹武威公主嫁給沮渠牧犍。

武威公主到了北涼，沮渠牧犍便廢掉了原來的王后，封武威公主為新王后。新婚燕爾，兩個人如膠似漆，但一段時間後，沮渠牧犍也就難得再到王后的宮中去了，只留下這位新王后夜夜獨守空房。據史載，北涼是一個「淫風習習，略無風儀」的國家，身為這樣一個國家的國王，沮渠牧犍身邊自然是美女如雲。而且，更為荒唐的是，沮渠牧犍還有一位貌美如花、風情萬種的寡嫂李氏，這位李氏整天翹首弄姿，直勾引得沮渠牧犍兄弟三人神魂顛倒：「兄弟三人傳變之」。雖然處在深宮之中，武威公主還是很快知道了丈夫對自己漸漸冷淡，乃至動不動就發火使氣的真正原因。武威公主自然也不是省油的燈，她的殺手鐧不是別的，就是越來越強大的北魏王朝。每一次，只要武威公主端出公主的架子，鬧著要回娘家，或者是北魏稍有動靜，沮渠牧犍就不得不規矩幾天，乖乖回到王后宮裡來。要知道此時，沮渠牧犍的世子封壇，還在魏都做「侍子」，沮渠牧犍頭頂上的那頂王冠，正提在拓跋燾手裡呢。

寡嫂李氏本來是打算長期跟沮渠牧犍廝混，做一個實質上的王后，武威公主時不時地奪夫之舉，本無可厚非，但是卻激怒了她。於是，兩個女人也就較上勁兒了。一開始，由於有強大的北魏做後盾，武威公主每每略占上風。李氏自然不肯善罷甘休。一天，妒火中燒的她竟然偷偷叫人在武威公主的瓜果吃食中下了毒。武威公主剛吃了一點點，頓時感到渾身不適，腹痛難忍，知道是有人在害她，於是馬上派心腹星夜去北魏向哥哥求救。

一接到妹妹的報警，拓跋燾馬上派御醫疾馳而至，在眾多御醫的全力搶救下，威武公主總算保住了一條命，但身體還是落下了終生殘疾。

丈夫沒奪到手，身體又被毒害成這樣，差點還丟了性命，咽不下這口氣的威武公主待在娘家養病期間，整日到拓跋燾那兒去哭訴自己的委屈，要哥哥替她出氣，心疼妹妹的拓跋燾立馬派人去了北涼，要沮渠牧犍交出李氏。正被李氏迷得神魂顛倒的沮渠牧犍，一邊好吃好喝地待著北涼使臣，一邊派人偷偷把李氏送到酒泉藏了起來，然後他隨便編了個理由，把北魏使臣打發回家。

拓跋燾由此頓生滅涼之心。

拓跋燾要興兵滅涼，總得要找個堂而皇之的理由，畢竟，沮渠牧犍的妹妹，北涼的興平公主還是北魏位同大司馬的右昭儀，如果僅憑威武公主這件事，就興師動眾，那他拓跋燾就有點公報私仇，不能服眾了。於是拓跋燾派尚書賀多羅出使涼州，搜集沮渠牧犍不守蕃禮，犯上作亂的證據來。賀多羅果然不負所托，沒多久就回來向拓跋燾報告了沮渠牧犍許多「雖稱蕃致貢，而內部多乖悖」的地方。於是在太延五年（公元四三九年），拓跋燾在滅掉了大夏、北燕之後，親率大軍，出擊北涼。出發之前，拓跋燾首先詔公卿大臣，列出了沮渠牧犍十二條罪狀，其中有兩條就與武威公主有關：「既婚帝室，寵逾功舊，方恣欲情，蒸淫其嫂，罪十也。既違伉儷之體，不篤婚姻之義，公行鴆毒，規害公主，罪十一也」（《魏書》〈沮渠牧犍傳〉）。

征討大軍在已故南涼主禿發傉檀的兒子禿發源賀的帶領下，熟門熟路，直抵姑臧。沮渠牧犍見大兵壓境，一邊急派人求救於柔然，一邊派他的弟弟沮渠董來率一萬餘精兵到城南抵抗北魏，哪知沮渠董來剛上陣，就被打得大敗而回。首戰告負，城內人心開始浮動起來。不久，沮渠牧犍的侄兒沮渠祖首先出城投降，並將城內軍隊布防情況一股腦兒告訴了魏軍。拓跋燾遂針對其城防布局薄弱環節，直殺得沮渠牧犍焦頭爛額，疲於應對。沮渠牧犍哥哥的兒子沮渠萬年見勢不妙，也率軍出城投向了魏軍。敗的敗，走的走，成了一座空城的姑臧很快就被攻了下來。沮渠牧犍無奈之下，只得「與左右文武面縛請罪」，拓跋燾「詔釋其縛，徙涼州民三萬余家於京師」。至此，北涼滅亡，拓跋燾也完成了他的統一北方的大業。

拓跋燾大概是出於收買人心、安撫北涼沮渠牧犍舊部的考慮，他待沮渠牧犍一家還是不錯：「猶以妹婿待之。其母死，以王太妃禮葬焉。又為蒙遜置守墓三十家。改授牧犍征西大將軍、王如故」。（《北史》〈沮渠牧犍傳〉）雖然淪為階下囚，一切待遇照舊。當然了，沮渠牧犍的幸運，與他妹妹興平公主還仍然是拓跋燾的右昭儀有關。

雖然仍是大將軍，仍然是河西王，但是手上肯定不會再有一兵一卒了，國土也早已併入北魏的版圖了。不過這妹婿的身分，拓跋燾倒是不折不扣地一直給他保持著，還一直讓他住在戒備森嚴的公主府第，過著優哉遊哉的日子。當然了，曾經讓沮渠牧犍神魂顛倒的寡嫂李氏，肯定已經是香消玉殞了，沮渠牧犍身邊肯定也不會再是美女如雲了，此時的沮渠牧犍與威武公主，倒是真正成了一對長相廝守的夫妻了。什麼征西大將軍、河西王，那都是虛號而已，而威武公主的丈夫，魏太武帝的妹婿，倒是名副其實的了。為了一個寡嫂，丟了大好江山，不亦悲乎！

但興平公主，後來的結局可不幸了。原來，在攻克姑臧之後，就有沮渠牧犍的親信告發說沮渠牧犍父子多蓄毒藥，作惡多端，先後祕密被他們毒死的有數百人之多。拓跋燾聽到此，聯想到妹妹武威公主中毒的事，心中就氣不打一處來。後來，還有一件事，更是讓拓跋燾怒火中燒。當年北涼曾有個「能令婦人多子」的奇人曇無讖，拓跋燾曾下詔令其來魏。但沮渠蒙遜卻不願給，他索性祕密殺死了曇無讖，然後對北魏稱絕無此人。現在，此事被告發了，謊言當然是被戳穿了。受到如此的愚弄，惱羞成怒的拓跋燾當然要洩憤，而對象只能是沮渠家的人。但此時沮渠牧犍一時還不能死，因為現在原北涼地方還不夠穩定，牧犍弟弟沮渠無諱、沮渠安周在破城後逃走，後來又出兵奪得了高昌，並遣使向南朝宋國貢獻方物，被宋封爵，還建立一個小政權，不斷騷擾著北魏邊境，所以還得靠厚待沮渠牧犍來穩定人心。於是這一氣之下，他就讓興平公主做了替罪羊，賜死興平公主。可憐一個如花似玉的公主，就這樣為自己的父親、哥哥，做了悲慘的犧牲品。

沮渠牧犍知道妹妹是為他而死的了，傷心悲痛之餘，他暗暗發誓，一定要為妹妹報仇。於是他利用一切可能的機會，跟他的那些舊臣們積極謀劃，想尋機逃出魏都，以圖東山再起。但沮渠牧犍這邊八字還不曾有一撇，那邊倒有人告到了拓跋燾那兒——這當然毫不奇怪了，拓跋燾雖然仍然把他當妹婿，但作為過去的北涼國王，對他不可能不提防，在他身邊總是要安排幾個耳目——於是拓跋燾叫司徒崔浩來到公主府第，賜沮渠牧犍自盡。

一邊是疼愛自己的親哥哥，一邊是朝夕相守的丈夫，武威公主多次求哥哥再寬恕沮渠牧犍一次，可平日裡對自己百依百順的哥哥這一次卻再也不聽她的了。生離死別，兩人抱頭痛哭。最後，沮渠牧犍不得不帶著滿腔的不捨以及對公主的無限愧疚，自我了斷。這是公元四四七年（北魏太平真君八年）的事。

在武威公主的一再哭求下，沮渠牧犍死後被葬以王禮，但武威公主很長一段時間都未能從喪夫悲痛中解脫出來，整日以淚洗面，鬱鬱寡歡。拓跋燾於是想出一招，叫他的近臣，英俊瀟灑的左將軍李蓋每天去陪伴武威公主，逗她開心，後來乾脆下詔，讓李蓋娶武威公主（參《魏書》〈李惠傳〉）。這樣武威公主又跟李蓋結了婚，過了幾年安安靜靜的日子後因病去世。拓跋燾下詔將她跟沮渠牧犍合葬。

三、柔然不柔　高歡難歡

北魏王朝到了魏孝文帝拓跋宏時期，由於實施遷都、改漢姓等一系列的漢化措施，實行民族和解，達到了它的鼎盛時期。但是在公元四九九年孝文帝去世後，北魏便開始走向衰落了，魏宣武帝、孝明帝等人執政期間，逐漸廢棄以前的政策，恢復鮮卑族的特權，社會矛盾不斷激化。五二五年（北魏孝昌元年），曾被幽禁的胡太后再次臨朝聽政，北魏朝廷內訌不斷，明帝元詡一面受太后的專制，不敢擅作主張，另一方面又對大臣鄭儼、徐紇擅弄朝政不滿，謀劃剷除他們。北魏武泰元年（五二八年），明帝派密使詔請六州討虜大都督爾朱榮率兵入洛陽「清君側」。爾朱榮在進發洛陽途中，得知明帝被太后毒殺，遂以此為藉口，急速領軍攻入洛陽，一口氣將太后及由她所立三歲小皇帝元釗還有北魏百官王公卿士二千餘人全部殺死，另立元子攸為孝莊帝，將所有朝政大權都握在自己手中。這就是歷史上有名的「河陰之變」。

北魏永安三年（五三〇年），不願再做傀儡皇帝的孝莊帝利用朝見機會，殺了爾朱榮。爾朱榮的侄子汾州刺史爾朱兆聞訊，起兵殺入洛陽，又殺死了孝莊帝，另立元恭為帝，是為節閔帝。北魏太昌元年（五三二年），原爾朱榮部將高歡在河北大族的支持下，消滅潼關以東的爾朱氏勢力，殺節閔帝，立元脩為帝，即孝武帝，北魏政權從此落入高歡手中。

北魏永熙三年（五三四年），不願受高歡控制的孝武帝，逃往長安，投靠北魏將領宇文泰。高歡隨即立元善見為帝，是為孝靜帝，並從洛陽遷都於鄴，史稱東魏。次年，宇文泰在長安殺孝武帝，立元寶炬為魏文帝，史稱西魏。這東、西魏的朝政大權，實際上分別把持在高歡、宇文泰手中，兩人都想滅掉對方，重新統一北方，但雙方又都實力不夠，幾次大戰，均是互有勝負。於是，他們同時想到了塞外越來越強大的柔然，都爭著想通過和親，把柔然拉入自己的陣營。

但還是西魏首先取得了成功。在西魏丞相宇文泰勸說下，先是西魏文帝將孝武時舍人元翌之女封為「化政公主」，嫁給了柔然此時的可汗阿那瓌的兄弟塔寒為妻，然後宇文泰又建議西魏文帝將阿那瓌之女納為皇后，以建立牢靠的雙邊和親關係。在大量金銀珠寶的誘惑下，阿那瓌很快就同意了。於是在西魏大統三年（五三七年），阿那瓌女兒郁久閭氏帶著七百輛車的陪嫁以及一萬匹馬，一千頭駱駝，出嫁西魏孝文帝。本來，孝文帝已立洛陽乙弗氏為皇后，而且兩人恩愛異常，但文帝為了不得罪柔然，待大統四年（五三八年）阿那瓌女兒郁久閭氏一到長安，便廢掉了皇后乙弗氏，立郁久閭氏為皇后，不久，為進一步討好柔然，文帝又不得不忍痛讓已出家為尼的乙弗氏自殺。

而東魏與柔然的和親則是從離間西魏與阿那瓌的關係入手的。西魏大統六年，年僅十六歲的郁久閭氏產後去世，東魏高歡乘機派相府功曹參軍張徽纂出使柔然，告訴柔然：西魏文帝「殺阿那瓌之女，妄以疏屬假公主之號，嫁彼為親」。稱阿那瓌的女兒是被文帝和宇文泰害死的，而先前遣嫁的化政公主則是假冒的，東魏才是元魏政權的正統所在，如若與東魏和親結盟，東魏願發兵助柔然，為其報仇雪恥。聽了這些煽動性的語言，阿那瓌不禁怦然心動，和部下一致同意「歸誠於東魏」。阿那瓌派其俟利、莫何莫緣游大力等人向東魏朝貢，並為長子庵羅辰求婚。靜帝於是把常山王元騭的妹妹樂安公主改封為蘭陵郡長公主，令她出嫁庵羅辰。

這次和親由於雙方都十分重視，準備也很充分，所以很成功。在迎娶了蘭陵郡長公主後，柔然「自是朝貢東魏相尋」。不過雖然如此，卻還是不能阻止西魏欲使柔然再次投入自己這一方。僅憑一次和親就結合的聯盟當然很脆弱，果然，東魏武定年間（五四三~五四九年），在西魏的不斷威逼利誘之下，阿那瓌又想調頭與西魏聯手討伐東魏了。高歡聞此，馬上派杜弼出使柔然，為長子高澄求婚，阿那瓌大概想為難一下高歡，於是就對杜弼說：「高王自娶則可」，意思是要和親，他只想把女兒嫁給高歡，其他人則免談。

高歡當時已有髮妻婁昭君，而且這位婁氏對他可以說是恩重如山。史稱婁氏「少明悟，強族多娉之，並不肯行。及見神武城上執役，驚曰：『此真吾夫也。』」也就是說當年高歡還只是個守城的小兵，婁昭君這位心高氣傲的小官員的女兒一次從城頭走過，一眼就看中了這個身材偉岸，目露精光的小兵，為自己定下了終身。後來，婁昭君又不顧父母的反對，「使婢通意，又數致私財，使以聘己」（《北史》〈后妃傳下〉）。父母最後只得將她嫁給了那個幸運的窮小子高歡。在妻子的嫁妝中，高歡得到一匹屬於自己的馬，有了馬，他當上了軍中信使，從而結識了許多英雄好漢，當上了小隊長，幾經輾轉，最終成了東魏的大丞相和天柱大將軍，這裡面少不了賢妻婁昭君的傾力相助與出謀劃策。而更為難能可貴的是，婁昭君在被立為渤海王妃後，仍「雅遵儉約，往來外舍，侍從不過十人」，且「性寬厚，不妒忌，神武姬侍咸加恩待」。（《北史》〈后妃傳下〉）有這樣一位賢內助，對娶蠕蠕公主為后，高歡自然十分為難。不過，令高歡沒有想到的是，當有人把事情的原委告訴了婁昭君，這位深明大義的妻子淡然一笑，反過來勸高歡應了阿那瓌的要求：「國家大計，願不疑也」。

於是，東魏武定三年（五四五年），高歡派慕容儼作為和親使者出使柔然，迎娶蠕蠕公主。這一年八月，高歡又親自到下館去迎接蠕蠕公主一行。其實，蠕蠕公主是漢族人對她的稱呼，她本來只是個在馬背上長大的「野姑娘」，練得一手好箭法。現在雖然做了新娘，但在從柔然來東魏的路上，她還一直都拿著自己心愛的弓，往天上東射西射，一隻鶻鷹飛過，「嗖」的一聲，鶻鷹應聲落地。走在後面的高歡的妃子大爾朱氏見此，頓時技癢，也要過弓箭，一箭射出，一隻飛鳥旋即墜地而亡，兩人一見，相視而笑。高歡更是哈哈大笑：「我此二婦，並勘擊賊。」

新娘被接到王府裡，婁昭君早就把自己的正房騰出來並裝飾一新，作為新婚的洞房，自己則搬到遠處的偏間裡去。因怕惹惱蠕蠕公主，她還特別注意避免和蠕蠕公主以及高歡碰面，假裝高歡沒有這個髮妻。高歡非常感動，他跪到婁氏面前，感謝她的深明大義，婁后總是勸他再回去：「彼將有覺，願絕勿顧」。

柔然可汗阿那瓌知道自己的女兒脾氣倔強，而高歡又很愛他的妻子婁昭君，是不會主動招惹女兒的，這樣不但和親的目的難以達到，還會使女兒受到冷落，所以公主臨行時，他特意向送親的弟弟禿突佳交代：「待見外孫，然後返國。」因此，蠕蠕公主並不在意每天高歡來不來王后宮，反正她貪玩，而且脾氣倔，也不喜歡高歡這個五十多歲的老頭子，但是禿突佳可就耐不住了，蠕蠕族抱不上外孫，他可就得長留東魏，永遠回不了家了，於是他就專門督促「抱外孫」。有一次，高歡生病，沒有到公主那邊去，禿突佳於是提著刀跑到高歡房門口大罵。高歡雖然病得很重，但還是趕緊起身穿上衣服，到蠕蠕公主那邊去。

然而，高歡始終未能使柔然抱上外孫，兩年之後東魏武定五年（五四七年），高歡病逝，按照柔然族的習俗，蠕蠕公主又轉嫁給了高歡的長子高澄，婚後不久即生了一個女兒。不過這位從小就彎弓射鵰縱馬馳騁的草原姑娘，雖然做了母親，但日子過得一點也不快樂。她完全不肯學說一句漢語，又不懂鮮卑語，來到東魏後漸漸地就變成一個封閉的女人，而她跟第二任丈夫高澄也僅僅生活了兩年。五四九年，高澄在即將廢東魏自立的時候，被家奴所殺。之後，五五〇年，高歡的次子高洋廢掉東魏的孝敬帝，自立為皇帝，建立了北齊。蠕蠕公主從此也就從史書上消失了，不知其所終。

至於由東魏嫁到柔然的蘭陵郡長公主的下落，史書上沒有交代，北齊天保三年（五五二年），柔然汗國為突厥所破，阿那瓌自殺身亡，太子庵羅辰擁眾南奔北齊，估計這個時候蘭陵郡長公主也跟著到了北齊。天保五年三月，庵羅辰又起兵叛反，齊文宣帝高洋率軍親討，打得庵羅辰落荒而逃，高洋繼續乘勝追擊，「伏屍二十五里，獲庵羅辰妻子及生口三萬餘。」而蘭陵郡長公主就此被俘？還是一直就留在北齊？或早已去世，橫屍荒野？不得而知。

大草原天使　樂舞藝術者

阿史那公主

公元五世紀末、六世紀初葉，突厥崛起於阿爾泰山西南麓，它起初游牧於中亞的葉塞尼河上游，後來遷徙到西域高昌國的北面（柏格達山）一帶。一開始，它還只能稱得上是一個不同種族混雜的遊牧共同體，各部落使用的是一種大體相同的語言，但還不是一個具體的民族。突厥民族的締造者為阿史那部族，他們長期遊牧於漠北草原，不斷與鐵勒等部通婚融合，共同生活於匈奴的統治下。匈奴走向崩潰之後，遊牧民族紛紛南下中原，割據占地，立國稱王，柔然、鐵勒等部先後建立起自己的汗國，阿史那部遂在鐵勒部東北與柔然相接的金山（今新疆阿勒泰一帶）安頓下來，因為金山形似兜鍪，「其俗謂兜鍪為『突厥』，遂因以為號焉」（《周書》〈突厥傳〉）。突厥人以遊牧為主，還擁有發達的冶鐵技術。五世紀中葉，柔然征服了突厥之後，就強迫突厥做他們的「鍛奴」。突厥到了首領「土門」時期，勢力已相當強大，並開始在西魏邊塞購買日常用品，與西魏建立起正常的經濟貿易往來。西魏文帝大統十一年（五四五年），為牽制柔然，丞相宇文泰遣使出使突厥，這可能是突厥迎來的第一個外國使團，所以當西魏使臣到達時，突厥人奔相走告：「今大國使至，我國將興也」（《周書》〈突厥傳〉）。第二年，土門遣使向西魏進貢，算是建立起了正常的政治、經濟及外交關係。

此後不久，突厥迎來另一個跨越式發展的機遇，原來，柔然屬部鐵勒密謀發兵造反，阿史那土門得知消息後，當機立斷，為主分憂，率部攻打鐵勒部，盡收其部眾五萬餘人。而後，土門自恃救主有功，實力大增，遂向柔然主阿那瓌求婚，結果受到阿那瓌劈頭蓋臉一頓羞辱：「爾是我鍛奴，何敢發是言也？」心高氣盛的土門一怒之下，殺死了柔然在突厥的常駐代表，算是正式脫離了與柔然的臣屬關係，轉而向新交西魏求婚。

一、突厥突崛　三足鼎立

如上一章所述，北魏自分裂為東、西魏後，兩國都想吞併對方，一統中原，雙方幾乎每年都發生戰爭，互有勝負。五五〇年，高歡之子高洋廢東魏孝靜帝自立，建立了北齊。由於北齊是建立在東魏的基礎上，所以較為強大，加之高洋在位期間又進行了一系列的改革，經濟社會得到進一步的發展，故而一開始北齊國力就遠遠超過了西魏。西魏「常懼齊兵之西度，恒以冬月，守河椎冰」。另一方面，北齊自東魏孝靜帝時（五三四～五四九年）與柔然通過和親結為同盟關係後，北齊與柔然之間出現了「邊塞無事」、「使貢相尋」的和平景象，而西魏卻隨時都會受到來自柔然的威脅。因此，西魏要想擊敗北齊，就必須把突厥拉為同盟，突厥向西魏求婚，西魏當然是求之不得，於是在西魏文帝大統十七年（五五一年），西魏將長樂公主嫁給了土門。

和親之後，雙方政治、經濟關係顯然得到了加強，魏文帝去世，土門還遣使來吊，並贈馬兩百匹。通過聯姻，突厥阿史那部更加壯大了聲勢，增強了實力，於是在和親後的第二年，土門便開始發兵攻打自己的宗主柔然，大破柔然於懷荒（今河北張北）之北，阿那瓌兵敗自殺。土門在擊敗柔然後，模仿柔然設置官職，自稱伊利可汗，稱妻子為可賀敦，正式建立起突厥汗國。其後，具有雄才大略的木杆可汗在位時，突厥勢力得到了突飛猛進的發展。公元五五四年，木杆可汗發兵消滅了柔然的殘餘勢力，接著他又西擊㕡噠，東趕契丹，北並契骨，其統治區域東起大興安嶺，西到撒馬爾罕和布拉哈的鐵門一帶，南至沙漠以北，北括貝加爾湖，東西萬里，南北五六千里，有「控弦數十萬，志陵中夏」。由此，西魏、北齊、突厥鼎足而三之勢，正式形成。

在西魏宇文泰掌權時期，對正在崛起的突厥一直採取友善的態度，不但與突厥聯姻，互有貿易，而且在突厥柔然決戰時，西魏始終站在突厥這一邊。阿那瓌兵敗自殺，其子奄羅辰奔齊後，留在漠北的柔然殘餘勢力分為東西兩部。木杆可汗上位後，首先發兵擊敗了西部柔然鄧叔子，走投無路的鄧叔子於是率殘部投奔關中，木杆可汗遣使西魏，要求西魏殺了鄧叔子，宇文泰二話不說：「收叔子以下三千人，付其使者，殺之於青門外」（《北史》〈突厥傳〉）。木杆可汗非常高興，不斷遣使進貢，並且堅持要將女兒嫁給宇文泰，宇文泰馬上就派元暉帶錦彩十萬段出使突厥商議此事；作為回訪，木杆可汗也派人隨元暉帶著大量草原特產來到西魏。可惜雙方婚約尚未最終敲定，宇文泰就因病去世了，這次和親並沒有成。

五五七年正月，宇文泰之子宇文覺以受禪形式，廢魏建周，史稱北周，宇文覺即北周孝閔帝。之後，北周與北齊很快就開始了爭奪中原，吞併對方的激烈較量。北周與突厥的友好關係，在之前西魏的基礎上得以延續。五六〇年時，宇文邕即位為周武帝，他更注重與越來越強大的突厥搞好關係，不斷派人去求娶突厥公主，木杆可汗答應將自己另一個女兒阿史那嫁給宇文邕，宇文邕隨即派人去突厥，具體商談和親之事。

此時在北方，北周、北齊、突厥成三足鼎立之勢，齊國稍強，可如果北周、突厥通過和親結成了聯盟，北齊也就勢單力薄了。因之，一聽說木杆可汗要嫁女兒到北周，北齊也趕緊派使臣帶著大批的金銀財物來到突厥，向木杆可汗求婚。看到那麼多的財寶，木杆可汗實在捨不得拒絕北齊，可又是許嫁北周在先，猶豫不決的俟斤最後來了個緩兵之計，他兩方面都不答應，兩方都含糊其辭，只是讓他們先留下禮物，回去靜候佳音。

一心想統一北方，稱霸中原進而統一全國的北周武帝宇文邕當然明白，如果此次讓北齊和親成功，突厥徹底地倒向北齊一邊，北齊本來就比北周強大，再加上一個有數十萬「控弦之士」的突厥，那還了得？因此，一待使臣回來向他講明情況，他馬上又令涼州刺史楊薦等人，帶著比上次更多的財禮再次去了突厥。

楊薦等人到了突厥後，探得木杆可汗的弟弟地頭可汗正在與北齊使者悄悄洽談，積極說服木杆可汗違背先前的約定，和親北齊，並且計謀控制住楊薦等北周使臣，待一切妥當，將他們也作為和親的禮物，一併送到北齊。楊薦先不動聲色，嚴加防範，趁有一次與木杆可汗見面的機會，當面揭穿了這一陰謀，連聲責備木杆可汗：「太祖昔與可汗共敦鄰好，蠕蠕（柔然）部落數千來降，太祖悉以付可汗使者，以快可汗之意，如何今日遽欲背恩忘義，獨不愧鬼神乎？」他一一列數北魏與突厥過去的結盟通好之事，其「辭氣慷慨，涕泗橫流」，直說得木杆可汗面露愧色，無言以對。最後，木杆可汗終於下定了決心：「君言是也。吾意決矣，當相與共平東賊（北齊），然後遣女。」（《資治通鑑》「天嘉四年」條）但可能是怕跟北周和親後，就此得罪強大的北齊吧，他要求先跟北周聯兵打敗了北齊，然後再遣女和親。

雖然兩次聯兵伐齊，都沒有達到預期效果，但北周保定四年，宇文邕還是再派楊薦帶著大量貨幣財物到了突厥，向木杆可汗求婚。透過楊薦多方遊說曉以利害，再加上大量財禮的作用，木杆可汗終於同意跟北周和親，把女兒嫁給宇文邕。

二、求婚兩載　公主入塞

北周保定五年二月（五六五年），北周派出龐大而隆重的迎親使團，甚至連儀仗隊、行殿都帶了，主要是因為突厥在此次和親過程中一直反覆無常，北齊又不斷地派使臣去突厥對木杆可汗威逼利誘，而且每次求婚規格都比北周要高，直逼得木杆可汗左右搖擺不定，所以北周一心要從氣勢上鎮住突厥及北齊，使和親能夠一舉成功。

但是當北周迎親隊伍正浩浩蕩蕩向突厥進發的時候，北齊的求婚使者卻早已守在那裡。兩支求婚隊伍，使得木杆可汗又開始舉棋不定了：「突厥君臣，猶有貳志」。雖然後至的北周使臣竇毅等人「抗言正色，以大義責之」，但經不住北齊的利益誘惑與實力威脅的木杆可汗，還是決定將女兒嫁於北齊，遂將北周的迎親使者全部扣留起來。北周喜氣洋洋的迎親隊伍，就這樣一夜之間成了突厥的階下囚！

聰明的木杆可汗知道鷸蚌相爭，漁翁得利的道理，他知道如何周旋於北周和北齊之間，讓自己能夠左右逢源，始終處於有利地位。而一旦將女兒嫁出去，自己可就表明了立場，什麼討價還價的餘地都沒有了，所以，雖然北齊使者一趟一趟的來催，可木杆可汗也沒有將女兒嫁出去。

這樣一直到北周天和二年（五六七年）秋天，本來乾旱少雨的蒙古大草原突然狂風驟起，大雨傾盆好幾十天，數不盡的帳篷被掀翻刮跑，整個大草原幾成澤國，人畜死傷無數。看著那些掙扎在風雨中的臣民們，一天深夜，六神無主的俟斤突然意識到：這是上蒼在譴責、懲罰他言而無信，他這是罪有應得呀！於是第二天，俟斤便讓突厥上上下下緊急行動起來，為阿史那打點嫁妝，送女兒出嫁北周。

已被扣押兩年多的北周使臣聽到這個消息，個個欣喜若狂，他們連忙搭起活動宮殿，擺上錦旗儀仗，以皇后的禮儀迎娶阿史那公主。為防止夜長夢多，再有什麼變數，待一切停當，他們便立刻啟程回國。

興高采烈的迎親與送親隊伍，一路風餐露宿、馬不停蹄地向北周進發，不久，就到了北周與突厥的交界地區，可就在這個時候，突厥的送親使者卻開始頻頻出招了，他們不斷地抱怨長途跋涉，馬瘦力乏，有時乾脆就停下來不走了。其實，他們這是在故意拖延時間，等待國內的消息——說不定突厥又會從北齊那兒得到一大批金銀絲帛！這時，北周使臣、車騎大將軍趙文表站出來了，他對突厥送親使者羅莫緣說：「后（木杆可汗之女阿史那公主）自發彼藩，已淹時序，途經沙漠，人馬疲勞。且東寇每伺間隙，吐谷渾亦能為變。今君以可汗之愛女，結姻上國，曾無防慮，豈人臣之體乎？」（《周書》〈趙文表傳〉）東有強敵北齊，西有虎視眈眈的吐谷渾，如此拖延，到時候公主萬一有個三長兩短，出了問題你們回去該怎麼向可汗交代？聽了這些話，羅莫緣不但不再拖延，反而催促隊伍加快速度，日夜兼程，終於在天和三年（五六八年）三月，到達北周首都長安。

阿史那公主入塞時，年僅十八歲。周武帝宇文邕費盡周折將她娶回來，並封為皇后，是出於結盟突厥對付北齊的考量。所以，阿史那公主雖尊為皇后，且年輕貌美，但其實日子跟寂寞的宮女差不多。當然，出於政治、軍事的考慮，周武帝以及北周上下，對她肯定是禮敬有加，史書稱阿史那皇后「有姿貌，善容止，高祖（即周武帝）深敬焉」。但恐怕也僅是「深敬」而已，談不到什麼夫妻感情，男歡女愛。有史為證：「時武帝納突厥女為后，無寵。后尚幼，竊言於帝曰：『四邊未靜，突厥尚強，願舅抑情撫慰，以蒼生為念。但須突厥之助，則江南（南陳）、關東（北齊）不能為患矣。』武帝深納之。」這是《舊唐書》〈后妃傳〉上的一段記載，這裡「后尚幼」的「后」，是指唐高祖李淵的皇后竇氏，她是周武帝姐姐襄陽長公主的女兒，據說她剛出娘胎頭髮就長過頸項，三歲時頭髮就已經拖到地了。周武帝非常喜歡他這個外甥女，自幼就將她養在宮中。當年就連只有幾歲的小外甥女都感受到了舅舅對阿史那皇后的冷淡，而且認為舅舅作為一國之君，應該為國事著想，不應該對阿史那皇后如此，於是就童言無忌了。當然，就連她都知道北周要想避免南陳北齊為患，必須借突厥之助。她的想法也不是憑空而來，必定來自周圍大人們的言談，說明在當時，這已成為北周朝廷上上下下的共識了。周武帝聽了外甥女的話以後，「深納之」，從此對阿史那皇后就態度大為好轉，兩國的關係，也得到了進一步的加強。

三、樂舞人生　藝術使者

北周不惜財力通過和親與突厥結成軍事聯盟，無疑使突厥成為威脅敵對國的一支重要的戰略力量。最起碼，北周在與北齊的戰鬥中，避免了突厥對北周邊境的入侵和掠奪，另外，北周還可以利用越來越強大的突厥力量鎮撫北方邊境的非漢族部落，而且，北周甚至可以直接借助突厥軍隊的幫助來削弱北齊，這對北周五七七年消滅北齊政權，有著決定性的影響。

阿史那公主和親北周，對中原地區的文化發展，也起到了不小的推動作用。因為此次和親，阿史那公主為中原帶來了不少的樂舞藝人，輸入了西域優秀的音樂舞蹈藝術。原來阿史那公主，從小就能歌善舞，酷愛音樂。木杆可汗為了讓女兒來到中原後過得快樂，生活不至於寂寞，就廣征西域龜茲、疏勒、安國、康國諸國的能歌善舞者數百人，組成了個龐大的樂舞隊，作為陪嫁送到了長安。這些來自西域諸國的樂舞節奏奔放，曲調歡快，旋律激宕起伏，充滿了大漠曠野自由坦蕩的氣息，直讓中原人聽得如癡如醉。於是家家學胡樂，個個舞胡旋，一時蔚然成風。就連周武帝在妻子阿史那的影響之下，也竟然學會了彈奏五弦琵琶。北周滅北齊後，周武帝就在慶典會上小露了一手，結果就連被俘的北齊後主高緯聽了他的演奏，也不禁當場跳起了「達摩支」舞。從而，周武帝在制定宮廷雅樂時，「戎華兼采」，兼收並蓄，全力支持阿史那對中原音樂的變革。

在跟隨阿史那公主的樂師中，有一個叫蘇祗婆的（漢名白智通），他是龜茲著名的音樂家，堪稱西域樂舞的總教習。他出生於龜茲一個音樂世家，後來流落民間，在中原廣招藝徒。他的學生中有一個叫鄭譯的，他們倆曾對樂曲的「五旦七聲」理論進行廣泛的探討實踐，使其逐漸演變成「旋宮八十四調」。據專家考證，「五旦」的「旦」，即「均」，「均」即「韻」，故「五旦」，即「五律」。「七調」，即宮、商、角、徵、羽、醫徵、變宮七調。蘇祗婆的這一套音樂理論，為音樂確立了一個規範，有力地促進了中華民族音樂體系的建立，對中國音樂的影響自是非凡。

阿史那公主入塞，龜茲樂成為北周的國伎。歡快、熱烈的龜茲音樂也開始在中原地區廣泛流行開來，後來，在隋唐的宮廷樂部裡，「龜茲樂」為西域諸樂部之首，唐代更是龜茲樂舞的黃金時期，唐代詩人元稹《連昌宮詞》曰：「逡巡大遍涼州徹，色色龜茲轟錄續」。生動而概括地描繪了盛唐宮廷中「龜茲樂」和「西涼樂」的盛況。此後，龜茲樂舞向民間滲透，對宋詞元曲乃至對中國戲曲，都產生了深遠的影響。而龜茲音樂還被中國的道教加以吸收，現在道教一些儀式中，運用的就是龜茲音樂，至於遍布中國各地佛教寺院中的「梵唄」，更是不乏龜茲樂的成分。

阿史那公主遠嫁中原，把優秀的西域音樂舞蹈藝術帶到了中原，這些非物質的陪嫁，促進了中原與西域文化藝術的交融，極大地豐富了中原藝術的寶庫，她堪稱是一位偉大的「藝術使者」。

雖然北周武帝在突厥的幫助下統一了北方，但政權又很快落入外戚楊堅（楊忠之子）手中，五八一年，大權在握的楊堅廢北周靜帝，建立了隋朝。雖然局勢混亂，政權更迭，但藝術使者阿史那卻一直享受著榮華富貴的生活，因為她有著越來越強大的娘家做她的後盾。無論是北周諸帝，還是隋朝開國皇帝楊堅，都不敢小覷了突厥，對阿史那都是恩遇有加。

五七八年，周武帝宇文邕病逝，宇文贇繼位為周宣帝，就在他繼位的同一天，即鄭重其事地尊阿史那皇后為皇太后，而幾個月之後，才封自己的生母為「帝太后」。北周大象元年（五七九年）二月，為了進一步鞏固與突厥的聯盟關係，周宣帝在冊封趙王宇文招之女為千金公主，準備再與突厥和親時，又「尊皇太后為天元皇太后」。次年二月（五八〇年），突厥遣使入北周，迎娶千金公主，天元皇太后阿史那又被尊為天元上皇太后。北周靜帝宇文闡即位後，又尊阿史那為太皇太后。

隋開皇二年（五八二年），年僅三十二歲的阿史那去世，隋文帝楊堅「詔有司備禮冊」，舉行隆重儀式，將她與周武帝宇文邕合葬於孝陵。

盛衰等朝暮　世道若浮萍

千金公主（大義公主）

無論哪個朝代，嫁女和親都是為了能以一根紅絲帶，永締兩國之好。大多數的和親公主，都十分忠誠地執行著娘家所賦予的護國安邦任務，一手托兩家。但是北周這位唯一一位出塞和親的千金公主，她出嫁不久，即懷著刻骨仇恨，執意要挑起兩國戰爭，一心希望丈夫能夠打敗中原王朝，在中國和親史上寫下了極為悲涼的一頁，也成為結局最為淒慘的和親公主之一。

一、才貌雙全　北赴大漠

千金公主本是北周趙王宇文招的女兒，宇文招是宇文泰跟王姬所生的兒子，是宇文泰的第六個兒子。而北周武帝宇文邕，則是宇文泰的第四個兒子，也就是說千金公主是周武帝宇文邕的親侄女，跟武帝的兒子周宣帝宇文贇是堂兄妹。史載千金公主的父親宇文招「幼聰穎，博涉群書，好屬文，學庾信體，詞多輕豔」，有文集十卷行於世。因受父親的影響，家庭的薰陶，千金公主自幼也是手不釋卷，經史、詩文、書畫，均有所涉獵，父女倆還經常在家裡吟詩作賦，父唱女隨。因為家族中既有鮮卑人的血統，又有漢人的血統，作為混血兒，千金公主生得豐滿頎長，婀娜多姿；性情上則既有鮮卑人的豪放健朗，又不失漢族大家閨秀的端莊嫻雅。她才貌雙全，且是王爺的女兒，當今皇上的堂妹，理所當然成了長安城裡達官顯貴們爭聘的對象。然而，北周皇帝的一紙詔書，卻讓這朵開放於動亂年代的耀眼玫瑰，免不了要遭受狂風暴雨飛沙走石的摧殘。

周武帝宇文邕為了拉突厥為盟友，消滅北齊，曾千方百計歷時數載迎娶突厥木杆可汗之女阿史那公主為皇后。五七七年，雄才大略的宇文邕終於滅掉了北齊，統一了北方。次年，當他準備出兵攻打突厥時，不禁因勞累過度，壯志未酬身先歿。更令北周雪上加霜的是，繼他之位的宣帝宇文贇，是個典型的花花公子，除了聲色犬馬，帶兵打仗與治理國家都是一竅不通，而此時北周所面臨的，卻是一個頗為嚴峻的局勢。雖然北齊王朝已被消滅，但北齊的殘餘勢力還是蠢蠢欲動，伺機復國，當然，對北周威脅最大的，還是突厥。突厥經過幾十年的發展，「其國富強，有淩轢中夏志」（《北史》〈突厥傳〉）。所以，北周從一開始，就拚命巴結突厥，突厥木杆可汗也洞察這一點，因而就在北周、北齊之間玩起了牆頭草的把戲。在《北史》〈突厥傳〉中，有這麼一段記載：「朝廷（指北周）既與之和親，歲給繒絮、錦彩十萬段。突厥在京師者，又待以優禮，衣錦食肉，常以千數。齊人懼其寇掠，亦傾府藏以給之。他鉢彌復驕傲，仍令其徒屬曰：『但使我在南兩個兒孝順，何憂無物邪？』」這語氣，根本就是把兩國玩於股掌之間！而現在，北齊被北周給滅了，深諳平衡外交之術的突厥他鉢可汗自然明白，唇亡齒寒，兔死狐悲，沒有了北齊，他非但不能再左右搖擺，從中獲利，而且北周下一個目標就將是他突厥汗國了。所以從一開始，他缽可汗就不惜一切代價，要幫助北齊復國。

北齊亡國後，齊文宣帝第三子高紹義率兵逃到塞北，被北周大將宇文神舉擊敗後，又逃入突厥境內，突厥他缽可汗把高紹義的父親高洋看作英雄天子，因高紹義頗像其父，所以對他也非常崇拜和支持。他命令在突厥的北齊人全部隸屬於高紹義。這時，尚有北齊營州（今遼寧朝陽）刺史高寶寧擁重兵鎮守遼東，拒不降周，他缽可汗遂將高紹義立為齊帝，建元武平，以高寶寧為丞相，以遼東作為根據地，召集兵馬，不惜代價幫北齊發起了一場復國戰爭。

北周宣政元年四月（五七八年），突厥發兵攻入幽州（今北京），北周幽州守將趙郡公、柱國劉雄出城迎戰，「為突厥所圍，臨陣戰歿。」此戰令北周舉國震驚，周武帝決定親自率軍北伐，可出兵未幾，就突然發病，死於返回長安的途中。這一年冬天，突厥軍隊又侵擾北周邊境，圍攻酒泉，大掠而去。在突厥的全力支持下，高寶寧也由營州南下，攻克了平州（今河北盧龍北），幽州人盧昌期、祖伯英等則乘機起兵占據了范陽，以策應高紹義南下復齊的活動。高紹義一方面派遣高寶寧率軍徑趨范陽，與盧昌期等會合，一方面聯合突厥兵，乘虛突襲幽州。一時間兩國聯軍，勢不可擋，形成席捲河北之勢。後來，還是北周名將宇文神舉迅速出擊，擊敗了范陽的盧昌期軍，才使形勢轉危為安。

在這種情況下，為了穩定局勢，消滅北齊殘餘勢力，北周迫切需要與突厥和解，而嫁女和親，就是和解的最好的方式之一了。所以，當北周靜帝大象元年（五七九年）突厥遣使請婚時，北周馬上就將宇文招的女兒冊封為千金公主，令她出嫁他缽可汗。不過，北周還有一個附加條件，那就是要求突厥先將高紹義送到長安。他缽可汗沒有答應北周，雙方戰爭又起。次年二月，他缽可汗看看獲勝無望，遂「遣使獻方物，且逆千金公主」。

由此可見，千金公主是懷著調和北周與突厥的關係，以及解除高紹義等北齊殘餘勢力對北周威脅的重大使命而出塞和親、嫁給他缽可汗的。一個深閨裡長大的青春少女，能承擔起這樣的重責大任嗎？

二、國破家亡　報仇雪恨

然而計畫趕不上變化，北周一年內卻發生了一系列重大變故。原來在議定婚事，千金公主待嫁期間，整日沉湎於聲色犬馬之中的宇文贇厭倦了日理萬機的皇帝生活，把帝位傳給了年幼的兒子宇文衍（後改為宇文闡），由大臣楊堅輔政。就在千金公主出嫁後的第二年，也就是公元五八一年，退位不久的宣帝突然病死了，輔政大臣楊堅就以「禪讓」的形式廢掉並毒死了年僅九歲的靜帝宇文闡，建立起了隋朝。雖然當時宇文贇厭倦權柄，放棄了皇位，但他的列位兄弟長輩，宇文氏諸王卻捨不得輕易把朝政大權拱手讓給異姓人，他們就聯合起來對付楊堅，其中就有千金公主的父親宇文招。有一次，宇文招在家裡設宴款待楊堅，他預先埋下伏兵，準備伺機行刺，後因楊堅有所警覺提前退席，功敗垂成。之後，宇文招被楊堅殘暴地誅滅九族。

於是，千金公主嫁到突厥還不到一年，她就已經國破家亡，孤苦伶仃，什麼也沒有了。不但親人們一個不剩，作為她強大後盾與支撐的北周王朝，一夜之間也沒了。集家仇國恨於一身，整日以淚洗面的千金公主暗暗發誓，一定要為父母為家族為故國報仇雪恨！讓楊堅死無葬身之地！千金公主也明白，要想報此血海深仇，現在唯一可依靠的，只有他的夫家——突厥的力量了。但是此時，突厥內部已四分五裂，大家忙於爭權奪位，還沒有人顧及她這一年來的遭遇與感受。

原來，突厥汗位一直採用兄終弟及的繼承制度。就功勳和實力而言，當時木杆可汗完全可以將汗位傳給自己的兒子，但是他卻依慣例將汗位傳給了弟弟他鉢。他鉢對木杆可汗捨子立弟的做法一直非常感激，五八一年，他在彌留之際，給兒子留下遺囑：「吾聞親莫過於父子。吾兄不親其子，委位於我，我死，汝當避大邏便。」（《北史》〈突厥傳〉）要兒子庵邏將汗位讓於木杆可汗的兒子大邏便。可是他鉢死後，他的遺囑受到了以乙息記可汗的兒子攝圖為首的國人的強烈反對，他們的理由是大邏便的母親出身卑賤，大邏便沒有資格出任突厥汗國的大可汗。僵持到最後，攝圖藉口庵邏母親出身高貴，以武力相威脅，硬是立庵邏為大可汗。但是，「大邏便不得立，心不服庵邏，每遣人詈辱之」。因為害怕報復，庵邏即位後不久就將汗位轉讓給了勢力強大的攝圖。攝圖登上汗位之後，號稱沙鉢略可汗，作為對庵邏的回報，他又以庵邏為第二可汗，駐牧於獨洛水（今土拉河）流域。可這樣一來，大邏便更不服氣了，他氣憤地對沙鉢略說：「我與爾俱可汗子，各承父後。爾今極尊，我獨無位，何也？」（《北史》〈突厥傳〉）為了能夠進一步緩和矛盾，安撫民心，攝圖又以大邏便為阿波可汗，還領所部，等於是默認了他的獨立地位。不過這樣，連同西突厥的達頭可汗（沙鉢略從父玷厥），此時，草原上就有四個可汗了。雖然這場爭奪汗位的鬥爭最終以攝圖的勝利和大邏便的退讓而告終，但是突厥汗國內部卻已經產生了深深的裂痕，大小可汗之間的矛盾日益表面化，這些都為突厥後來的內亂埋下了禍根。

按照突厥父母死子弟娶其群母及嫂為妻的習俗，千金公主又成了沙鉢略大可汗的可賀敦（妻子）。待一切塵埃落定，稍稍取得沙鉢略的信任後，千金公主便「日夜言於沙鉢略，請為周室復仇」。一開始，沙鉢略根本沒把千金公主的話當回事兒，因為他知道，兩國交兵，兩敗俱傷是很正常的，一敗塗地也不是不可能，那自己好不容易得來的汗位，可就要易手他人了。但是架不住萬般柔情的千金公主每日的哭訴，又因為隋朝建立後，對突厥「待之甚薄」，並不像北周、北齊那樣無限制地去滿足突厥的所有要求，這樣就把心高氣盛的沙鉢略給惹怒了。他召集部下，宣稱：「我周家親也。今隋公自立而不能制，復何面目見可賀敦乎？」（《隋書》〈長孫覽傳附長孫晟傳〉）。五八二年（隋開皇二年），他發兵與占據營州反隋的北齊舊臣高寶寧首先聯合攻陷了臨渝鎮，並約請突厥諸可汗共同南下。一時間整個北方地區，狼煙四起，人叫馬嘶，直鬧得剛剛登基不久，本想一舉滅了南方陳朝，統一中國的隋文帝方寸大亂。作為曾經跟突厥打過多年交道的前北周大臣，楊堅深知突厥騎兵的厲害，要是真刀真槍地幹，隋朝的軍隊根本就不是突厥的對手。大兵壓境之下，楊堅只得一邊搶修長城，一邊調兵遣將，派陰壽和虞慶則率兵數萬，分別駐守幽州和並州，拚死抵抗。

就在楊堅一籌莫展，每日被前方戰報弄得焦頭爛額寢食難安之際，熟悉突厥內情的大臣長孫晟向他獻上了一計。他根據突厥內部的叔侄、兄弟之間各領強兵，皆稱可汗，分居四面，互相猜忌的情況，認為此時對付突厥最好的計策不是調集兵馬，跟他們硬拚，而是「遠交而近攻，離強而合弱」，以圖各個擊破。說到這長孫氏家族，也是淵源頗深。他們世代為北魏的軍事貴族，北周時，長孫晟曾送千金公主入突厥和親，因「善彈工射」，得到突厥可汗的賞識，「每共遊獵，留之竟歲」，被留在漠北草原一年多的時間，專教突厥可汗子弟貴族們「彈射」。頗有心計的長孫晟乘機了解突厥汗國內部的情況：「察山川形勢，部眾強弱，皆盡知之」。他還了解到沙缽略可汗攝圖的弟弟處羅侯：「尤得眾心，而為攝圖所忌」。因與沙缽略關係不好，勢力也比較弱，哥哥沒有給他可汗做，所以他一直懷恨在心，長孫晟便與他私下結盟，以備後用（《隋書》〈長孫覽傳附長孫晟傳〉）。果然，現在當突厥與隋交戰，朝廷上下束手無策之際，長孫晟當年所下的功夫可派上用場了。他上書隋文帝，根據自己對突厥的了解，認為對付突厥：「今宜遠交而近攻，離強而合弱，通使玷厥，說合阿波，則攝圖回兵，自防右地。又引處羅，遣連奚、霫，則攝圖分眾，還備左方。首尾猜嫌，腹心離阻，十數年後，承釁討之，必可一舉而空其國矣。」（《隋書》〈長孫覽傳附長孫晟傳〉）進一步說，就是利用突厥內部大小可汗之間「昆季爭長，父叔相猜，外示彌縫，內乖心腹」矛盾重重的情形，對突厥採取抑大扶小的策略，讓他們相互猜忌，互相殘殺，從而坐收漁人之利。隋文帝一聽，當即採納了長孫晟的計策，並馬上付諸實施。他首先派太僕元暉西出伊吾（今新疆哈密）道，賜給西突厥達頭可汗狼頭纛以及大批的財物。達頭可汗大喜，隨即就遣使來朝，而在朝見時，隋文帝又讓達頭使者的班次高於沙缽略使者，等於明白承認達頭可汗地位高於沙缽略可汗，這讓勢力越來越強大的達頭更加心花怒放。此後，隋文帝又遣長孫晟去黃龍道（即柳城，今遼寧朝陽），會見奚、契丹等部首領，給以重賞，許以重諾。然後，長孫晟又悄悄趕到漠北，私會老友處羅侯，告知以利害得失，因有舊盟在先，兩人一拍即合。處羅侯答應長孫晟，必要時他會做隋的內援，與隋軍南北夾擊，打擊沙缽略，當然所有這些，都把沙缽略蒙在鼓裡。

隋開皇二年（五八二年），在千金公主的慫恿下，突厥又一次大規模入侵隋境。五月，高寶寧引突厥侵入平州，沙缽略率突厥四十萬人馬，入侵長城，六月，又侵入蘭州。十二月，沙缽略率眾十萬與達溪長儒所率隋軍在周槃激戰三晝夜，雙方交戰十四次，隋軍所有武器全部打光，士兵死傷更是高達十之八九，突厥兵乘勝長驅直入，長安岌岌可危。

前方的求援告急文書如雪片般飛來，困坐危城的隋文帝卻手中無兵可調，心中無計可施，只剩下了長吁短嘆，坐以待斃。幸虧此時，長孫晟的離間計奏效了。當突厥軍隊從蘭州往東，在周槃地區擊敗達奚長儒統帥的隋軍之後，受隋朝特別青睞的達頭可汗拒絕了沙缽略繼續南下的命令，竟然率領西突厥的軍隊先行撤軍，不打了。達頭可汗一撤軍，其他可汗自然也無心戀戰，此次突厥來勢洶洶的攻勢就這樣自行瓦解了。

眼看復國在望，結果卻功虧一簣，隨軍遠征的千金公主望著垂頭喪氣的丈夫，悲痛欲絕。但她還不死心，又不斷淚眼婆娑地要求丈夫，一定要他為自己報仇，滅了隋朝，殺了楊堅。眼看大功告成，結果卻無功而返，沙缽略心中自然也難以咽下這口怨氣，於是第二年（五八三年），在略事休整，糧草給養得到補充後，沙缽略又再次調遣軍隊，攻入隋朝邊境地區。這一次隋文帝以河間王楊弘，上柱國豆盧勣、竇榮定，左僕射高熲，右僕射虞慶則並為元帥，出塞迎敵。先是竇榮定兩出涼州，將舉棋不定的阿波可汗打得大敗，時在軍中為偏將的長孫晟見此，乘機出馬說服阿波歸附隋：「今達頭與隋連和，而攝圖不能制。可汗何不依附天子，連結達頭，相合為強，此萬全之計。豈若喪兵負罪，歸就攝圖，受其戮辱邪？」（《隋書》〈長孫覽傳附長孫晟傳〉）主力傷亡過半的阿波遂與隋軍陣前議和，遣使來朝，並先行撤軍返回塞北。這樣，達頭可汗拒命於前，阿波可汗背叛在後，沙缽略的攻勢在隋軍的反擊下就徹底崩潰了。此後，白道（今內蒙古呼和浩特北）一戰，隋軍又俘虜突厥千餘人，馬牛羊上萬，沙缽略受此重創，狼狽撤回漠北。

沙缽略將此次失敗的責任歸之於阿波可汗的背叛，於是回去之後，他馬上發兵擊破了阿波所在的北牙，俘虜了阿波的部眾，並殺害了阿波的母親。就連一向跟阿波關係不錯的貪汗可汗，也被沙缽略「奪其眾而廢之」，無處立足的阿波與貪汗可汗只好轉而投奔西突厥達頭可汗，乞兵求援。野心勃勃的達頭可汗本來早就想介入東突厥內戰，稱霸漠北草原，這一下機會來了，他交給阿波十餘萬軍隊，讓他率軍東進，攻打沙缽略。在西突厥的協助下，阿波很快就掌握了戰場上的主動權，收復了失地，招集到數萬舊部，沙缽略被打得節節敗退，沙缽略的從弟地勤察見勢不妙，也叛歸了阿波可汗。

就這樣，一條離間計，直弄得突厥內部各親族之間火拚連連。當打得不可開交的幾個可汗先後遣使入朝，請和求援時，隋文帝根本無動於衷，唯恐他們打得還不夠猛烈。最後，幾個可汗打得筋疲力盡，把矛頭一齊都對準了沙缽略，直打得沙缽略東躲西藏，不得不也遣使向隋求援。

三、大義千金　一詩殞命

殘酷的現實與命運逼得千金公主，雖然還不到二十歲，就過早地成熟了。她很清楚，現在突厥內部的紛爭不已，是楊堅一手導演的，楊堅的目的就是要讓突厥通過自相殘殺而最終走向滅亡，他坐收漁翁之利。萬般無奈之下，千金公主決定將自己的國仇家恨放在一邊，先幫助丈夫走出絕境再說。她於是向楊堅寫去一封親筆信，表示自己雖是北周公主，卻十分欽佩楊堅的聖明：「請為一子之例」，請求把自己宇文氏改姓為楊氏，要隋文帝把她當親生女兒看待，她要為發展突厥與大隋的友好關係而努力。此時的隋文帝，正謀劃攻打南陳，有心要緩和一下跟突厥的緊張關係，以除後顧之憂。千金公主的信，可謂正中下懷，於是他馬上派開府徐平和出使突厥，同意兩國和好，答應千金公主的請求。沙缽略乘機上書：「皇帝是婦父，即是翁，此是女夫，即是兒例。兩境雖殊，情義是一。今重疊親舊，子子孫孫，乃至萬世不斷，上天為證，終不違負」（《隋書》〈突厥傳〉）。隋文帝也回信表示：「既是沙缽略婦翁，今日看沙缽略共兒子不異。」

於是隋開皇四年（五八四年），待一切談妥之後，隋文帝特別派遣大臣虞慶則和長孫晟出使突厥，宣布改賜原北周千金公主為隋大義公主，賜姓楊。當虞慶則宣讀詔書時，千金公主含淚跪了下來，沙缽略卻認為雙方是平等的國家關係，說：「我父伯以來，不向人拜」。但副使長孫晟卻不願意將就，他勸沙缽略說：「突厥與隋俱是大國天子，可汗不起，安敢違意。但可賀敦為帝女，則可汗是大隋女婿，奈何無禮，不敬婦公乎？」（《隋書》〈長孫覽傳附長孫晟傳〉）意即作為大義公主的丈夫，大隋的女婿，你怎麼可以不拜呢？沙缽略於是笑著說：「須拜婦公，我從之耳。」這才以大隋女婿的身分拜受了詔書。

北周的千金公主就此變成了隋朝的大義公主。得此封號，大義公主心中五味雜陳。這是典型的認賊做父啊。但大義公主明白，現在她只能這樣做，因為此時沙缽略正被以西突厥達頭可汗為主的反大可汗聯盟所困，而東面又有虎視眈眈的契丹，情勢岌岌可危。留得青山在，不怕沒柴燒，就深明大義一次吧。

隋開皇五年（五八五年），被圍困中的沙缽略與達頭、阿波交戰，結果被打得大敗，在大義公主的提議下，沙缽略「遣使告急於隋，請將部落度漠南，寄居白道川」，請求隋朝允許他率領部眾到漠南，寄居白道川（今內蒙古呼和浩特市西北），隋文帝答應了他的要求。為防意外，隋文帝還派晉王楊廣率兵援助沙缽略，並賜給沙缽略車服鼓吹以及大量衣服糧食，隋軍還將戰場上所繳獲的東西全部送給沙缽略，緩過氣來的沙缽略在隋兵的支持下反戈一擊，最終打敗了阿波可汗。

取得了最後勝利，沙缽略大喜過望，他派他的第七個兒子窟合真帶著大量馬、牛、羊去長安，向隋煬帝表示感謝，並上表稱臣，表示與隋立約，以磧為界，「永為藩附」。隋文帝下詔：「沙缽略稱雄漠北，多歷世年，百蠻之大，莫過於此。往雖與和，猶是二國，今作君臣，便成一體。情深義厚，朕甚嘉之。」（《隋書》〈突厥傳〉）。

至此，突厥與隋相安無事，大義公主雖然心有不甘，但她也知道，目前只能將就了，畢竟現在突厥已遠遠不是大隋的對手。隋開皇七年（五八七年），沙缽略去世，他的弟弟處羅侯繼承了汗位，號葉護可汗。（大義公主是否又做了葉護可汗的可賀敦，史無明文記載）。

葉護可汗繼位後不久，即以隋朝所賜的旗鼓西征阿波可汗，阿波部以為他得到了隋朝軍隊的援助，紛紛投降，阿波可汗被生擒。葉護可汗乘勝西征，卻不幸為流矢所中，不治而亡。

葉護可汗去世後，突厥國人又立沙缽略之子雍虞閭為可汗，是為都藍可汗，大義公主又做了都藍可汗的可賀敦。

都藍可汗即位後，繼續發展與隋朝的友好關係，他每年都遣使向隋朝進貢，還「請緣邊置市，與中國貿易」，隋文帝詔准。對大義公主，隋文帝也一直賞賜不斷，但大義公主內心明白，表面上楊堅對她不錯，但並不真的信任她，她也始終對楊堅滅其九族之事難以釋懷，雙方只是相互利用，各藏心機而已。

五八九年，隋文帝終於滅掉南陳，完成了統一大業，他高興之餘，把自己的戰利品，南朝陳後主的一面華貴的屏風派人送給了大義公主。楊堅此舉，自然帶有示威的意思：就連憑靠著長江天塹的陳朝都被我滅了，別癡心妄想復國吧！見此亡國之物，大義公主不禁感慨萬千，她想起了她的故國，想起了她慘死的父母兄弟姐妹。現在雖然貴為大汗的可賀敦，但其實就是斷了線、隨風飄蕩的風箏。國破家亡，寄人籬下，無依無靠，不知所終。想想自己的處境，悲憤的大義公主禁不住提起筆來，在屏風上寫了一首詩：

盛衰等朝暮，世道若浮萍；
榮華實難守，池台終自平。
富貴今何在？空自寫丹青；
杯酒恒無樂，弦歌詎有聲。
餘本皇家子，飄流入虜廷；
一朝睹成敗，懷抱忽縱横。
古來共如此，非我獨申名；
唯有明君曲，偏傷遠嫁情。

這首情調哀婉的詩，在抒發了大義公主對世道、命運的無盡傷感之情時，也表露了她對自己抱負理想未能實現的悵憾。然而，這首詩傳到長安後，隋文帝讀完卻十分惱火：大義公主到現在還如此悲痛懷舊，那她隨時都有可能挑動都藍可汗與隋朝宣戰，養虎貽患，他決定要找機會除掉大隋的隱憂了。

開皇十三年（五九三年），有個叫楊欽的漢人流浪到了突厥，大概是為了騙取一點賞賜，他想方設法見到大義公主，謊稱彭公劉昶和他北周公主的妻子以及宇文氏後人正暗中準備起兵反隋，特派他到突厥密告公主，請求突厥可汗發兵配合。報仇心切的大義公主信以為真，將楊欽的話告訴了都藍可汗。一心想東山再起的都藍可汗也覺得這是個機會，於是就開始對隋「不修職貢，頗為邊患」起來。而在這之前，大義公主一直悄悄地與西部泥利可汗進行暗中聯繫，想借助越來越強大的泥利可汗來完成她的復國夢。但令她沒有料到的是，她所做的這一切，都早已被人報告給了楊堅。

為了觀察大義公主的動態，抓到她反隋的直接證據，好伺機除掉她，隋文帝派長孫晟出使突厥。一心以為復國有望，還不知道自己已大禍臨頭的大義公主見到長孫晟時，居然「言辭不遜，又遣所私胡人安遂伽共欽計議，扇惑雍閭。」（《隋書》〈長孫覽傳附長孫晟傳〉）大義公主對長孫晟出言不遜，公開與人私通倒也罷了，但居然就在長孫晟的眼皮底下，派所私胡人安遂伽與楊欽計謀，煽動蠱惑都藍可汗與隋朝決裂。這真是有點不顧一切了！

隋文帝此時已迫不及待要除掉大義公主，他首先廢掉了大義公主的封號，又派人給都藍可汗送去了四個美女，以離間他跟千金公主（大義公主）之間的關係。但是不管怎麼說，她畢竟還是都藍可汗的可賀敦，而且都藍可汗也知道其中的利害關係，所以隋文帝一時也無可奈何。恰好在這時，居住在北方的前突厥葉護可汗處羅侯的兒子染干，號稱突利可汗，派人來向隋朝求婚，隋文帝叫內史侍郎裴矩對突利可汗說：「當殺大義公主，方許婚。」

於是，只要一有機會，突利可汗就跑到都藍可汗那兒，添油加醋地說千金公主的壞話，挑撥他們之間的關係。更何況在突厥，「唯尊者不得下淫」，自從大義公主與胡人安遂伽的私情被當眾揭穿後，「國人大恥」，大義公主已經是顏面喪盡，夫妻之間的感情一落千丈。於是隋開皇十三年（五九三年），忍無可忍、惱羞成怒的都藍可汗，一劍把千金公主殺死於帳篷內。

可憐這位時運不濟，備受國仇家恨煎熬的北周公主，因為一首感懷詩，只能帶著永遠的仇恨與思念，埋骨荒野，長眠於異域他鄉了。千金公主她聰明機智，性格堅毅，而且頗有謀略，其個人素質與能力在和親公主中，應該屬佼佼者之一，然而蒼天無情，讓她不幸成為命運最為悲慘、人生最為坎坷的和親公主之一。別的公主，雖然不幸，但背後至少還有個國家在支撐，但千金公主出嫁不久隨即國破家亡。時勢，讓她成為改朝換代歷史祭壇上一個悲壯的犧牲品。

血淚灑大漠　刀劍下亡魂

義成公主

和親突厥的北周千金公主在國破家亡、復國、報仇無望，遂感嘆「盛衰等朝暮，世道若浮萍；榮華實難守，池台終自平」。結果被隋文帝算計，死於丈夫利劍之下。但她的這幾句詩，竟也成了使她殞命大漠的隋朝及隋朝公主的讖言！隋朝不但如北周一樣，是個短命王朝，隋朝遠嫁突厥的義成公主，其命運甚至還不如千金公主。

一、離強合弱　義成出嫁

要說到義成公主，還得先從另一位安義公主和親說起，前章提及，在北方的突厥前葉護可汗處羅侯的兒子染干，號突利可汗，為求娶隋朝公主，挑撥都藍可汗一劍殺死了千金公主（大義公主）。千金公主被殺後，按照約定，隋朝必須要許婚突利可汗了，但突厥大可汗雍虞閭都藍可汗卻搶先向隋提出了和親要求。他認為殺死了北周的千金公主，是幫隋除了一大隱患，有功於隋，於是信心十足地「更表請婚」，求尚大隋公主。是許婚都藍，還是許婚突利，朝廷大臣分成了兩派，一時誰也說服不了誰，這時長期跟突厥打交道的長孫晟說話了，他認為都藍可汗反覆無信，如果得娶公主，他就可憑此號令其他各部，等到他強大起來反叛隋朝時，就難以制服了，而染干「兵少力弱，易可撫馴」，所以應該跟染干和親，扶持他作為隋朝一支編外邊防力量，對付都藍可汗。已嚐到離間計甜頭的隋文帝立即採納了長孫晟的這一「離強合弱」的建議，拒絕了都藍可汗的求婚，轉而派長孫晟去突厥北部，慰諭染干，答應他的和親請求。

其後，隋文帝封一位宗室女為隋安義公主，令其出嫁突利可汗。

隋開皇十七年（五九七年），突利可汗派五百騎跟隨長孫晟到了長安，迎娶安義公主。突厥迎親使者在長安期間，隋文帝特地叫掌管宗廟禮儀、選試博士的太常寺卿為他們「教習六禮」，讓他們學習中原的風俗禮儀和典章制度。而為進一步分化、瓦解和離間突厥，他還先後派太常卿牛弘、納言蘇威、民部尚書斛律孝卿等去北部突厥，以送安義公主的陪嫁名義，給突利可汗送去大量的財物。而突利可汗為表示他跟大隋王朝的特殊關係，也「前後遣使入朝三百七十輩」。安義公主出嫁以後，根據長孫晟的建議，隋朝還出人出力，將本居於北方苦寒之地的突利部落南遷到氣候較為宜人的度斤舊鎮，並時不時給予他豐厚的賞賜，讓他跟安義公主能夠安居樂業。

隋朝這樣對待突利可汗，作為突厥大可汗的都藍可汗當然不開心了，他憤怒地對隋朝使臣說：「我，大可汗也，反不如染干！」一氣之下，都藍可汗停止了對隋的朝貢，並隔三差五地就派兵騷擾隋的邊境。一心想要離間弄垮突厥的隋文帝當然不理他，繼續偏心地對突利可汗「賜賚優厚」，突利可汗當然也死心塌地倒向了大隋一邊，只要都藍那邊有什麼動靜，「輒遣奏聞」。都藍可汗當然明白這其中的奧祕所在，他索性就橫下心來，一門心思專跟隋作對。他暗暗備下車馬、弓箭、雲梯，準備伺機攻打隋北方重鎮大同城，給隋文帝嚐嚐厲害。但他這邊尚未準備了當，那邊突利可汗已經刺聽到了消息，並馬上就報告給了長孫晟。隋文帝先下手為強，開皇十八年（五九八年），都藍可汗被蜂湧而至的六路大軍直打得丟盔棄甲，疲於奔命。

待戰事稍停稍事喘息，惱羞成怒的都藍可汗即與西突厥達頭可汗聯兵，猛揍突厥叛徒、隋朝間諜突利可汗。雙方在長城下直殺得昏天黑地，血流成河，突利經不住兩可汗的聯合攻擊，最終敗下陣來，其兄弟子侄全部被殺，部落也四處潰散，眼前甚至連個聽招呼的人都沒有了。他只得乘著夜色，與長孫晟等五人如喪家之犬狂奔上百里，直到到了第二天早上，收得數百殘兵游勇，這才敢停下來稍稍喘了口氣。見大勢已去，突利想到自己如此狼狽，就憑手下這點殘兵敗將，到了長安後寄人籬下的日子肯定不好過，還不如去西突厥投奔達頭可汗，不管怎麼說，畢竟同出一族，曾經是一家人。

身為資深外交家與謀略高手，長孫晟當然知道此時突利可汗雖然兵敗地失，山窮水盡，但他可汗的名號對突厥人還是有號召力的，趁他現在勢力弱小，正可控制利用，如果現在放他走了，那就等於放虎歸山，以後的事就很難說了。於是他「密遣從者入伏遠鎮，令速舉烽」。隨後而至的染干見城牆上四烽俱發，狼煙滾滾，急問長孫晟是怎麼回事兒。長孫晟故意回答說：「城高地迴，必遙見賊來。我國家法，若賊少舉二烽，來多舉三烽，大逼舉四烽，使見賊多而又近耳。」（《隋書》〈長孫覽傳附長孫晟傳〉）這下可把驚魂未定的突利給嚇壞了，他以為都藍跟達頭可汗的聯軍已乘勝追擊尋跡而至，急急忙忙馳入了伏遠鎮。待進了城，長孫晟「留其達官執室以領其眾，自將染干馳驛入朝」，此時的突利可汗，也只能任由長孫晟擺布了。

長孫晟與突利可汗到達長安後，隋文帝大喜，他一面擺下筵席，為突利壓驚，一面命左僕射高熲、右僕射楊素分東西兩路雷霆出擊，給都藍、達頭聯軍以迎頭痛擊。高熲一路出朔州，先是趙仲卿率三千前鋒軍，與突厥人遭遇於族蠡山，苦戰七日，突厥人敗走，趙仲卿引兵追至乞伏泊，俘虜了一千多名突厥人，上萬匹牲畜。突厥舉兵反撲，趙仲卿又與高熲的後續部隊兩軍合擊，突厥又大敗，高熲追擊過秦山（內蒙古大青山）七百餘里才撤回。楊素一路出靈州，迎面遇上達頭可汗率領的部隊。當時中原人和突厥人作戰，一般都是設鹿角（用削尖的帶枝樹木製成的障礙物）之類的防禦性方陣，以阻止突厥騎兵的衝擊，可是楊素認為「此乃自固之道，未足以取勝也」，他乾脆下令撤掉障礙，列出騎兵陣和突厥人對衝。這個消息傳到達頭那裡，他認為車陣本來是隋軍擅長的戰法，在騎兵方面卻是突厥優於隋朝，現在楊素棄其所長，用其所短，這正是天賜良機啊。他馬上率領十多萬騎兵，氣勢如虹前來迎戰。楊素不等達頭的軍隊布好陣形，即派精銳騎兵強力衝擊，突厥軍措手不及，被衝得四下潰散，達頭可汗也身受重傷，落荒而逃。

東、西突厥同時敗北，大量部落人員南逃大隋。於是，這一年的十月，隋文帝將染干封為「意利珍豆啟民可汗」（意為「意智健」可汗），讓他管理這一萬多南附的突厥人。既然為突厥可汗，長期居住長安，脫離他的臣民，自然不妥，於是隋文帝又命長孫晟率領五萬人在朔州

（治今山西省朔縣）築大利城給啟民可汗等人居住，以利能就近管理突厥人。

也就在這一年，五九九年，在突厥生活不到三年的安義公主去世。隋文帝為了進一步籠絡扶持啟民可汗，以離間、節制都藍可汗，又將宗室楊諧的女兒封為義成公主，嫁給了他。

在北方少數民族看來，如果能夠娶到中原王朝的公主，實際上也就得到了中原王朝在政治、軍事、外交以及道義上的支持。啟民可汗再次娶到大隋公主，突厥很多部落便紛紛歸附於他，這令都藍更是怒火中燒。他不斷地派兵侵擾啟民可汗，使他一天也不得安寧，忍無可忍但又無還手之力的啟民可汗只得又向隋文帝求救。在長孫晟的建議下，隋文帝讓啟民率部南渡黃河，在夏州（治今陝西省靖邊縣東北白城子）和勝州（治今內蒙古自治區準噶爾旗東北十二連城）之間遊牧畜群，隋文帝除了令上柱國趙仲卿屯兵兩萬於附近，以協助啟民可汗防範西邊的達頭可汗，他還讓人在河套地區黃河南面四百里處，自東至西挖掘了一道長塹（壕溝），兩頭與黃河連接，以河與塹作為防禦工事，來保護啟民可汗的部落。

為了能夠教訓一下都藍可汗，為啟民可汗拓展生存空間，這一年的十二月，隋文帝又派越國公楊素出靈州，行軍總管韓僧壽出慶州，太平公史萬歲出燕州，大將軍姚辯出河州，進擊都藍可汗。結果幾路人馬還未出塞，突厥就爆發大亂，都藍可汗被部下殺死。

都藍可汗一死，乘著千里草原人叫馬嘶，動盪無主之時，早就野心勃勃的西突厥達頭可汗遂自立為步迦可汗，試圖統一東、西突厥。可名義上他是突厥的大可汗，實際上他卻並不能控制東突厥的部眾。在隋朝支持下，啟民可汗則乘機派部下分幾路招撫東突厥各部，因為歸附啟民的人越來越多，隋朝又為啟民添築了金河（今內蒙古自治區托克托縣境）、定襄（今山西省大同市東北郊）二城。

待啟民稍得安寧，隋文帝就準備送一直生活在長安的義成公主去與啟民成親了，隋仁壽元年（六〇一年），他特別指派上開府、平寇縣公李景及上明公楊紀率數百士兵，一路護送義成公主出塞，然就在途中，偏偏遇上了達頭可汗正帶兵攻打隋邊境地區。為保證義成公主一行的安全，隋派柱國韓洪領兵出擊達頭可汗，結果韓洪反而在恒安鎮（今山西大同市）被突厥十萬騎兵團團圍住，凶吉未卜。李景先把義成公主安置到一個安全的地方，然後率數百人援救韓洪，雙方激戰三晝夜，隋軍終得突圍而去，但傷亡慘重，有一大半人戰死。可以說義成公主還剛剛走在和親的路上，突厥人的長矛就對準了她，她是頂著如雨的箭羽，走進大草原，開始了她悲壯坎坷的一生。

二、雁門之圍　義成顯威

隋仁壽二年春，突厥阿勿思力俟斤等南渡黃河，掠奪啟民可汗部下男女六千餘人，牲畜二十多萬頭。隋雲州道行軍元帥楊素率諸軍追擊，大破阿勿思力俟斤軍，奪回全部被俘人口及被掠畜群，交還啟民可汗。仁壽三年，突厥北方的鐵勒、思結等十多部，背叛達頭可汗，歸附越來越強大的啟民可汗，奚、霫等五部也趁機內遷，東突厥由此大亂，達頭眾叛親離，不得不西奔吐谷渾。在收得達頭的全部部眾之後，啟民可汗成為漠北大草原真正的主人，突厥的大可汗。為便於管理整個東突厥汗國，啟民可汗及義成公主在長孫晟護送下，北遷磧口（今內蒙古自治區蘇尼特右旗西）。

就在達頭出逃吐谷渾，啟民返回大漠執掌突厥大權的第二年（六〇四年），隋文帝楊堅去世，太子楊廣繼位，是為隋煬帝，啟民可汗繼續保持與隋的友好關係，每年朝貢不止。

六〇七年（隋大業三年）正月元旦，啟民可汗赴長安覲見隋煬帝。好大喜功的隋煬帝為了誇耀歌舞昇平的富裕景象，事先召集原先宋、齊、梁、陳四國的樂家子弟，排練音樂、舞蹈、雜技、魔術等節目。為了給眾多的演員縫製服裝，甚至用完了東西兩京的彩色綢緞。啟民在充分領略了中原服飾文化的風采魅力後，上書隋煬帝，請求也解開髮辮，穿戴漢族的冠帶衣服。隋煬帝沒有同意，但是賜給他大量絲綢衣帛。

這一年的四月，好耀武揚威又喜歡懷柔四方的隋煬帝北巡。他想要到啟民可汗的牙帳裡去，又恐突然而至，嚇著了啟民與義成公主，於是就先派長孫晟去磧口通報。啟民及義成公主聞訊，大喜過望，啟民隨即召集奚、室韋等數十位酋長，親自動手，剷除牙帳周邊雜草，並組織人員從榆林的北境開始，「長三千里，廣百步，舉國就役而開御道」。

待一切準備停當，六月，啟民可汗和義成公主專程來到榆林郡（治今內蒙古準噶爾旗東北十二連城）的隋煬帝行宮覲見。此行他們帶來三千匹馬，作為禮物獻給隋煬帝。望著那一匹匹膘肥體壯的駿馬，楊廣興奮異常，他當即賜給啟民及義成公主一萬二千段服飾衣料，啟民可汗乘機上表，提出「臣即是至尊臣民，至尊憐臣時，乞依大國服飾法用，一同華夏」。隋煬帝則認為：「先王建國，夷夏殊風，君子教民，不求變俗。」要啟民「但使好心孝順，何必改變衣服也」，再一次拒絕了啟民改變服飾的要求。為了籠絡突厥，穩定北方，隋煬帝特地賜給啟民可汗「路車、乘馬、鼓吹、幡旗」，啟民可汗可以「贊拜不名，位在諸侯王上。」他還耗費大量人力財力，搭起千人大帳，招待啟民及其各部落酋長三千五百人，並當場「賜物二十萬段，其下各有差。」（《隋書》〈突厥傳〉）其奢華鋪張，真是無以復加了。①

六〇七年八月，隋煬帝楊廣從榆林出發，經雲中，溯金河（在今內蒙古自治區托克托縣境）而上，沿著啟民可汗臨時開就的那條「御道」，浩浩蕩蕩到了漠北。隋煬帝親臨啟民可汗的牙帳，皇后則進了義成公主的帳內。受寵若驚的啟民可汗，親自「奉觴上壽，跪伏甚恭」，隋煬帝大悅，當場賦詩一首：

鹿塞鴻旗駐，龍庭翠輦回。
氈帳望風舉，穹廬向日開。
呼韓頓顙至，屠耆接踵來。
索辮擎膻肉，韋韝獻酒杯。
何如漢天子，空上單于台。
（《隋書》〈突厥傳〉）

「何如漢天子，空上單于台」，此時的隋煬帝，認為自己在解決北方邊境問題上已然超出了漢朝漢武帝了，其躊躇滿志，得意洋洋之態，溢於言表。隨後，他賜給啟民及義成公主一人一個金甕，還有許多衣服被褥錦彩等，突厥特勤以下大小官員，也各有封賞。

此時隋朝與突厥，既是岳父母與女兒、女婿的關係，又是君臣隸屬的關係，這時的突厥，可說完完全全是大隋的附屬國之一了。作為大隋公主、突厥的可賀敦，義成公主自然有很大的影響力。隋煬帝北巡以後，義成公主在突厥的威信更高了，能發揮的作用也更大了。但是這樣的好時光也僅僅延續了幾年，隨著隋與突厥關係的一步步惡化，義成公主也就生活在動輒得咎的日子中了。

隋大業五年（六〇九年）十一月，啟民可汗病逝，他的兒子咄吉世（又作咄吉）繼位為可汗，是為始畢可汗。始畢可汗上書隋朝，求娶義成公主，隋煬帝「詔其從俗」，已在突厥生活了近十年的義成公主又成了始畢可汗的可賀敦。

始畢可汗是一個有作為的可汗，他繼位以後，突厥發展很快，不但契丹、室韋、吐谷渾等受其遙控，就連許多漢族人也紛紛歸附於他。而此時，窮兵黷武的隋煬帝正準備遠征高麗（高句麗），重征苛賦，民不聊生，全國各地不斷爆發農民起義，受隋管轄的大批遊牧或半遊牧部落也紛紛起兵反隋，此消彼長，一時間突厥成為整個東北亞地區最為強大的勢力。突厥如此發展，這當然有違隋朝當初扶持啟民可汗，以分化、瓦解突厥，為我所用的初衷了。於是，隋右光祿大夫裴矩建議，封始畢之弟叱吉設為南面可汗，並嫁一位公主給他，以此來挑撥他跟始畢可汗的關係，讓他們「窩裡鬥」，以削弱突厥的力量。但是叱吉設卻打起了退堂鼓，他既不接受大隋的賜婚，也不接受大隋的封號，裴矩只好作罷。但這事還是讓始畢可汗知道了，他當然知道隋朝此舉的用意何在。惱羞成怒的始畢可汗於是開始對隋朝官員不假辭色起來，對義成公主，當然也就不會如以往那麼信任了。

裴矩見一計不成，又生一計。原來在始畢可汗周圍，有很多走南闖北、見多識廣的西域胡人，其中有一個叫史蜀胡悉的，最為足智多謀，備受始畢可汗的信任。裴矩報得隋煬帝同意後，派人以「互市」為名，將史蜀胡悉誘騙到馬邑，一劍將他殺死了。之後，隋文帝遣使詔告始畢可汗：「史蜀胡悉叛可汗來降，我已相為斬之」（《資治通鑑》）。始畢可汗當然知道是怎麼回事，他一氣之下，停止向隋遣使朝貢，等於是不再承認與隋朝的臣屬關係。

所以在始畢可汗當政時，隋跟日益強大的突厥間的關係變得越來越緊張，然而義成公主還是想盡力彌補兩國之間的裂痕，希望能重修舊好。但由於隋煬帝一味的胡作非為，隋朝越來越走向衰弱，加之長孫晟去世後，作為兩國「親善大使」的裴矩處事欠妥，把事情越弄越糟，義成公主即便再怎麼努力也是回天乏力。

大業十一年（六一五年）八月，隋煬帝巡狩北塞，始畢可汗也率領數十萬騎兵大舉南下。雖然丈夫什麼也沒說，但義成公主知道要出大事了，她急忙派心腹快馬星夜兼程，暗中送信給隋煬帝，要他提高警覺，以防不測。接到義成公主密信，楊廣大驚失色，匆匆帶著隨從車駕避入雁門郡城（今山西省代縣），又令齊王楊暕率後軍守崞縣（治今山西省原平縣北崞陽鎮）。果然，楊廣前腳剛剛避入雁門郡城，後腳突厥幾十萬大軍隨即蜂湧而至。在極短的時間內，突厥軍就如摧枯拉朽般相繼攻克雁門郡四十一座城池中除雁門、崞兩城外的三十九座。而被突厥大軍圍得水泄不通的雁門城中，十五萬軍民只剩下二十天的口糧，突厥人的攻城之箭甚至已射到了隋煬帝御座之前，束手無策的隋煬帝唯有每天抱著幼子楊杲痛哭，眼睛都哭腫了。

在採取幾項應急措施積極募兵赴援的同時②，銀青光祿大夫內史侍郎蕭瑀獻上一計：「北蕃夷俗，可賀敦知兵馬事。昔漢高祖解平城之圍，乃是閼氏之力。況義成以帝女為妻，必恃大國之援。若發一單使以告義成，假使無益，事亦無損。」（《舊唐書》〈蕭瑀傳〉）。

接到隋煬帝的求救信，義成公主心急如焚，她略一思索，馬上派人火速趕到雁門：「告急於始畢，稱北方有警。」始畢一聽說自己的後方出了問題，又見隋朝援軍源源不斷而來，遂下令解圍北撤，於是楊廣在被圍三十二天之後，這才撿了條命，匆匆南歸洛陽。

讓楊廣逃過一劫，始畢可汗自然心有不甘，回去以後，他更加勵精圖治，突厥的經濟、軍事實力進一步強大起來，控弦之士多達百餘萬，一時東起契丹、室韋，西盡吐谷渾、高昌諸國，都降附於他。而此時的隋朝，農民起義遍地開花，地方割據勢力乘勢崛起，更有一些北方的割據者們，如薛舉、竇建德、李軌、高開道、王世充、苑君璋等人，為爭取外援，紛紛同突厥聯繫，甚至遞表稱臣。突厥對他們都是來者不拒，大加封賞。

三、國破家亡　義成義成

六一八年，驕奢淫逸而又濫殺無辜的隋煬帝楊廣被人勒死於江都，乘全國大亂之際，太原李淵父子藉機起兵，建起了一個新的王朝——唐③。義成公主也跟三十八年前的千金公主一樣，一夜之間國破家亡、漂泊異鄉。悲痛欲絕之下，義成公主也要丈夫出兵為自己復國、報仇。但是，始畢可汗只是一味地敷衍，並不想真的去為她興師動眾，跟唐較量。改朝換代，天下大亂，突厥漢國正可藉此機會擴大地盤，稱霸天下，又何必要去多管閒事呢。

不過到了第二年（六一九年），始畢卻再也坐不住了，因為他已漸漸看出在北方眾多的政權中，新建立的唐王朝不可小覷，在很短時間內，李淵父子就消滅、收降了包括最強悍的西秦在內的眾多割據勢力，已經顯露出建立統一王朝的恢宏氣象來，如果他再不出手，那以後東北亞這霸主的位置可就要易手他人了。於是在這一年的閏二月，始畢可汗率部渡過黃河，至夏州（治今陝西省靖邊縣東北白城子）和梁師都會合，他又以五百騎支援劉武周進入句注山（今山西省代縣西北），準備聯合進攻太原。可就在這時，雄心勃勃的始畢卻突然病倒了，不久即死於軍中，突厥不得不撤軍。

始畢可汗去世時，兒子什鉢苾尚幼，在義成公主的主持下，突厥立始畢可汗的弟弟俟利弗為可汗，是為處羅可汗，年幼的什鉢苾被封為東部的泥步設。按突厥風俗，義成公主又嫁給了處羅，成為新可汗的可賀敦。

俟利弗能夠當上突厥的大可汗，義成公主一言九鼎功不可沒。因此，對於義成公主，處羅可汗可謂言聽計從。而國破家亡的義成公主此時一心所想的，就是復國報仇。此時處羅可汗也已意識到，如果坐觀李唐王朝越來越強大，將來必將成為突厥稱霸東北亞入主中原的勁敵。因此，處羅與義成公主此時可謂是同心同德，目標一致。六二〇年（唐武德三年）二月，義成公主派人把隋煬帝的蕭皇后及齊王之子楊政道從竇建德處接到突厥，隨後，她立楊政道為隋王，設置百官，行隋朝正朔，將隋末大亂中逃入突厥的一萬多漢人全部撥歸楊政道管轄，儼然是成立一個小隋國了。這年冬天，處羅可汗與義成公主商量，計畫兵分四路南下侵唐。他準備親率一路，攻打唐並州（治今山西省太原市西南），打算打下並州後，把楊政道他們從定襄城遷到並州，讓小隋王朝在中原有個立足之地，公開與剛剛成立的唐朝較勁兒。出兵之時，由於占卜不吉，大臣們就紛紛勸阻，處羅卻堅持按計畫出兵：「我先人失國，賴隋以存，今忘之，不祥。卜不吉，神詎無知乎？我自決之。」（《新唐書》〈突厥傳〉）這時適逢「天雨血三日，國中犬夜群號，求之不見。」（《新唐書》〈突厥傳〉）處羅也開始有點兒疑神疑鬼起來，感到身體不適，義成公主按照以往做法，給他服用「五石」（丹砂、雄黃、白礬、曾青、慈石）進行治療，結果沒過幾天，處羅即發毒瘡而死，這一次侵唐計畫也就無果而終。

處羅去世後，握有廢立大權的義成公主「以其子奧射設醜弱，廢不立之」，立處羅的弟弟咄苾為可汗，是為頡利可汗。頡利是啟民可汗的第三個兒子，他又以義成公主為妻，並立始畢可汗之子什缽苾為突利可汗。

頡利可汗在位期間，突厥發展到了它的鼎盛時期，兵強馬壯，國力昌盛，於是，義成公主與其堂弟楊善經就經常勸頡利：「往啟民兄弟爭國，賴隋得復位，子孫有國。今天子非文帝後，宜立正道以報隋厚德。」（《新唐書》〈突厥傳〉）對於義成公主的話，頡利自然不能不聽，於是頡利可汗每年都率軍南侵，不斷騷擾唐邊境地區。

唐武德四年（六二一年），頡利可汗率萬餘名騎兵與苑君璋聯合攻入雁門，挾三名唐朝使者而歸。次年，唐高祖派使臣出使突厥，答應頡利可汗的和親請求，頡利可汗才放回了那三名使者。武德五年八月，頡利可汗又兵分三路，分別由幽州、雁門、原州，南下攻唐，頡利所率的十五萬大軍，三日之內就越過雁門，推進到了並州，唐高祖李淵一面命太子李建成出豳州道，秦王李世民出泰州道迎敵，一面派鄭元璹出使突厥，對頡利可汗說：「唐與突厥，風俗不同，突厥雖得唐地，不能居也。今虜掠所得，皆入國人，於可汗何有？不如旋師，復修和親，可無跋涉之勞，坐受金幣，又皆入可汗府庫，孰與棄昆弟積年之歡，而結子孫無窮之怨乎！」（《新唐書》〈鄭元璹傳〉）頡利可汗見唐已重兵布防，且又能獲得大量的財物，遂引兵出塞，撤出已占領的雁門，戰火暫時停息了下來。然而停戰還未過一年，武德六年，雙方戰火又起。原來，在這一年的農曆六月，馬邑將領高滿政襲擊苑君璋，殺死守衛在馬邑的突厥兵，投奔了唐朝，唐任命高滿政為朔州總管。正愁找不到藉口的頡利可汗遂藉機引兵南下，攻打朔州，結果被唐軍大敗於臘河谷（今山西朔縣北）。十月，在義成公主的一再慫恿之下，頡利又率大軍將馬邑團團圍住，雙方每天交戰十餘回合，難分勝負。唐緊急調兵馳援，當唐朝援軍推進到松子嶺時，頡利可汗感到情勢越來越對己不利了，為了找條後路，便提出與唐和親，唐高祖回答說：「釋馬邑之圍，乃可議婚」。頡利可汗同意撤兵議婚，但遭到義成公主的堅決反對。頡利可汗只好把善於製造攻城器械的高開道招來，架起雲梯，連夜攻打，最終終於攻下了馬邑，殺死了高滿政。

武德七年（六二四年），突厥軍隊又從關內道入侵：「頡利、突利二可汗舉國入寇，道自原州，連營南上」。八月一日，突厥軍抵達隴州，東距長安只有四百餘里的路程了，長安已然處於突厥軍隊的戰略包圍之中。唐高祖命秦王李世民與齊王李元吉出豳州道迎擊突厥。李世民率唐軍與突厥相持於豳州城西，正好碰上關中連日大雨，突厥人弓具「筋膠具解」，無法使用，嚴重影響了戰鬥力，攻城之勢頓減。李世民見此，趁機施展離間計，當頡利可汗率萬餘騎兵於城西排兵布陣之時，他率百餘騎出城，對頡利可汗說：「國家與可汗誓不相負，何為背約深入吾地？我秦王也，故來一決。可汗若自來，我當與可汗兩人獨戰；若欲兵馬總來，我唯百騎相禦耳。」頡利可汗不測虛實，笑而不答。李世民又派人對陣前的突利可汗說：「爾往與我盟，急難相救；爾今將兵來，何無香火之情也？亦宜早出，一決勝負。」突利可汗感到莫名其妙，不知如何回答。李世民欲單騎渡溝水赴陣，頡利可汗見「太宗輕出，又聞香火之言，乃陰猜突利」，開始懷疑突利可汗跟李世民是不是有什麼約定，遂斂軍後退。此後，李世民私下又派人到突利可汗大營，表示「願結為兄弟」，「突利悅而歸心焉，遂不欲戰」，這才解了長安之圍。（參《舊唐書》〈突厥傳上〉）

武德八年，頡利又集十萬大軍，大掠朔州，並南下攻打太原，唐守將張瑾全軍覆沒，後來還是李世民率軍征討，頡利才引兵而去。

武德九年（六二六年），頡利可汗又親率十餘萬騎進寇武功（今陝西省武功縣西北武功鎮），長安戒嚴。唐行軍總管、左武侯大將軍尉遲敬德與頡利戰於涇陽（今陝西省涇陽縣），大敗突厥軍。九月四日，唐高祖傳位於李世民，二十天後（九月二十三日），頡利引軍至渭水便橋北，距長安僅剩二十餘公里。剛剛即位的唐太宗李世民與侍中高士廉、中書令房玄齡等六人，騎馬至渭水上，與頡利隔河而談，責問他為何背約入侵，頡利見唐軍旌甲蔽野，軍容甚盛，料其已有所準備，便請和。九月二十六日，按照約定，唐太宗斬白馬，與頡利可汗盟於渭水便橋之上，突厥這才撤軍退走。

突厥兵總算是撤走了，但李世民知道突厥人反覆無常，結盟也不足為信，更何況還有義成公主在後面一味地煽動，要穩固大唐北境，只有徹底打敗突厥，消滅楊政道小朝廷，斬草除根才行。因此，渭水之盟後，李世民加緊備戰，甚至親自垂範練兵，「每日引數百人於殿前教射，帝親自臨試，射中者隨賞弓刀、布帛」，幾年下來，「士卒皆為精銳」。而這幾年的突厥，卻正在走下坡路。原先，突厥民風淳厚，政令簡略，及至頡利可汗重用漢人趙德言，變更舊俗，政令煩苛，國人開始不滿起來，加之頡利這幾年又勞民傷財、連年用兵，直弄得屬民苦不堪言，雪上加霜的是，這幾年突厥草原上每到冬天又屢降大雪，平地數尺，牲畜多被凍死，弄得人人缺衣少食，個個怨聲載道，內外離心，屬部背叛，突厥國力受到嚴重削弱。

六二七年（唐貞觀元年），陰山以北的薛延陀、回紇、拔野古等部相繼叛離突厥。頡利派突利可汗去討伐，大敗而回。頡利大怒，將突利囚禁了十多天，並用鞭子抽打他，突利可汗因而對頡利可汗頓起怨恨之心。

六二八年夏，突利可汗因頡利屢向該部徵兵，於是向唐太宗上表請求入朝。頡利聞訊，發兵攻打突利。突利早先曾與李世民結為盟兄弟，遂派人向唐求救。唐朝派將軍周范至太原伺機而動，以表聲援。稍後，突利可汗，突厥東面的屬部契丹等相繼歸唐，突厥開始走向土崩瓦解、四分五裂的末路。

六三〇年（貞觀四年）正月，朔風凜冽，唐兵部尚書李靖率驍騎三千，自馬邑出發，乘頡利可汗不防備，連夜進軍定襄，大破突厥軍。頡利可汗大驚失色，匆忙將牙帳遷往磧口。李靖遣間諜離間頡利心腹，頡利親信康蘇密押著隋蕭皇后和楊政道投降，頡利帶著義成公主逃往鐵山（今內蒙古白雲鄂博一帶），李靖選精騎一萬緊追不捨，頡利只得拋下義成公主，獨乘千里馬再逃，其部眾不戰而潰④。李靖衝進帳篷，一劍殺死了義成公主。

想當初，隋文帝封她為大隋公主，讓她千里迢迢遠嫁大漠，和親突厥。為此，她也作出不懈的努力，犧牲了一個女孩子所應該擁有的青春與夢想，但歷史的詭譎卻讓她的犧牲，一夜之間變得毫無意義。不但故國不堪回首，一切的一切，轉眼成空，而且竟然死於中原人的刀下，被「娘家人」所殺（李靖曾為隋朝馬邑郡丞）！最終她也只能像千金公主一樣，懷著滿腔的冤屈與不捨，永不瞑目於異域他鄉。

附注

①隋煬帝此舉，就連隋朝重臣，曾當朝執政將近二十年的高熲都有意見，光祿大夫賀若弼也私下議論：煬帝為接見啟民而建造的可坐數千人的大帳，以及宴席、樂舞等，過於奢侈。隋煬帝認為他們「謗仙朝政」，竟然下詔將他們處死。就為了一個啟民，不惜誅殺朝廷重臣，說明隋煬帝喜尚奢華，好大喜功，且聽不進忠臣之言，但由此可見當時突厥及啟民可汗在隋煬帝心中，居於何等重要的地位。

②在當時危急的情況下，隋朝採取了以下幾項應急措施：其一，當時隋軍將士正苦於一再遠征高麗（高句麗），軍心不安，於是隋煬帝下詔書明確表示停止遼東之役，以安軍心；其二，許諾給立功者以重賞。隋煬帝還親自慰問守城將士，激勵全軍日夜抗戰；其三，把皇帝的詔書縛在木塊上，投入汾水，流出包圍圈，「募兵赴援」，並命各地駐軍立即前來救駕，當時，十六歲的李世民也應募參軍，他向屯衛將軍雲定興建議：在敵眾我寡的情況下，「必齎旗鼓以設疑兵。且始畢可汗舉國之師，敢圍天子，必以國家倉卒無援。我張軍容，令數十里幡旗相續，夜則鉦鼓相應，虜必謂救兵雲集，望塵而遁矣。」（《舊唐書》〈太宗本紀上〉）以此來疑兵迷惑敵人。雲定興聽從了他的建議，大設疑兵。

③李淵太原起兵之初，大將軍府司馬劉文靜勸其與突厥相結，資其士馬，以益兵勢。李淵遂卑辭厚禮，親自寫信給始畢可汗，稱願與突厥連合，以迎隋主，希望突厥支持，向南擴張，並稱「徵發所得，子女玉帛，皆可汗有之」。始畢可汗回稱：「唐公自作天子，我則從行」，

「唐公欲迎隋主，共我和好……我不能從」。於是，李淵決定「改旗幟以示突厥」，遣使報始畢。始畢可汗遣特勤康稍利等送馬千匹到太原交市，李淵買了半數，又代其部下賒了另一半。始畢還許諾願遣兵隨李淵攻長安，「多少惟命」。李淵認為突厥兵多來無用，數百即可，派劉文靜往聘，「始畢使特勤康稍利獻馬二千、兵五百來會。」可見突厥不僅在李淵起兵之初促其公開易幟，而且在李淵攻取長安時還提供了軍事援助。（《大唐創業起居注》、《唐會要》〈北突厥〉、《新唐書》〈突厥傳上〉）

④頡利可汗逃至突厥沙鉢羅設蘇尼失處，唐大同道行軍總管李道宗逼蘇尼失擒送頡利。頡利率數騎夜遁後，匿於荒谷之中，蘇尼失將他了抓回來。唐軍行軍副總管張寶相率軍至沙鉢羅營地，生擒了頡利，蘇尼失亦降唐，東突厥汗國由此滅亡，唐太宗李世民被西北諸蕃尊為「天可汗」。頡利被送至長安，唐太宗釋放了他，還其全部家屬，給以豐厚供養。後來還授予他右衛大將軍職銜，賜給他住宅和田地。六三四年（貞觀八年），頡利去世，唐太宗封他為歸義王，將他葬於灞水（今陝西省渭河支流灞河）之東。

一怒為紅顏　高原格桑花

文成公主

只要學過中國歷史的人，都知道在中國和親公主隊伍中，文成公主對歷史的貢獻是不可磨滅的，她從長安長途跋涉三千餘公里，攀上了青藏高原，嫁給當時的吐蕃國王松贊干布，從而開啟了漢藏交往的歷史，打開了通往雪域高原的友好之路，讓地球上離太陽最近的那一片聖土，永遠地融入中華民族的版圖之中。

一、吐蕃贊普 一怒紅顏

美麗的文成公主啊，你從遙遠的大唐來，帶來種子三百六十種，
美麗的文成公主啊，你從遙遠的大唐來，帶來牲畜三百六十種，
美麗的文成公主啊，你從遙遠的大唐來，帶來工匠三百六十行，
美麗的文成公主啊，你從遙遠的大唐來，帶來綢緞三百六十種，
美麗的文成公主啊，你從遙遠的大唐來，佛主的光芒照亮了大地……

這一段至今流傳於西藏各地的美麗歌聲，唱出了一代又一代藏族同胞對文成公主的景仰。作為第一位踏上雪域高原的和親公主，文成公主是值得緬懷與推崇的。

吐蕃是一個位於青藏高原的古老王國，在唐以前，它與中原王朝基本上沒有什麼聯繫，吐蕃一詞，也始見於唐朝的漢文史籍之中。《舊唐書》〈吐蕃傳上〉稱：「其種落莫知所出也，或雲南涼禿發利鹿孤之後也。利鹿孤有子曰樊尼……樊尼乃率眾西奔，濟黃河，逾積石，於羌中建國，開地千里。」史書中認為吐蕃人是東晉末年南涼國王鮮卑人禿發利鹿孤的後代，因失國而輾轉流徙到西藏高原，為紀念祖先，他們以「禿發」為國號，後依語音相近訛變為「吐蕃」。

吐蕃人稱強雄為「贊」，丈夫為「普」，君長就叫「贊普」，贊普的妻子就叫「末蒙」。相傳吐蕃的第一位贊普叫聶赤贊普，第八世贊普叫布袋鞏甲，居住在瓊巴（今西藏窮結）。在他任期內，吐蕃除了冶煉礦石外，還開始用牛犁荒種地，引湖水灌溉，使西藏開始有了農業。第十七世贊普叫德朱波那木雄贊，他開始設置大相作為贊普的輔佐，大大加強王朝管理能力。第二十八世贊普棄業頌贊，他對農業進行改進，興修水利，使牧地與農田相接，吐蕃國力日漸強盛。第三十一世贊普囊日論贊，他擊滅了在今天的拉薩、日喀則一帶的蘇毗部，逐漸將勢力擴展到拉薩河流域。但是，當囊日論贊晚年，由於他重用在統一戰爭中立功的新貴族，引起舊貴族的不滿，吐蕃內部發生變亂，西藏高原西部的羊同和蘇毗的殘部孫波等乘機攻打吐蕃，結果囊日論贊被叛臣毒死，吐蕃陷於四分五裂狀態。

唐太宗貞觀三年（六二九年），性格驍勇而又足智多謀的囊日論贊之子松贊干布繼承了贊普之位。他首先在其叔父的幫助下，對叛亂的舊貴族進行徹底查處，使內部迅速穩定下來，接著他又親自帶兵征伐蘇毗和羊同等反叛殘部，僅用幾年的時間，就征服了達布、娘布和蘇毗等部，並最後兼併了羊同，統一了西藏，成為青藏高原的霸主。隨後，松贊干布在內部進行了多方面改革，他把政治中心由匹播遷到了邏些（今拉薩），把吐蕃劃分為四個政區，任命各區的領兵軍官兼任地方長官，實行軍政合一制度，另外他還制定出一套法律，用來維護自己的統治。這樣，一個強大的奴隸制王朝在高原上正式建立起來了。

吐蕃人喜歡飼養犛牛、馬、豬和獨峰駱駝，也種植青稞和蕎麥。吐蕃民族素以勇敢善戰而著稱，其尚武精神非常突出，「重兵死，以累世戰沒為甲門，敗懦者垂狐尾於首示辱，不得列於人。」（《新唐書》〈吐蕃傳〉）人們特別崇敬戰鬥英雄和陣亡將士，如果某戶人家祖孫幾輩均有陣亡記錄，則列為甲等門戶，以褒揚其勇武，相反，若有人在戰鬥中怯懦退縮，則被視為懦夫，就會強行在他的帽子上綴一條狐尾，以譏笑他像狐狸一樣膽小。另外，吐蕃的執法特別嚴厲，「其刑，雖小罪必抉目，或刖、劓，以皮為鞭抶之，從喜怒，無常算。其獄，窟地深數丈，內囚於中，二三歲乃出。」（《新唐書》〈吐蕃傳〉）

吐蕃王朝建立起來以後，松贊干布受到了諸羌的敬服，但他也知道，此時大唐帝國，才是天底下最強盛的國家，「天可汗」李世民，才是天底下最受人尊敬的帝王。唐朝繁榮的經濟，富庶的生活，高雅的文化，乃至於大唐的文物制度，禮樂冠服，都令他十分嚮往。因此，早在唐貞觀八年（六三四年），松贊干布就派使者去了長安，向唐太宗送去了他來自雪域高原的問候。李世民雖然對這個遠在數千里之外的世界屋脊上的王國知之甚少，但他對使者也是以禮相待，並派馮德遐帶著禮物翻山越嶺去吐蕃，向松贊干布表示友好和慰問。當松贊干布從自己的使臣以及唐使者中得知突厥和吐谷渾都娶了大唐公主後，便也急急忙忙「遣使隨德遐入朝，多齎金寶，奉表求婚。」（《舊唐書》〈吐蕃傳上〉），但由於與吐蕃才剛剛接觸，對其了解不多，所以對松贊干布的求婚，唐太宗沒有答應。

或許是聽到了什麼讒言，吐蕃求婚使者回去後卻添油加醋地向松贊干布彙報說：「初至大國，待我甚厚，許嫁公主。會吐谷渾王入朝，有相離間，由是禮薄，遂不許嫁。」（《舊唐書》〈吐蕃傳上〉）松贊干布一聽，不由得怒火中燒，我吐蕃的事怎麼輪到它吐谷渾指手畫腳，說三道四了！於是在貞觀十一年（六三七年），他率羊同軍一舉攻破吐谷渾，將其趕到了今天的青海以北地區，並把吐谷渾的財物畜產一掠而空，之後，松贊干布又率兵，乘勝攻破了與吐谷渾世代友好通婚的黨項及白蘭羌。

在勢如破竹取得一系列勝利之後，松贊干布又率軍二十萬，進攻唐松州（今四川松潘縣）西境，松贊干布在松州安營紮寨，對左右揚言：「公主不至，我且深入。」松州都督韓威匆忙率軍迎戰，結果被打得大敗。松贊干布還遣使帶著金帛等禮物去長安，聲稱迎娶公主，並致書唐太宗說：「若不許嫁公主，當親提五萬兵，奪爾唐國，殺爾，奪取公主」，對唐朝發出了公開的威脅。唐太宗於是派吏部尚書侯君集為當彌道行軍大總管，由他率執失思力、牛進達等集步、騎兵五萬人出擊吐蕃軍。幾天之內，牛進達就率前鋒直抵松州城下，乘夜色摸進吐蕃營地，一夜就斬殺吐蕃兵一千餘人。

本來，松贊干布為和親挑起的這場戰爭，他的部下從一開始就有很多人反對，現在遠離國土長期作戰，大家都苦不堪言，一聽說唐朝出兵了，大家就紛紛請求松贊干布撤兵回國。可一心要求婚的松贊干布根本聽不進去，直到有八位大臣相繼自殺，軍營被襲，損失慘重，直弄得人心惶惶，松贊干布也有點堅持不住了，遂下令撤軍，並派使者到長安謝罪，再次請求通婚。

經過這一連串的變故，唐太宗李世民算是領教到了衝冠一怒為紅顏的松贊干布的厲害，也充分認識到了吐蕃在西域的重要地位以及與吐蕃建立友好關係的重要性。於是，他答應了松贊干布的求婚請求。

得知唐朝已經許婚，貞觀十四年（六四〇年），松贊干布便以大相祿東贊為正使，智塞恭頓為副使，組成一百多人的求婚使團，奉「黃金五千兩，它寶稱是」，浩浩蕩蕩到長安求婚。

吐蕃大相祿東贊雖然不識字，但卻很是聰明多才，足智多謀，當第二年到達長安見了唐太宗，他顯得不卑不亢，彬彬有禮，無論唐太宗問什麼，他都能對答如流。對少數民族人一向就抱有好感且能知人任善的唐太宗見此，十分激賞，除答應他把文成公主嫁給松贊干布外，又特地封他為唐右衛大將軍，賜給他府邸，並要把琅琊長公主的外孫女段氏嫁給他。讓祿東贊急忙辭謝說，他在吐蕃已有妻子，那是父母所聘，怎可拋棄？再說，在贊普未與公主成親之前，又怎敢先娶？如此巧妙的推脫，反而讓唐太宗對他更加器重：「欲撫以厚恩，雖奇其答而不遂其請。」①

吐蕃副使智塞恭頓見唐太宗如此的賞識祿東贊，不由得妒火中燒，於是他向唐太宗提出，為了保證和親順利進行，大唐可以留下吐蕃一名大臣作為人質，說話時就將目光射向祿東贊。祿東贊當然明白他的險惡用心，但是為了此次和親能夠成功，他馬上答應願做人質留在長安，於是他就接受了唐太宗賜給他的宅第，並同意娶段氏為妻，由副使智塞恭頓回吐蕃報告松贊干布，準備迎親。

對於此次求婚，在藏族中有很多傳說，其中之一是，在松贊干布派祿東贊去長安求婚的同時，波斯財王、美色市王、格薩軍王和印度法王等也派使團來到長安，同時求娶文成公主。為了做得公平合理，唐太宗決定在婚使們之間先進行一次選拔賽，勝利的，便可把公主迎回去。唐太宗出的第一道題，是給使臣們一顆九曲明珠和一條絲帶，要求他們把柔軟的絲帶穿過明珠的九曲孔眼。各國使臣們想盡辦法，可是怎麼也穿不過去。祿東贊坐在一棵大樹下想主意，偶然發現一隻大螞蟻，他便靈機一動，將一根絲線的一頭繫在螞蟻腰上，另一頭繫在絲帶的一端，然後，在九曲孔眼的一邊抹上蜂蜜，把螞蟻放進另一邊，螞蟻聞到蜂蜜的香味，便帶著絲線，曲曲彎彎從那邊爬出來，這樣絲帶也就穿在明珠上了。第二場比賽，唐太宗叫人牽了一百匹母馬和一百匹馬駒來，讓婚使們分辨出母馬分別是哪匹馬駒的母親。各位婚使輪流辨認，但是都弄錯了。祿東贊首先把母馬和馬駒分開關著，在一天之中，只給馬駒料吃，不給它們水喝，第二天，他把馬駒放到母馬群中，馬駒都急急忙忙地找到自己的媽媽去吃奶，於是，這個難題也就解決了。後來，又經過宰羊吃羊肉揉羊皮飲酒、夜晚入宮赴宴找路回店等比試，祿東贊均以超人的智謀獲得勝利。最後，在漢族老大娘的幫助下，他又從五百名穿著打扮一樣的美女中順利認出文成公主，這樣，唐太宗只好答應將文成公主嫁給松贊干布了。②

跟以往幾位和親公主一樣，文成公主並不是唐太宗或唐高祖的女兒，而是一名唐宗室女，不過她自幼就被唐太宗和長孫皇后收養在宮中，唐太宗非常喜歡她，封她為文成公主。這一次和親吐蕃，唐太宗所以選中她，就是因為看著她長大，知道她聰慧能幹，堅毅剛強，能夠不辱使命，以大唐俯仰寰宇的恢宏氣勢與海納百川的寬廣胸懷，讓唐蕃能夠世世代代友好相處下去。

二、一路歡歌　文成入藏

貞觀十五年（六四一年）正月，文成公主帶著一支龐大的和親團隊從長安出發了。對此次和親，唐太宗十分重視，他特派禮部尚書江夏郡王李道宗主婚，持節護送文成公主入藏。據《吐蕃王朝世襲明鑒》等書記載，此次和親，唐太宗給予了文成公主十分豐厚的陪嫁。其中三百六十卷經典內容涉及多種食物烹飪法、卜筮、營造與工技、治病藥方、醫學論著等，另外還帶了耐寒抗旱的蕪菁種子和其他穀種，以及通曉所帶書籍的文士，和善於製造各種物品的工匠、乳娘、宮女、樂隊等。幾乎就像是一個「科技、文化訪問團」了。當時唐朝盛行佛教，文成公主又是一個虔誠的佛教徒，所以她此行還帶去了一尊釋迦牟尼十二歲等身銅鑄佛像。③

文成公主一行選擇在冬季出發，是因為由長安經隴南、青海到西藏有幾個月的路程，沿途要經過幾條湍急的大河，只有在隆冬季節河水平緩或被冰雪覆蓋，才便於送親的隊伍通過。根據《唐書．地理志》等書記載，我們現在可以大致勾出文成公主的入藏路線。首先經鳳翔、秦州、河州到達龍支城（今青海民和縣古鄯），然後一路西行數百里，進入吐谷渾界，再經尉遲川、莫離驛到達公主佛堂（今興海大河壩以北），這一路上的道路早已由唐太宗令吐谷渾王諾曷缽修整一新。此後，又繼續前行，經大非川、那錄驛到了列謨海，經過一個多月的頂風涉雪，艱苦跋涉，在春暖花開的時候，終於到了黃河的發源地——河源。因為這裡水草茂盛，牛羊成群，遠不像沿途風沙迷茫的荒涼景象，所以到了這兒，文成公主不禁精神為之一振。而此時，新郎松贊干布早已率領大隊迎親人馬在柏海（今青海瑪多縣境內札陵湖）西邊的一個山坡上安營紮寨，恭候多時了。這位馳騁高原的吐蕃王見到身著華服的文成公主，一下子就為其端莊神態，典雅氣度所傾倒：「俯仰有愧沮之色」。

待文成公主一行安定下來，松贊干布就在安營處舉行了隆重的迎親儀式，李道宗以叔父和唐朝重臣的雙重身分主持婚禮，松贊干布「執婿禮甚恭」，算是正式成為了大唐的女婿。就這樣，在黃河源頭，在松贊干布建起的「柏海行館」裡，一對異族夫婦度過了他們的洞房花燭夜，開始了他們的新生活。

休息了幾天之後，文成公主、李道宗和松贊干布一行又繼續他們的行程。越往上走，地勢越高，空氣越稀薄，氣候也越來越惡劣，有的地方其方圓幾千里見不到人煙，有的地方連水都喝不上，人渴了只能啃冰，馬渴了只能啖雪。從小在皇宮中長大的文成公主哪裡經受過這樣的苦難！但她也深知，她是大唐的和親公主，她絕對不能示弱，才能不辜負臨行前「父皇」對她的諄諄告誡與殷切期望，也才能不辱大唐所賦予的睦鄰邦交的光榮使命。

經過幾個月的長途跋涉，在藏曆的四月十五，文成公主一行人終於到達此行的最後目的地——邏些（今拉薩）。

在文成公主入藏的途中，留下許多傳聞和印跡。相傳文成公主一開始從長安出發時，想到自己從此要離開生活了十六年的繁華的京都，要到那人煙稀少氣候惡劣的地方去，與語言不通、習俗不同的人生活在一起，心情難免有點悒鬱。吐蕃使者祿東贊等人為使公主開心，便放聲唱道：

吐蕃藏地，吉祥如意。眾寶所成，贊普宮中，
神作人主。松贊干布，大悲觀音。神武英俊，
見者傾慕。以教治邦，人民奉法，諸臣僕從，
歌唱升平。出佛慧日，擎功德燈。山產諸樹，
土地廣博，五穀悉備，滋生無隙。金銀銅鐵，
眾寶具足。牛馬繁殖，安樂如是。至奇稀有，

公主垂聽！

（引自《西藏王臣記》）

相傳文成公主到達了農牧分界線——赤嶺時。她抬頭西望，茫茫草原，牛羊成群，回首東望，農田房舍，炊煙裊裊，一步之隔就是另一個世界，不由得離情別緒，悲從中來。她想起臨別時母親（一說唐太宗）送給她「日月寶鏡」時的話：若懷念親人時，可以拿出寶鏡來看一看。於是她急忙取出「日月寶鏡」，雙手捧著照起來，但文成公主從鏡子裡看到的，不是她的親人，而是自己滿臉淚水的愁容。她一生氣，啪的一聲把寶鏡摔在了地上。沒想到，寶鏡一落地，立刻化成一座高山——後人稱之為日月山。這日月山恰好擋住了一條東去河流的去路，河水不得不掉頭西流。於是人們稱這條河叫「倒淌河」，有人甚至說，這河裡流的，就是文成公主的眼淚。

又傳說松贊干布和文成公主行至玉樹結古東南五十里的貝納溝時，看到這裡風景如畫，兩人便在一道山谷裡住了一段時間。文成公主還拿出從中原帶來的穀物種子和菜籽，與工匠一起向玉樹人傳授種植的方法和磨麵、釀酒等技術。玉樹人非常感激文成公主，當公主要離開時，他們都依依不捨。之後，當地的藏民不但保留了他們的帳房遺址，還在山崖上刻了九座浮雕像，文成公主居中坐在蓮花獅子座上，上下兩層八位侍女手執劍、瓶、花侍立左右。公元七一〇年，唐中宗時期，唐室的又一名公主金城公主遠嫁西藏，路過這裡時，她特地為文成公主修了一座廟，賜名為「文成公主廟」。這座廟現在已成為國家級文物保護古蹟了。

三、雪域高原　鳳凰涅槃

雖然松贊干布已經有好幾位妻子，其中一位還是當時尼泊爾王的女兒赤尊公主，但能夠娶到當時世界上最為強大的大唐王朝的公主為妻，松贊干布還是異常高興。自文成公主進藏，唐與吐蕃「申以婚姻之好，結為甥舅之國，歲時往復，信使相望」（《全唐文》〈親征吐蕃制〉），求婚、告喪、弔祭、修好、會盟、封贈、答謝、朝賀、報聘等，雙方使臣往來，道路相望，絡繹不絕。為了便於唐與吐蕃的來往，松贊干布還不惜花費大量人力物力，完善境內的驛站系統，做到每百里就設一個驛站，每驛站設有置頓官。每次當唐朝使者到達，文成公主、松贊干布都會預先派人在驛站迎候。對於唐朝使者，吐蕃總是「接待殷勤，供億豐厚」。

作為雪域高原上的遊牧民族，吐蕃人原先是「氈帳而居」，穿氈裘衣。他們一看文成公主以及隨從們穿的衣服，又漂亮，又輕巧，一個個驚羨無比。首先是松贊干布說「釋氈裘，襲紈綺，漸慕華風」，穿起了唐服。從此，吐蕃人的衣服就漸漸有了大唐服飾的元素。隨著交往的深入，唐代漢族的一些生活方式與習俗，也相繼傳到西藏，「自從貴主和親後，一半胡風似漢家。」（唐代詩人陳陶《隴西行》）。而西藏的一些生活風俗，也被傳到了中原，比如吐蕃人為了使皮膚少受風沙、陽光的侵襲，喜歡將赭色糖質的東西塗在臉上，久而久之，也就以此為美。文成公主初進高原，卻很討厭這種「赭面」之妝，覺得它使人面目可憎。松贊干布知道後，馬上下令全境禁止使用赭石塗面。但是，令文成公主沒有想到的是，隨著雙方人員來往的頻繁，這種「赭面」的習俗卻傳到了長安，作為一種時尚，長安人爭相「赭面」，白居易在《時世妝》詩中就曾寫道：「元和妝梳君記起，髻椎面赭非華風。」

文成公主等一行人對西藏最深遠的影響是他引介了中原先進的文化與技術。首先受益的是吐蕃的農業。原來吐蕃人種地，不懂平整，沒有阡陌，這樣水土很容易流失，所以糧食產量很低，文成公主隨從中懂得農耕的人，就手把手地教吐蕃人如何精耕細作，使糧食產量大為提高。而青藏高原由於落差大，水力資源很豐富，文成公主就叫工匠因地制宜，在落水處為藏民安置水磨，這樣就可節省大量的勞動力，使效率大為提高。她還親自教吐蕃人種桑養蠶、紡織和刺繡，自此吐蕃也逐漸有了自製的絲織品，充分美化了吐蕃人的生活。

吐蕃原無文字，記事用繩子打結或在木頭上刻上不同的記號來表示。文成公主進藏後，力勸松贊干布創造文字，松贊干布於是派十六人到喀什米爾去學習，按藏語特點，創造了三十個藏文字母和拼音造句文法，從此結束了藏人無文字的歷史。此後，文成公主組織人員將漢文書籍一本一本地翻譯成藏文，供藏人學習。松贊干布還「遣諸親子弟入國學，習詩、書，又請儒者典書、疏。」（《新唐書》〈吐蕃傳〉）到長安學習的吐蕃人有很多取得不俗的成就，如唐高宗時吐蕃使臣仲琮，唐中宗時使臣明悉獵，都是著名的漢學者。

吐蕃過去無完整的曆法，以麥收的季節（約為夏曆三月）作為一年的開始。文成公主入藏時攜帶了天文曆法書籍，她於是在吐蕃積極推行夏曆制，使藏曆也採用漢族農曆以干支相配的計時法，大大便利了藏族歷史文化的紀年和著錄。

此外，文成公主和松贊干布對吐蕃律法制度也進行了完善的改革，制定了殺生、偷竊、姦淫、說謊等惡行懲罰十則，以及言語忠實、行為篤厚、幫助鄰人等善行獎勵「十六要」。凡此種種，非但使吐蕃的文明得到提升，吐蕃的軍事、政治、經濟、文化等各個方面，在短短幾年間也取得了跨越式的發展。

據一些藏文書籍記載，文成公主剛到吐蕃時，從尼泊爾嫁來的赤尊公主「心生妒嫉，故設障難，使公主與贊普不能相見。」後來，赤尊公主為供奉自己帶去的一尊釋迦牟尼八歲等身像，要修建一座寺廟，也就是現在大昭寺的前身，可是邊建邊塌。這時有人就建議赤尊公主，文成公主他們精曉心算風水等術，若想修建佛宇，可以向她多請教。於是赤尊公主便同意舉行相見慶會，讓文成與贊普相見。在這次慶會上，赤尊公主對文成公主說：「漢主文成汝，辛苦婚使迎，雖來此藏地，然我先為大。」文成公主回答說：「無心作較量，汝言賽誰強，先越戶限大，廟堂建湖上。」（據五世達賴喇嘛著《西藏王臣記》）可見大度的文成並不想跟赤尊公主爭大小名分，她只想憑著自己的能力與實力，爭得一席之地，完成自己的使命。④

現在西藏的大昭寺，有一尊唐代的雕塑。松贊干布端坐於中間，旁邊坐著赤尊公主，在赤尊公主的後面，坐著懷裡抱著孩子的文成公主。文成公主的表情顯得很祥和、平靜。屈坐後方，像個保姆似的懷裡還抱著別人的孩子，文成公主的安詳來自於找準了自己的位置與人生目標，她知道千里迢迢吃盡千辛萬苦入藏，不是來爭名奪利、爭風吃醋的，哪怕受再大的委屈，她也必須作出種種努力，去緩和唐與吐蕃的緊張關係，奠定雙方友好交往的基礎。文成公主入藏前，吐蕃與唐時有衝突，但自文成公主入藏到松贊干布去世的十年間，吐蕃和唐朝從未發生過任何糾紛。非但如此，雙方的友好交往日益密切，松贊干布也更加傾心慕唐。

貞觀二十二年，唐太宗派長史王玄策率三十人出使西域，途經天竺國時，不幸遭到天竺人的搶掠，大部分人馬及物品都被搶去，只有王玄策帶著少量人馬乘夜色逃到吐蕃。松贊干布認為天竺國這是有意挑釁，破壞他與大唐的關係，於是派遣大軍討伐天竺，搗毀了他們的都城，俘虜了天竺國王阿羅那順，救回了唐朝使臣及隨從人員，替大唐出了一口氣。貞觀二十三年（六四九年），唐太宗李世民去世，高宗李治繼位後，遣使入蕃告哀，以松贊干布為駙馬都尉，封西海郡王。松贊干布欣然接受了唐朝的官爵封號，他還致書司徒長孫無忌等人說：「天子初即位，若臣下有不忠之心者，當勒兵以赴國除討。」（《舊唐書》〈吐蕃傳上〉）他還獻金銀珠寶十五種，請求作為祭品置於唐太宗靈柩之前。唐高宗對松贊干布的忠心十分感動，刻了他的石像列在唐太宗的昭陵前。吐蕃使者請求唐高宗賜給吐蕃蠶種以及造酒、碾米和製造紙筆墨硯的技術，唐高宗也全數答應。正如唐人孤獨及所記載的，唐與吐蕃「金玉綺繡，問遺往來，道路相望，歡好不絕。」（《全唐文》）可以說在文成公主不斷努力下，大唐王朝與吐蕃的關係稱得上是親密無間、水乳交融了。

唐高宗永徽元年（六五〇年），松贊干布去世。唐高宗為之罷朝舉哀，並派右武侯將軍鮮於臣濟持節前往吐蕃弔祭。

松贊干布去世以後，寡居拉薩的文成公主繼續盡自己的努力維護唐蕃友好關係。念她一個人在那裡孤苦伶仃，文成公主的晚年，唐高宗曾特地派人去拉薩，打算接她回長安，讓她跟親人團聚，頤養天年。但文成公主真不愧為是唐太宗的女兒，她一想到「父皇」幾十年前對她的叮囑，考慮到自己的使命，婉言謝絕唐高宗這番美意，選擇繼續留在拉薩。

永隆元年（六八〇年），在吐蕃生活了四十年的文成公主去世，吐蕃王朝為她舉行隆重的葬禮，唐高宗也遣使臣赴吐蕃弔祭。

短暫的十年夫妻生活，三十年的孤老餘生，我們不知道，文成公主，這位肩負使命踏進雪域高原的大唐公主，她與松贊干布共度的十年光陰，有著什麼樣的喜怒哀樂。她在松贊干布死後，松贊干布的孫子執政時，又是如何度過那三十年無子無依的異域孤單歲月。我們只知道，文成公主為供奉釋迦牟尼十二歲等身像而主持修建的小昭寺，寺門永遠向著大唐京城長安的方向。文成公主的故事，至今仍以戲劇、壁畫、民歌、傳說等形式在漢藏民間廣泛流傳著。文成公主在喇嘛教中，更是被認作為綠度母的化身（度母在藏語中稱卓瑪，是藏族佛教傳說中觀音的化身）。今天在布達拉宮，還保存著文成公主跟松贊干布結婚的洞房遺跡，大昭寺前的唐柳，據傳是公主親手所栽。現在，藏族人們還用兩個節日來紀念她，一個是藏曆四月十五日的「沙噶達瓦節」，也就是文成公主到達拉薩的日子；一個是藏曆十月十五，這一天相傳是文成公主的誕辰，每到這一天，藏民都要到各寺院去祈禱祝福。

在青藏高原，有一種格桑花，她是一種普通的花朵，杆細瓣小，弱不禁風，可風越狂，它身越挺。在藏族人眼裡，格桑花是高原上生命力最頑強，也是最為幸福吉祥的一種花（「格桑」就是幸福的意思）。文成公主，就是雪域高原上一朵美麗的格桑花！她以不懈的努力，將名字永遠刻在世世代代藏族人民的心中，歷史讓她選擇了雪域高原，選擇了搏擊與孤寂，同時，也賜予了她永生與不朽！

附注

①唐代畫家閻立本的名作《步輦圖》，即描繪了唐太宗李世民乘坐「步輦」接見祿東贊的情景。畫中左側的祿東贊顯得誠摯謙恭、持重有禮，正對唐太宗侃侃而談。

②至於此次招親考試，藏族有好多不同版本的傳說，其中之一是說祿東贊還經過下列三次考試：一是領一百隻羊，一百壇酒；一天之內要將羊殺了，剝皮、吃光肉，並揉好皮、喝完酒。其他使臣有的肉沒吃完便醉倒了，有的皮沒揉好便累倒。只有祿東贊令隨從們慢慢地小碗喝酒，邊吃邊喝邊揉皮子，最後終於完成皇帝交給的「任務」。二是拿一百根頭、尾一般粗的木棒，要能認出哪是頭梢，哪是尾根。祿東贊將木棒推進水裡，頭重尾輕，重的沉下，輕的浮在上面，認得一清二楚。還有一次比賽是認雞。有一百隻母雞和幾百隻小雞，請婚使們指出哪些小雞是哪只母雞孵的。祿東贊把雞群趕到廣場上，撒了很多酒糟，母雞一見吃食，就「咯咯」地呼喚小雞來吃，這時小雞們都跑到自己媽媽的頸下啄食去了。

③提起這釋迦牟尼十二歲等身銅鑄佛像，它可非同一般，根據佛家說法，此像是釋迦牟尼在世時，按照釋迦牟尼本人形象塑造的。釋迦牟尼在世時反對偶像崇拜，不立寺供像，在他臨終時他只同意以自己三個不同年齡時的模樣塑像，並親自為塑像繪圖，所以世上只有三尊釋迦牟尼等身佛像。這三尊佛像中，以十二歲時釋迦牟尼身為皇子的鎏金銅像最為精美與尊貴，該佛像後從印度流入中國，這一次唐太宗將它作為陪嫁給了文成公主，足見他對此次和親的重視。

④據《西藏王臣記》等書記載，在修建大昭寺時，曾幾次遭受水淹，牆一砌就倒。文成公主夜觀天象，日察地形，發現拉薩河穀是個仰臥的羅剎女，這個魔女呈人形，頭朝東，腿朝西仰臥著。當初選擇建大昭寺的位置是個湖泊，這是魔女的心臟，湖水是其血液。要建成大昭寺，首先要把魔女的心臟鎮住，因此必須先填湖後建寺。文成公主還指出另外十二個位置，是魔女的四肢和各個關節，必須以寺院鎮住，如此共建了十三座寺院。填湖建寺的時候，主要靠山羊揹運的沙和土把湖泊填平，因此，大昭寺最初的佛殿曾被命名為「羊土神變寺」。

寧國公主

唐嫁真公主　助平安史亂

說到唐朝跟回紇的和親，有幾大特點，一是和親密度相對較高，在從七五八年（唐肅宗乾元元年）到八二一年（唐穆宗長慶元年）的六〇多年中，就有七位美麗的女子走進回紇的牙帳，成為回紇可汗的新娘；二是和親基本上都不是唐朝主動提出的，大唐只有點頭答應的份兒，而且陪嫁還不能少，甚至於為了湊嫁妝，不得不下令向公卿的騾子、駱駝徵稅；三是出塞和親的幾位女子，身分都不低，她們當中有皇帝的親生女兒，也有當朝皇帝的親妹妹，先皇的女兒。之所以會如此，就要從唐跟回紇的關係以及唐朝當時國內外的情勢說起。

一、崛起大漠　威震中原

「回紇」是由幾個氏族部落聯合組成的一個民族，從現存相關史料來看，回紇應該是源於鐵勒部。由於鐵勒「俗多乘高輪車」，所以在魏晉時期，鐵勒又被人們稱為「高車」部，回紇乃高車六部之一。回紇的起源可以追溯至紀元前的赤狄、丁零，秦漢時代，丁零人主要分布在今貝加爾湖一帶。回紇的漢文譯名最早見於《魏書》：「帝西征，次鹿渾海，襲高車袁紇部，大破之，虜獲生口、馬牛羊二十餘萬」，那時回紇還稱為「袁紇」。至於為什麼改稱為「回鶻」，《新唐書》〈回鶻傳〉上記載，唐德宗貞元四年（七八八年），回紇合骨咄祿可汗上表文給唐朝，請改回紇為「回鶻」：「言捷鷙猶鶻然」（鶻，古書記載一種短尾青黑色的鳥）。到了《元史》、《明史》中，回紇又被譯為畏兀兒，現在則寫作維吾爾，回紇正是今維吾爾族的祖先。

北魏時，回紇作為東部鐵勒的一支，遊牧於鄂爾渾河與色楞格河流域。回紇長期受制於突厥，「自突厥有國，東征西討，皆資其用，以制北荒。」（《舊唐書》〈回紇傳〉）六〇五年（隋煬帝大業元年），突厥處羅可汗攻擊鐵勒諸部：「厚斂其物。又猜忌薛延陀，恐為變，遂集其渠帥數百人盡誅之，特勒（鐵勒）由是叛。」（《舊唐書》〈回紇傳〉）鐵勒叛離突厥以後，回紇與僕骨、同羅、拔野古、覆羅等五部首領「自為俟斤，稱回紇」，據《新唐書》〈回鶻傳〉記載：「有時健俟斤者，眾始推為君長。」回紇從此結束了以往無君長的歷史，開啟了一個嶄新的發展時期。

隋朝末年，時健去世，部眾因他的兒子菩薩「勁勇，有膽氣，善籌策，每對敵臨陣，必身先士卒，以少制眾，常以戰陣射獵為務」。就擁護他繼承了父位，而菩薩的母親烏羅渾處事嚴明公正，善於處理部落內部的錯綜複雜的關係，大家都很敬重她。這樣母子倆一個主內，一個主外，把部落治理得井然有序。回紇從此實力逐漸增強，走向興旺之路，回紇部落首領的世襲制，也由此形成。

六二七年（唐太宗貞觀元年），回紇、薛延陀、拔野古等部正式叛離東突厥。東突厥頡利可汗派侄兒欲穀設率領十萬騎兵討伐，回紇酋長菩薩率領五千騎迎戰，雖然力量如此懸殊，但英勇善戰的菩薩還是大破突厥軍於馬鬣山，欲穀兵敗遁逃，菩薩率兵一直追至天山，押回了許多突厥部眾，回紇由此名聲大振，其聲威遠播北疆地區。這之後，回紇部落依附於薛延陀部，共同抵禦突厥。唐王朝為聯合薛延陀部共伐突厥，冊封由部眾共同推舉的首領夷男為「真珠毗伽可汗」，夷男則號菩薩為「活頡利發」，這樣菩薩也在獨樂水上建立起了自己的牙帳，豎起了自己的旗子。

回紇有十萬人口，他們一般「居無恒所，隨水草流移」，過著遊牧生活。回紇部落的牧地在烏德鞬山（今蒙古國杭愛山脈）北，今鄂爾渾河流域一帶。在回紇的畜群中，數量最多的是大足羊，而最重要的是馬。回紇馬體型中等，長於馳騁，是回紇的主要出口商品。

《隋書》〈鐵勒傳〉：「其俗大抵與突厥同，唯丈夫婚畢，便就妻家，待產乳男女，然後歸舍。」還有，回紇人死後「埋殯」，即土葬屍體，而突厥人死後則實行火葬，再把骨灰埋起來。

回紇有自己的文字。最初使用的文字為古突厥文，也用粟特文。後來則採用粟特文字母創制古回紇文。留存至今的《磨延啜碑》和《九姓回鶻可汗碑》，都是使用古突厥文刻成的。

回紇部落在菩薩的統領下，迅速得到發展，菩薩死後，吐迷度繼任為回紇酋長，被稱為「胡祿俟利發」，也是一個很有作為的首領。六四六年（唐貞觀二十年）夏六月，吐迷度聯合僕骨、同羅兩部落攻打薛延陀部。唐朝瀚海安撫大使阿史那杜爾等也率兵從南方分道出擊，對薛延陀部形成南北夾擊之勢。多彌大敗，薛延陀汗國由此滅亡，回紇「遂並其部曲，奄有其地」。自此，東部鐵勒諸部，統稱為回紇，回紇正式取代鐵勒成為漠北大部。

回紇與唐關係的確立開始於唐太宗貞觀三年（六二九年），這一年，回紇「始來朝，獻方物」，雙方正式建交。六四六年秋八月間，吐迷度又遣使入唐朝貢，唐太宗因為回紇破薛延陀有功，特賜宴內殿，以示褒獎。唐太宗巡視北方邊境至涇陽時，回紇與拔野古、同羅、僕骨等原鐵勒十一姓各遣使告唐太宗：「延陀不事大國，以自取亡，其下麕駭鳥散，不知所之。今各有分地，願歸命天子，請置唐官。」（《新唐書》〈回鶻傳〉）於是在這一年的九月，唐太宗親至靈州（治所在今寧夏回族自治區靈武縣西南）原鐵勒諸部均來朝見唐太宗，唐太宗「張飲高會，引見渠長等，以唐官官之，凡數千人。」（《新唐書》〈回鶻傳〉）唐太宗還接受了回紇等「願得天至尊為奴等天可汗」的請求，從此，便被回紇等北方諸蕃尊稱為「天可汗」。

這一年的冬十二月，吐迷度等十二部首領又再次赴唐京城長安朝覲。唐太宗在宮中賜宴，且每五日一會，對他們優禮有加。第二年（六四七年）正月，唐太宗正式下詔在漠北推行府州制度：「置六府七州，府置都督，州置刺史，府州皆置長史、司馬已下官主之。」（《舊唐書》〈回紇傳〉）以回紇部為瀚海都督府，任命吐迷度為懷化大將軍、瀚海都督。

而此時，吐迷度在回紇內部已自稱可汗，且仿照突厥故事設置官署，置有「外宰相六，內宰相三，又有都督、將軍、司馬之號」。

六四八年（貞觀二十二年），吐迷度的侄兒烏紇因與其叔母，也就是吐迷度的妻子通姦，遂與俱陸莫賀達幹俱羅勃合謀，趁著夜色帶領十餘騎襲殺了吐迷度。唐太宗懲戒了肇事者，並即刻派兵部尚書崔敦禮持節前往回紇，封贈吐迷度為唐左衛大將軍，賜物及衣服並設祭厚葬他，又封吐迷度的兒子婆閏為左驍衛大將軍，大俟利發、令他繼承父職，使持節回紇部落諸軍事、瀚海都督。

婆閏當政期間，回紇跟唐關係較為友好。除了正常的朝貢，回紇還經常出兵助唐平定北方叛亂。比如唐高宗永徽二年（六五一年），西突厥可汗阿史那賀魯攻破唐北庭（今新疆吉木薩爾）。唐高宗一方面「詔將軍梁建方、契苾何力領兵二萬」出擊，另外則是「取回紇五萬騎」從軍，唐軍在回紇騎兵的大力配合下，大破賀魯兵，一舉收復了北庭。六五五年（唐高宗永徽六年），蕭嗣業征高麗（高句麗），婆閏也曾領回紇兵隨蕭嗣業出征。當然最廣為知曉的，還是回紇助唐平定安史之亂。

唐高宗龍朔三年（六六三年），唐為加強對北方諸蕃的統轄和管理，將燕然都護府遷到回紇本部，並改名為瀚海都護府，「以磧為限，大抵北諸蕃悉隸之」。唐朝這樣做，實際上是幫助回紇可汗加強其汗國的地位。

武則天在位期間，後突厥默啜勢力逐漸強大，奪取了鐵勒故地，回紇與契苾、思結、渾三部不得不南下遷至甘州（治所在今甘肅省張掖縣）、涼州（治所在今甘肅省武威縣）之間。當時，唐在今甘肅省永登縣西南一帶駐有邊防軍——赤水軍，因為回紇騎兵英勇善戰，唐朝常徵調回紇的精壯騎兵參與赤水軍作戰。

七二七年（開元十五年），唐涼州都督王君因為一點私怨，向朝廷誣告遷徙甘涼的回紇「四部難制，潛有叛計」，要求進行處置。唐玄宗輕信了王君的誣告，將當時的回紇首領、瀚海都督承宗流放到了瀼州（治所在今廣西壯族自治區上思縣西南，後來承宗就死在那裡），任命伏帝難為回紇首領、瀚海都督。此種干涉回紇內政的行為，引起回紇上下一片譁然，承宗的族侄瀚海司馬護輸趁回紇眾怒，伏兵襲殺了王君，並且領兵切斷了安西諸國入長安朝貢的必經之路。唐玄宗命郭知運等率軍討逐，護輸率眾退保烏德健山（今蒙古國杭愛山脈），回紇所部又重新返回了漠北，與留在那裡的另一部回紇人匯合。

護輸死後，兒子骨立裴羅立，他遣使至唐，唐玄宗封骨立裴羅為奉義王。天寶三年，骨立裴羅又率軍襲破拔悉蜜部，斬殺頡跌伊施可汗，自立為骨咄祿毗伽闕可汗（意為睿智英毅可汗），立牙帳於烏德鞬山和嗢昆河（今蒙古國鄂爾渾河）之間，並派使者向唐朝報告，唐玄宗冊立他為懷仁可汗。由此，回紇算是正式建立起了自己的政權。而唐放棄瀚海都督名號，承認其可汗的地位，說明此時的回紇已經是漠北獨一無二的強國了。第二年，懷仁可汗攻殺了後突厥最後一個首領白眉可汗，盡占全部突厥故地，派頓啜羅達幹向唐朝報功，唐玄宗授懷仁可汗為左驍衛員外大將軍。從此，回紇汗國取代了後突厥汗國，其疆域東臨室韋，西至金山（今阿爾泰山），南跨大漠，成為一個繼匈奴、柔然、突厥之後主宰大漠南北的第四個北方大國。

二、借兵平叛　寧國出塞

七四七年（天寶六年），懷仁可汗骨立裴羅死，其子磨延啜繼位，號葛勒可汗。他仍「歲遣使者入朝」與唐保持著良好關係。這位葛勒可汗「剽悍善用兵」，具有極高的作戰能力與軍事指揮才能，而就在他即位幾年以後，正處於極盛時期的大唐發生了「安史之亂」。

七五五年（天寶十四年）十一月初九（十二月十六日），身兼范陽、平盧、河東三節度使的安祿山趁唐朝內部空虛腐敗，聯合同羅、奚、契丹、室韋、突厥等民族共十五萬士兵，號稱二十萬，以「憂國之危」、奉密詔討伐楊國忠為藉口，起兵范陽（今北京市西南）。十二月十二日，安祿山攻入東都洛陽。天寶十五年（七五六年）正月初一，安祿山在洛陽稱大燕皇帝，改元聖武，令部將史思明經略河北。不久，唐河東節度使李光弼與朔方節度使郭子儀先後率軍出井陘（今河北獲鹿西南），入河北，接連大敗史思明部，一度切斷了洛陽與范陽的交通。安祿山因軍心動搖，打算放棄洛陽返回范陽。此時唐玄宗過高估計戰局的好轉，於六月強令哥舒翰出兵收復陝、洛。哥舒翰被迫領二十萬大軍出戰，在今靈寶西被安祿山軍崔乾祐部大敗，幾乎全軍覆滅，他自己也做了俘虜，潼關告破。

潼關一破，長安震驚。六月十三日淩晨，唐玄宗匆匆逃離長安。當唐玄宗一行逃到了馬嵬坡（今陝西興平市西北二十三里）時，將士饑疲，六軍不發，龍武大將軍陳玄禮請殺楊國忠父子和楊貴妃以謝國人。結果楊國忠被亂刀砍死，楊貴妃被唐玄宗令高力士處死。雖然馬嵬民眾遮道挽留玄宗，唐玄宗還是在留下太子李亨後，匆匆逃往四川避難。

七五六年七月，李亨在靈武（今寧夏靈武縣西南）自行即位為帝，改元至德，是為唐肅宗，朔方節度使郭子儀領兵五萬至靈武護駕。

唐肅宗剛即位，回紇葛勒可汗即遣使來到靈武，「請助國討賊」。於是這一年九月，唐肅宗派敦煌王李承寀和郭子儀部將、唐金微都督僕固懷恩以及將軍石定番等人前往回紇，具體商談請回紇兵助唐平叛事宜。①

李承寀一行十一月一到回紇，葛勒可汗即將自己的女兒嫁給了李承寀，《新唐書》〈回鶻傳〉說是「以可敦妹為女，妻承寀。」兩人完婚之後，葛勒可汗即派人隨李承寀來到彭原（今甘肅省慶陽市）見唐肅宗，請求與唐和親。在聽取了李承寀回紇之行的情況彙報之後，唐肅宗當即將葛勒可汗的女兒封為毗伽公主，對於回紇使者，唐肅宗也是「遇之甚厚」，盛情款待。

見女兒被封為大唐公主，葛勒可汗大喜，他親自率領回紇兵千里迢迢趕赴朔方助唐平叛。十二月，這些回紇騎兵與郭子儀的朔方軍一起，一舉擊破隨同安祿山反唐的同羅等部。此役之後，河曲之地為之平定。

唐肅宗至德二年（七五七年）正月，安慶緒殺了他的父親安祿山，自立為帝，年號載初。這一年的二月，葛勒可汗又派大將軍多攬等十五人領兵來唐，助唐平叛。見這些回紇騎兵個個英勇善戰，九月，郭子儀又勸唐肅宗再向回紇多借些兵。唐肅宗遂提升李承寀為宗正卿，並授開府儀同三司，冊封葛勒可汗之女、毗伽公主為敦煌王妃，然後派人向回紇借兵。葛勒可汗即派太子葉護及將軍帝德等率領四千多回紇精兵至鳳翔（今陝西省鳳翔縣）。葛勒可汗還封自己的女婿李承寀為回紇葉護，給他四支「節」，使他可以與自己的兒子一起指揮援唐的這些回紇騎兵。唐肅宗也讓自己兒子，唐天下兵馬元帥廣平王李俶（寧國公主的哥哥，後為唐代宗李豫）與太子葉護見面，李俶與太子歃血為盟，結為異族兄弟。

九月十二日，李俶率領朔方諸道唐軍及回紇、西域來援之軍共十五萬，從鳳翔出發討伐叛軍。當太子葉護、大首領達幹等率回紇兵到達扶風之時，郭子儀準備先犒飲他們三日再出兵。太子葉護慷慨請戰：「國家有急，遠來相助，何暇食為？」經一再挽留，才留下來吃了頓飯，吃完了便立即率軍出發。唐朝對這支回紇軍隊每日的軍需供給是牛二十頭，羊二百隻，米四十斛。

九月二十七日，討伐大軍到達長安城西，在香積寺北灃水（今陝西省西安市西灃河）之東擺開陣勢，討伐軍以李嗣業為前軍，郭子儀為中軍，王思禮為後軍，回紇兵馬由太子葉護率領待命。雖然回紇軍此戰只是作為機動部隊，但是卻立了大功。原來，安史叛軍皆是經驗豐富的職業軍人，頗曉作戰之道。他們見唐軍此次人多勢眾，就預先埋伏精兵於東側，準備等唐軍前軍過後出其不意從後偷襲，以便亂中取勝。他們的這一陰謀被唐朔方左廂兵馬使僕固懷恩從間諜口中探知，他馬上率領回紇騎兵撲向東側。早就摩拳擦掌的回紇兵這下猶如猛虎下山，直殺得埋伏在那裡的叛軍匹馬不歸，全軍覆沒。叛軍銳氣由此大受挫折，開始四下潰散。李嗣業趁機率軍與回紇兵兩面夾擊，雙方從午時直殺到夜幕降臨，叛軍大敗之下，當天半夜，大將李歸仁等即棄城而逃。九月二十八日，唐大軍進入長安，長安由此收復。

此戰之後沒幾天，十月，廣平王與副元帥郭子儀又領回紇兵馬，與叛軍在陝西大戰一場。大軍至曲沃（在今河南靈寶東北）時，葉護令將軍鼻施吐撥裴羅等沿南山往東，又一次把埋伏於山谷中準備偷襲的叛軍殺了個一乾二淨。此後在新店，郭子儀與十五萬叛軍相遇，初戰不利，唐軍被打壓得連連後退數里。正在山上的回紇將領見此，靈機一動，「逾山西嶺上曳白旗而趨擊之」，等聲勢造得差不多了，回紇兵從山下直撲敵軍背後，叛軍一見，驚呼「回紇至矣！」一時兵敗如山倒，立刻潰退二十餘里，「人馬相枕藉，蹂踐而死者不可勝數，斬首十餘萬，伏屍三十里。」（《舊唐書》〈回紇傳〉）結果叛軍從東都洛陽退逃，太子葉護率回紇兵從廣平王李俶、副元帥郭子儀入東京，安慶緒不得不率殘部逃往鄴城（今河南安陽）。

這一年十一月，太子葉護率回紇兵從洛陽返回長安，因回紇兵在唐收復兩京戰鬥中立下大功，唐肅宗「敕百官于長樂驛迎」，並在宣政殿設宴慰勞，「葉護升殿，其餘酋長列于階下，賜錦繡繒彩金銀器皿。」唐肅宗對葉護說：「能為國家就大事成義勇者，卿等力也。」葉護則回奏：「回紇戰兵，留在沙苑，今且須歸靈夏取馬，更收范陽，討除殘賊。」表示他願意繼續領兵助唐，一鼓作氣蕩平叛軍老巢。而為感謝回紇這次對唐的大力支援，唐還答應每年向回紇送絹二萬匹，以示犒勞。

本來，唐與回紇，再怎麼著也應該是堂堂中原王朝與邊疆蕃國的關係，更何況還有一個分封與臣屬的關係存在，可是一場安史之亂，讓一切都變了樣兒。比如第一次，葛勒可汗率回紇騎兵與郭子儀所部朔方軍相會於呼延谷時，他自視其強，一定要「陳兵引子儀拜狼纛而後見」，郭子儀當然只好照辦，因為要仰仗人家出力平叛呀！回紇使者葛羅支到彭原見唐肅宗，「恥班下」，不願意像其他使臣一樣的站列於下，唐肅宗只好「引升殿，慰而遣」。在獲得這些非同一般的禮遇殊榮之後，葛勒可汗才派大將軍多攬來朝，遣太子葉護領兵前來助陣。回紇的強大，連大唐皇帝都得看人家的眼色呢！

雖然史書上缺乏更為明確的記載，但回紇葛勒可汗當初主動以自己的女兒嫁與敦煌王李承寀，並且那麼爽快地答應助唐平叛，後來他又或親自將兵，或屢遣大將精兵助唐，甚至連太子也被派上了前線，他所做的這一切，當然不僅僅是為了要點賞賜，掠點輕財。從一開始，葛勒可汗與唐應該是有約定的，回紇的出兵也應該是有條件的。其中就是要迎娶大唐公主，與唐聯姻。葛勒可汗自然是想借此次出兵與和親，來提升自己在北方諸蕃特別是在原鐵勒諸部中的地位，以進一步鞏固政權，成為草原真正的霸主。《舊唐書》〈回紇傳〉：「可汗以女嫁於承寀，遣首領來朝，請和親，封回紇公主為毗伽公主。」這段話雖然語焉不詳，但也道破當初可汗是以迎娶大唐公主作為出兵助唐的首要條件的，只不過考慮到當時叛軍的囂張氣焰及全國的形勢，唐肅宗又是剛剛登位，送公主出塞和親無論從哪個方面講，都是無從談起，只能是先平叛，再和親，唐肅宗封回紇公主為毗伽公主，等於是對這一約定的認可。於是在回紇出兵助唐收復兩京之後，和親之事自然又被再一次提上議事日程。七五八年（唐肅宗乾元元年），回紇「又使請昏（婚）」時，秋七月，唐肅宗便令自己的第二個女兒寧國公主，出嫁回紇葛勒可汗。

根據《新唐書》〈諸帝公主傳〉記載，才貌雙全的寧國公主先是嫁給鄭巽，後又嫁給薛康衡，不幸兩位丈夫均英年早逝。當安史叛軍攻陷長安時，體弱多病的寧國公主正在家中守寡。眼看金枝玉葉就要落入叛軍之手，這時正準備一家出逃的妹妹和政公主扔下自己的三個孩子，從丈夫柳潭的手中奪過馬韁繩，一路策馬狂奔至寧國公主府，她用盡全力將姐姐寧國公主扶到馬背上，絕塵而去。在逃難的路上，和政公主讓寧國公主騎在馬上，自己則與柳潭在後面步行，為了躲避亂軍，有時一天要走上上百里的路，沒有哪一天不是累得筋疲力盡。但一路上，柳潭打水撿柴，和政公主燒水煮飯，從沒讓寧國公主餓著凍著②。

自漢高祖劉邦採取和親政策以來，有眾多來自中原王朝的公主含悲遠嫁邊蕃，但她們大多只是皇家宗室女或者宮女，甚至是罪臣之女。真正當朝皇家公主出塞和親的，在寧國公主以前可以說一個也沒有。唐肅宗之所以要拿出自己的親生女兒去和親，正因為回紇在前期平定安史之亂中立下了汗馬功勞，而安史之亂還在繼續，要想徹底平定叛亂，還得要借重回紇兵。因此，唐肅宗不得不加重和親的砝碼了。

乾元元年（七五八年）七月十七日，寧國公主從長安啟程，踏上了千里遠嫁之路。當天，京城裡的文武大臣、寧國公主的兄弟姐妹都出來為她送行，就連父親唐肅宗也親自把她送到了咸陽磁門驛。遭受國都被搶，倉皇出逃以及數月顛沛流離逃難生活的寧國公主自然知道此次自己出塞和親，是肩負著怎樣的定社稷、安黎元的重大使命，雖然她在和父親分手時早已淚流滿面，但還是堅定地說：「國家事重，死且無恨。」

唐肅宗作為皇帝，知道此次和親勢在必行，但作為父親，對於女兒吉凶難卜的出塞和親，他又是那樣的不忍和不捨。為了使遠在異域的女兒將來能夠少些磨難，有個伴兒，此次唐肅宗還特地令榮王李婉的女兒以「媵」（指古代嫁女時隨嫁或陪嫁的人）的身分陪嫁，讓她跟寧國公主一起嫁給葛勒可汗，這樣兩人在異鄉也就相互有個照應了。

為了使這次和親更顯得隆重，也為了女兒嫁過去後日子好過些，唐肅宗特地封葛勒可汗磨延啜為英武威遠毗伽可汗，他還選派一些重臣來擔任送親、冊命使。他以自己的堂弟漢中郡王李瑀為特進、試太常卿、攝御史大夫，任命他為冊命英武威遠毗伽可汗使；以堂侄左司郎中李巽為兵部郎中、攝御史中丞、鴻臚卿，任命他為冊命副使並兼充寧國公主的禮會使。唐肅宗還特派開府儀同三司、行尚書右僕射、冀國公裴冕把寧國公主送到唐與回紇的交界處。

三、天子真女　勢面盡禮

雖然唐朝君臣是如此的重視這次的婚禮，但是在回紇，卻未得到對等的回應。寧國公主一行千辛萬苦趕到回紇，當李瑀等送寧國公主到可汗牙帳時，葛勒可汗身著黃袍，頭戴胡帽，擺足了架子，傲慢地坐於帳中榻上，他不准李瑀進帳，然後盛氣凌人地對李瑀等進行反覆盤問。因為李瑀不肯對他下拜，葛勒可汗惱火地說：「兩國主君臣有禮，何得不拜？」李瑀也怒氣衝衝地回答：「唐天子以可汗有功，故將女嫁與可汗結姻好。比者中國與外蕃親，皆宗室子女，名為公主。今寧國公主，天子真女，又有才貌，萬里嫁與可汗。可汗是唐家天子女婿，合有禮數，豈得坐於榻上受詔命耶！」（《舊唐書》〈回紇傳〉）葛勒可汗聽說唐肅宗將自己的親生女兒送了來，這才起身下拜，接受冊封。次日，他冊立寧國公主為可敦。③

聽說唐天子送來自己的親生女兒，回紇酋長們一個個奔相走告：「唐國天子貴重，將真女來。」大唐君主給足了面子，葛勒可汗也覺得自己顏面有光，他把李瑀所帶來的繒彩衣服金銀器皿等，全部都分給了衙官、酋長等人，李瑀歸唐時，他又獻戰馬五百匹以及貂裘、白㲲等物。八月，也就是在寧國公主嫁過去沒多久，葛勒可汗即派王子骨啜特勒及宰相帝德等驍將三千人到唐，助唐平叛。唐肅宗「嘉其遠至，賜宴」，然後將他們劃撥給了朔方行營使僕固懷恩統領。九月，回紇又派大首領蓋將等帶著禮物來唐，感謝唐以真公主下嫁回紇，唐肅宗賜宴於紫宸殿，並賜物有差。十二月，葛勒可汗又使三名貴婦人帶著禮物到唐，「謝寧國公主之聘也」。可以說正是因為寧國公主的出嫁，雙方的往來變得頻繁了起來。

乾元元年（七五八年）九月，唐肅宗派郭子儀、李光弼等九節度使統兵二十餘萬（後增至六十萬）征討安慶緒，回紇王子骨啜特勒及宰相帝德等驍將三千人也參加了這一次行動。此次行動聲勢雖大，但不設統帥，並無統一指揮，唐肅宗只是以宦官魚朝恩為觀軍容宣慰處置使，監督諸軍行動。但這次行動一開始還有些進展，唐軍圍鄴城達四月之久，但就是久攻不下。後來，史思明率十三萬兵趕來增援，情勢開始發生逆轉。乾元二年的三月，兩軍在安陽河北大戰，一時狂風驟起，天昏地暗，唐軍驚退潰散，六十萬眾潰於城下。

鄴城潰敗之後，回紇王子骨啜特勒及宰相帝德等十五人自相州到長安，唐肅宗「宴之於紫宸殿，賞物有差」。之後，回紇特勒辭還行營，唐肅宗又是「宴之於紫宸殿，賜物有差」。他還封骨啜特勒為唐左羽林軍大將軍，員外置，銀青光祿大夫、鴻臚卿，員外置（所謂「員外置」，意思是說編制定員之外所置，這是唐朝的一種官制）。

此時，寧國公主在回紇已經生活八個月了。乾元二年（七五九年）四月，年老體衰的葛勒可汗因病去世，曾經領兵助唐收復兩京的可汗太子葉護已因罪被殺，葛勒可汗的次子移地健繼承了汗位，是為牟羽可汗，又稱登里可汗。沒想到葛勒可汗去世後，寧國公主卻因此經歷著一場生死劫難。原來，回紇有給死人殉葬的習俗。葛勒可汗去世後，回紇牙官、都督等人都逼迫未有子女又新婚不久的寧國公主為可汗殉葬。生死關頭，寧國公主表現出了大唐公主的威嚴與鎮定，她說：「我中國法，婿死，即持喪，朝夕哭臨，三年行服。今回紇娶婦，須慕中國禮。若今依本國法，何須萬里結婚！」（《舊唐書》〈回紇傳〉）回紇牙官等人見她態度如此堅決且又言之有理，都被她給鎮住了，也就沒有再堅持。寧國公主逃過死劫，但還是遵從回紇之俗，「剺面大哭」。「剺面」，就是按照回紇風俗，死者親屬等人圍著死者的停屍帳繞帳走馬七匝，每次走到帳篷門前就用刀劃面，邊劃邊哭，血淚俱流。

由於寧國公主在回紇時間較短，且又無子女，這一年的八月，回紇放寧國公主回國。唐肅宗上元元年（七六〇年），登里可汗派大臣俱錄莫賀達幹等人帶著禮物入朝，「並問公主起居」。此後，寧國公主一直在京城過著寡居的生活。到唐德宗貞元五年（七八九年）四月「議罷公主府，置邑司」，換言之寧國公主最起碼活到了那個時候。

以媵的身分陪嫁、跟寧國公主一起嫁給葛勒可汗的榮王李婉的女兒。她到回紇後，身分地位僅次於寧國公主，也跟葛勒可汗一起生活。寧國公主回國以後，她遵從回紇習俗，作了新可汗登里可汗的新娘，被回紇稱為「小寧國公主」。小寧國公主與登里可汗婚後先後生了兩個兒子。到天親可汗（即武義成功可汗）在七八〇年（唐德宗建中初年）即位後，小寧國公主出居於外，她跟登里可汗生的兩個兒子被天親可汗（後文咸安公主的丈夫）殘忍地殺害了。痛失愛子的小寧國公主在漠北孤苦伶仃地寡居了十一年後，於唐德宗貞元七年（七九一年）去世。也就是說，從七五八年嫁入回紇，小寧國公主前後在漠北生活長達三十三年之久。小寧國公主去世後，回紇遣使來唐告喪，唐德宗除派人弔祭外，還為之廢朝三日，以示哀悼。

附注

①據《資治通鑑》記載，唐之借兵回紇，雙方當初署有密約：「初，上欲得京師，與回紇約曰：『克城之日，土地、士庶歸唐，金帛、子女，皆歸回紇。』」因此在攻入長安之後，回紇即要求踐約，入城劫掠。唐軍主帥廣平王李俶不得不親拜於葉護太子馬前懇請：「今始得西京，若遽俘掠，則東京之人，皆為賊固守，不可復取矣。願至東京乃如約。」（《舊唐書》卷〈回紇傳〉）當哥哥的說了話，太子葉護只得作罷。但是在收復東京洛陽後，回紇兵再也忍不住了，他們「入府庫收財帛，於市井村坊剽掠三日而止，財物不可勝計」，整個洛陽城被洗劫一空。

②和政公主，父親唐肅宗，母親為章敬太后。她三歲時，母親病逝，被寄養於韋妃處。她機敏聰慧，服侍韋妃，以孝聞名，後嫁給柳潭。當初，柳潭哥哥柳澄的妻子，是楊貴妃的姐姐，權傾當朝，但公主從沒徇私於她，而當她去世後，和政公主卻如同母親般撫育著她的孩子。唐肅宗即位後，因和政公主孝順勤勞，下詔書賜給她田地，和政見妹妹寶章公主沒有賜地，遂把所賜田地讓給了她。

和政公主的哥哥代宗剛即位，她即向代宗陳述世間利弊及國家興衰之事，代宗每每採納她的意見。代宗因公主家貧，讓節度使給她億萬財富，和政一文不取。為了節約度日，她親自縫補綻開的衣服，她的兒子們都不穿絲綢衣服，只穿棉布衣。

廣德朝時，吐蕃又一次來攻，雖然公主剛生育不久，身體虛弱，但她堅持要進宮跟哥哥一起去商討相關應對計策。柳潭愛憐她，堅決阻止她去，公主動之以情地說：「君獨無兄乎？」不幸第二天，和政公主就因勞累過度，加之又無法哺育孩子，悲痛而逝。

③唐肅宗之所以冊封磨延啜為英武威遠毗伽可汗，還選派一些重臣來擔任冊命使，其實就是要磨延啜繼續接受自吐迷度至懷仁可汗皆由唐朝冊封任命的傳統，承認隸屬於大唐的政治羈縻關係。這對自恃有功於唐朝的葛勒可汗來說可謂是一場考驗。所以才會出現史書記載的那一幕。

戰火玫瑰凋　回首望鄉關

光親可敦
崇徽公主

一、罪臣之女 可汗可敦

一拓纖痕更不收，翠微蒼蘚幾經秋。
誰陳帝子和番策，我是男兒為國羞。
寒雨洗來香已盡，澹煙籠著恨長留。
可憐汾水知人意，旁與吞聲未忍休。

這一首〈陰地關崇徽公主手跡〉，出自《全唐詩》，作者為晚唐詩人李山甫①。陰地關在今山西省靈石縣境內。相傳，唐代宗當年嫁崇徽公主於回紇，當一行人行至山西汾州，道經靈石，即將出關的時候，戀戀不捨的崇徽公主懷著滿腔的怨楚，無奈而又絕望地伏靠在關口的石壁上，幽幽地回望長安，然後，她雙手在那個石壁上用力一推，竟然因此在石壁上留下了她手掌的痕跡！後來，有人即在此立了一座崇徽公主手痕碑，來記述這一典故。到了晚唐，詩人李山甫遊歷至此，感慨萬千的他遂作了這首詩。「誰陳帝子和番策，我是男兒為國羞」，看來，生在晚唐的李山甫是反對通過嫁女和親外蕃來換取暫時的和平，對像崇徽公主這樣成為當時政治犧牲品的和蕃女子遭遇，也表示深深的同情。

據相關史料記載，崇徽公主是以唐代宗第十女的身分在唐大曆四年（七六九年），出嫁回紇登里可汗的。但是她並不是唐代宗的親生女兒，只是一名養女。她真正的父親，乃是唐金微都督，既是唐平定安史之亂的大功臣，又是《新唐書》中的名列叛臣之首的僕固懷恩。

六四六年（唐太宗貞觀二十年），回紇與拔野古、同羅、僕骨、多濫葛等原鐵勒十一部遣使至唐，尊唐太宗為天可汗。六四七年正月，唐太宗在漠北推行府州制度，僕骨部被封為金微都督府，僕骨歌濫拔延被封為唐首位金微都督。後來，僕骨氏訛傳為僕固氏，僕固懷恩，即是僕骨歌濫拔延的孫子，他在父親乙李啜之後也同樣世襲為金微都督。僕固懷恩自幼驍勇果敢，「皆以善格鬥，達諸蕃情，有統御材」，是個高度漢化而又通曉邊陲各少數民族內情的邊將。安史之亂爆發後，僕固懷恩就跟隨朔方節度使郭子儀在雲中（今山西大同）大破賊兵，在馬邑斬殺了七千多名叛軍；又配合李光弼部在常山、趙郡、沙河等地苦戰，多次擊走史思明軍。唐肅宗即位後，僕固懷恩又馬上與郭子儀赴靈武勤王。在同郭子儀迎擊同羅部落時，由於先戰不利，僕固懷恩的兒子僕固玢兵敗投降，他後來又乘人不備隻身逃了回來，僕固懷恩大義滅親，「叱而斬之」。見到將軍連親兒子都不饒恕，將士們無不以一當百，殊死拚鬥，大破同羅部落，收繳器械、駝馬無數。

唐肅宗至德二年（七五七年）初，僕固懷恩又跟從郭子儀攻克馮翊、河東兩郡，襲破潼關。不久，叛軍將領安守忠等率軍進攻唐軍，雙方苦戰兩天，唐軍不支潰敗，僕固懷恩退至渭水，由於沒有舟船，他抱著所騎戰馬的脖子渡河，倖免一死。在唐收復長安、洛陽兩京的戰鬥中，僕固懷恩帶領回紇騎兵，與唐軍協同作戰，屢立殊功。他先後因功加開府儀同三司、鴻臚卿、同節度副使，封豐國公。

唐肅宗乾元元年至乾元二年（七五八～七五九年），僕固懷恩跟隨郭子儀作戰，「堅敵大陣，必經其戰，勇冠三軍」。兒子僕固瑒隨父出生入死，軍中號為「鬥將」。乾元二年，僕固懷恩被封為大寧郡王，遷御史大夫、朔方行營節度。而此時，他的女兒已經嫁入回紇兩年，並成為回紇新可汗的可敦（皇后）。

史書上一般稱僕固懷恩的這個女兒為光親可敦，《資治通鑑》則稱其為「登里可敦」，因為她嫁給了回紇的登里可汗。登里可汗又叫牟羽可汗，乃是上一章寧國公主的丈夫葛勒可汗的次子，名叫移地健，他於七五九年（唐肅宗乾元二年）繼位為回紇可汗。《舊唐書》〈回紇傳〉記載：「先是，肅宗以寧國公主下嫁於毗伽闕可汗，毗伽闕可汗又以少子請婚，肅宗以懷恩女妻之，毗伽闕可汗死，少子代立，即登里可汗。登里立，以懷恩女為可敦。」原來，僕固懷恩的女兒是於乾元元年（七五八年）與寧國公主同時嫁入回紇的。而此時，小寧國公主，以「媵」的身分嫁於葛勒可汗（毗伽闕可汗）的榮王李婉的女兒，也根據回紇習俗成為登里可汗的新娘，只不過回紇也講究先來後到，雖為王爺的女兒，也只能委屈於光親可敦之下。

其實，僕固懷恩在七五八年除了光親可敦，應該還有一個女兒也嫁到了回紇。僕固懷恩在廣德元年（七六三年）八月上書唐代宗：「臣有二女，俱聘遠蕃，為國和親，合眾討難。」僕固懷恩死於唐代宗永泰元年（七六五年）九月，他所指的「二女」當然不會包括後來在唐代宗大曆四年（七六九年）五月出嫁回紇的崇徽公主了。所以在七六五年之前，僕固懷恩應該是有兩個女兒嫁入了回紇。

由此不難看出作為唐金微都督的僕固懷恩以及所部跟唐、回紇之間的關係。無論從哪個角度講，僕固部都是與唐更親，更為「漢化」一些，但是他們跟北方諸蕃又有著千絲萬縷的聯繫。而整個安史之亂，唐正是利用這種聯繫，借回紇等諸蕃之力來平定安史之亂。

唐肅宗乾元二年（七五九年）三月，唐軍與叛軍在安陽河北大戰，唐軍驚退潰散。此後，史思明殺死了安慶緒，接收了安慶緒的部隊，兵還范陽稱大燕皇帝。九月，史思明統兵南下，又再度占領了洛陽。唐肅宗上元二年（七六一年）三月，史朝義殺其父史思明，自立為帝。

七六二年四月，唐肅宗去世，太子李俶（已更名豫）即位，是為代宗，改元寶應。為迅速平定安史之亂，代宗即位沒多久，即派中人劉清潭前往回紇再一次借兵。可此時回紇的情勢跟以前已經是大不相同了。

其實，在回紇內部，一直存在著親唐派和獨立派，前者比如前太子葉護，他們就跟僕固懷恩一樣，基本上把自己就看成大唐的一員，後者如登里可汗等一大批回紇貴族，他們總是認為與唐之間純粹是一種利益交互的關係，登里可汗非但不是親唐派人物，反而可以說是一個「輕唐派」。而早在劉清潭出使回紇之前，史朝義已經搶先一步派人去了回紇，他們誘惑登里可汗：「唐薦有喪，國無主，且亂，請回紇入收府庫，其富不貲。」（《新唐書》〈回鶻傳〉）登里可汗聽進去了，於是在這一年（七六二年）的八月，就和光親可敦一起，帶著那些英勇善戰的回紇騎兵耀武揚威南下了，一路燒殺搶掠，自不待言。在這種情形下，當劉清潭帶著詔書到達回紇時，登里可汗對劉清潭說：「人言唐已亡，安得有使邪？」這麼荒誕的發言有兩種解釋，一種是史朝義已派人通報登里可汗，說唐朝已亡，回紇人就信以為真了；一種就是登里可汗這時根本就沒把唐代宗主政的唐朝放在眼裡，故意這樣說給劉清潭聽。好在劉清潭還算機靈聰明，他不慌不忙回答道：「先帝雖棄天下，廣平王已即天子位，其仁聖英武類先帝，故與葉護收二京、破安慶緒者，是與可汗素厚，且唐歲給回紇繒絹，豈忘之邪？」（《新唐書》〈回鶻傳〉）劉清潭這幾句話稱得上是綿裡藏針，說到點子上了。但此時的登里可汗，已經揮軍攻下唐朝三座城池，且「見州縣榛萊，烽障無守，有輕唐色。」（《新唐書》〈回鶻傳〉）他根本就不把大唐放在眼裡，更別說一個使臣了。劉清潭見登里可汗不懷好意，派人密告唐代宗，說回紇有十萬兵正入塞南下，要朝廷提防。唐代宗急遣殿中監藥子昂以勞軍名義，前去探聽虛實。藥子昂與登里可汗及光親可敦相會於忻州，他一面拿出犒勞物質，與可汗虛與委蛇，一面派人偷偷察看回紇虛實，結果數得這次回紇共有士兵四千人，婦孺老弱萬餘，馬有四萬匹。得到藥子昂的密報後，唐代宗這才稍稍安心。

光親可敦和登里可汗到了太原後，派人告訴唐代宗，他們這次來，想要與僕固懷恩及僕固懷恩的老母親見上一面。光親可敦嫁入回紇，跟家人這一別就是四年，這次好不容易南下一趟，豈能錯過這相聚的機會？唐代宗馬上就答應了他們的要求，叫僕固懷恩從汾州到太原去跟他們見面。然而，旨意下達後，僕固懷恩卻因為害怕蒙上與回紇私通的嫌疑（後來事實證明，他的這一擔心是有道理的），不想去見女兒、女婿。唐代宗「賜鐵券，手詔以遣之」，並且要他的母親也趕緊出發，僕固懷恩這才到太原跟女兒、女婿見了面。僕固懷恩勸他們夫婦倆絕對不能違背國家恩信，不要做對不起大唐的事情，「可汗大悅，遂許助討（史）朝義，於是進兵。」（《舊唐書》〈僕固懷恩傳〉）登里可汗答應助唐平叛，一場危機終於化解於親情之中。②

這一年十月，唐代宗以自己的兒子，天下兵馬元帥、雍王李適為中軍先鋒，以藥子昂兼御史中丞，右羽林衛將軍，魏琚為左右廂兵馬使，中書舍人韋少華為元帥判官，御史中丞李進為行軍司馬，唐代宗還加僕固懷恩同中書門下平章事，令他節度諸軍，做李適的副手。李適與僕固懷恩二人領軍東會回紇，準備聯手討伐史朝義軍。

一開始，僕固懷恩與回紇左殺為先鋒，帶領朔方軍與回紇兵在黃水一帶，分別從東北西南，兩面夾擊，「兩軍舉旗內應，表裡擊之，一鼓而拔，賊死者數萬」。史朝義領十萬騎兵來救，結果被打得落花流水，死傷無數，不得不輕騎逃遁。唐軍一舉收復了東京及河陽城之後，僕固懷恩又領軍一鼓作氣，乘勝北逐，下鄭州、降汴州、拔滑州，相、衛、洛、邢、趙、深、恒、定、易諸州又相繼降唐。史朝義逃至歸義縣召集人馬，妄圖負隅頑抗，又被追及的平叛聯軍打得再一次落荒而逃。為斬草除根，僕固懷恩之子僕固瑒率領回紇騎兵喋血兩千里，一路追擊，一直追史朝義到平州的石城縣（今河北豐潤）。窮蹙之下，七六三年（廣德元年）正月，史朝義於林中自縊而亡。史朝義一死，餘眾紛紛投降，歷時七年又兩個月的安史劫難至此終於結束。

此次平叛，回紇兵無疑也是跟上兩次一樣，是有大功勞的③，唐代宗對這些來自異域的平叛功臣們，大加封賞。廣德元年（七六三年）七月，他特派散騎常侍兼御史大夫王翊到可汗行營，加冊可汗為「登裡頡咄登密施含俱錄英義建功毗伽可汗」，可敦為「婆墨光親麗華毗伽可敦」。封左殺為雄朔王，右殺為寧朔王，胡祿都督為金河王，拔覽將軍為靜漠王，其他諸都督並封為國公。

二、群小挑撥　僕固叛反

在平定安史之亂的戰爭中，僕固懷恩一家也是立下赫赫戰功，正如他自己所言「兄弟死於陣敵，子侄沒於軍前，九族之親，十不存一，縱有在者，瘡痍遍身」（《舊唐書》〈僕固懷恩傳〉）。一門之內先後竟然有四十六人戰死沙場。當然，唐代宗也沒有虧待他，先是封他為河北副元帥、尚書左僕射兼中書令、靈州大都督府長史、單于鎮北大都護、朔方節度使，後又加封他太子少保，充朔方都知兵馬使、同節度副大使，並賜予一子五品官，真可謂是皇恩浩蕩了。然而，稱得上是蜜裡調油的君臣關係，卻在戰爭剛剛結束即遭到徹底逆轉，直弄得君臣反目，刀戈相加。

原來，安史之亂平定後，唐代宗便下詔令僕固懷恩引登里可汗一班回紇兵馬回其原屬地。僕固懷恩於是護送女兒女婿經太原返回回紇。早先，僕固懷恩初到太原時，太原尹、金城郡王辛雲京因懷疑登里可汗入塞是僕固懷恩這個丈人招來的，怕回紇軍趁機打劫太原，閉城不出。這回僕固懷恩送登里可汗、光親可敦回去，路經太原時，辛雲京又仍舊閉門不納。

見辛雲京如此對待自己，功高蓋天剛剛被皇上加封了一大堆頭銜的僕固懷恩哪能容忍！他一怒之下，上表彈劾辛雲京，並屯軍汾州，想讓唐代宗下詔斬了辛雲京後，再和女兒、女婿出塞。

此時正好大太監駱奉先到太原辛雲京處辦事，辛雲京就對他說：「懷恩與可汗為約，逆狀已露。」從太原城出來，駱奉先又來到僕固懷恩大營。僕固懷恩的母親見了駱奉先，很不高興，她責備駱奉先說：「爾等與我兒約為兄弟，今又親雲京，何兩面乎？雖然，前事勿論，自今母子兄弟如初。」（《舊唐書》〈僕固懷恩傳〉）駱奉先聽了這話，心中一愣，吃過晚飯後，他就自稱有急事，固辭要走。僕固懷恩道：「明日端午，請宿為令節」，熱情挽留駱奉先過了端午節再走，並派人把他的馬藏了起來。僕固懷恩本是誠心待客，卻弄得駱奉先疑懼頓起：「向者責吾，又收吾馬，是將害我也。」（《舊唐書》〈僕固懷恩傳〉）他越想越怕，半夜時分爬牆而逃。

第二天早晨，僕固懷恩見大太監已經無影無蹤，他連忙派人帶著一大包金銀連同馬匹追趕上駱奉先，希望能夠消除誤會。雖如此，驚魂未定的駱奉先一回朝，還是馬上上奏唐代宗，說僕固懷恩要造反。知此訊後，僕固懷恩也上表，請誅辛雲京、駱奉先。唐代宗當然對三人都非常了解，他充當和事佬，下手詔給三人，要他們摒棄怨隙，和好如初。

廣德元年（七六三年）的七月，唐代宗改元廣德，加封僕固懷恩為太保，並「賜鐵券，以名藏太廟，畫像於淩煙閣」。不久，又封僕固瑒為御史大夫，朔方行營節度。這一年九月，唐代宗因回紇近塞，兩將不和，便派黃門侍郎裴遵慶帶著手諭到汾州去調解。僕固懷恩心中冤屈難申，一見到裴侍郎，就抱著他的雙腿號泣不已。裴遵慶向他傳達了代宗推心至誠之意，讓僕固懷恩跟他一起入朝面君，以解嫌疑。僕固懷恩滿口允諾，打點行裝準備上路，這時副將范志誠對他說：「公以讒言交構，有功高不賞之懼，嫌隙已成，奈何入不測之朝？公不見來瑱、李光弼之事乎！功成而不見容，二臣以走、誅。」（《舊唐書》〈僕固懷恩傳〉）僕固懷恩越想越覺得有道理，就以怕死為藉口，拒絕去長安。裴遵慶只得回朝復命。

恰在此時，御史大夫王翊冊封登里可汗及光親可敦返回，路過僕固懷恩駐地，僕固懷恩怕他回去將自己和登里可汗有往來的事情添油加醋地告訴皇上，就將王翊留在那兒。殊不知他這樣做，反而更加引起朝廷上下的諸多猜疑，逼得僕固懷恩似乎不得不反了。於是乎，僕固懷恩索性一不做二不休，令兒子僕固瑒進攻太原辛雲京，結果被打得大敗。

見兒子反叛朝廷，僕固懷恩的母親十分生氣，她怒叱僕固懷恩道：「我戒汝勿反，國家酬汝不淺。今眾變，禍且及我，奈何？」僕固懷恩無言以對，只得再拜而出。老太太提刀追趕，大罵：「吾為國殺此賊，取其心以謝軍中！」（《新唐書》〈僕固懷恩傳〉）僕固懷恩只得帶了三百名親隨，渡河逃到靈武，召集亡命散卒，重整隊伍。

唐代宗念僕固懷恩曾為大唐立下輝煌戰績，不欲加罪，他派人把僕固懷恩的母親接到長安，好生供養著。不久，老太太「以壽終」，並沒有因兒子的叛逆而被殺。另外，為了安撫僕固懷恩，唐代宗仍遙拜他為太保兼中書令、大寧郡王，只是下詔罷免了他的軍職。但僕固懷恩鐵勒人本性，開弓沒有回頭箭，到了靈武後，他索性誘結吐蕃，與回紇等諸蕃兵馬攻陷豐州，進掠涇、汾一帶。吐蕃將領論悉諾（漢名馬重英）率領吐谷渾、黨項、氐、羌等族二十多萬人馬一路殺向京城長安。唐代宗無計可施，只得倉促離京東走陝州，文武百官也都作鳥獸散，長安城大亂。

攻下長安後，論悉諾立故邠王（雍王）李守禮的兒子李承宏為帝，改元大赦，設置百官。郭子儀從商州到武關一路收集四千人馬，派人白天敲鑼打鼓搖旗吶喊，夜晚又燃起許多火堆，向長安進發。另外，大將長孫全緒還設法派人混進長安，暗中召集幾百名長安少年，半夜裡在朱雀街上敲鑼打鼓大喊大叫。論悉諾以為郭子儀的軍隊已經進城，遂率吐蕃軍連夜撤出長安城西逃，這樣陷落了十五天的長安又回到唐軍手中。時為廣德元年十月。

唐代宗永泰元年（七六五年）九月，僕固懷恩謊稱代宗和郭子儀都已死去，又聯絡回紇、吐蕃幾十萬大軍再一次進攻長安，一直打到長安北邊的涇陽。恰在此時，僕固懷恩在率軍至鳴沙縣（今寧夏回族自治區中寧縣東鳴沙鎮）時，突感身體不適，幾天後即暴死於靈武，其屬下依鐵勒舊俗將他火葬。

三、姐姐去世　妹妹出嫁

聞僕固懷恩暴薨後，唐代宗唏噓不已：「懷恩不反，為左右所誤耳。」他把僕固懷恩最小的女兒接入宮中，當作自己的女兒般地養育著。

光親可敦夫婦對僕固懷恩叛唐，應該算是積極支持的，這從回紇軍隊加入了僕固懷恩的叛軍隊伍可以得到證明（當然，他們的主要目的還是為了趁火打劫）。僕固懷恩死後，光親可敦夫婦還派人面見郭子儀，要求赦免僕固懷恩的兒子：「懷恩子，可敦兄弟，請勿殺之」，從刀下救下了僕固家族僅存的一點血脈。大曆三年（七六八年）七月，光親可敦去世，回紇遣使來報，唐代宗派右散騎常侍蕭昕持節吊祠。

光親可敦嫁入回紇這十年，歷經了安史之亂、父親的起兵與暴亡，跟丈夫數次南下中原，先是助唐平叛，後又助父叛唐，猶如一朵戰地玫瑰，飽經戰火，在硝煙中頑強開放。顯然戰爭讓她經歷太多的艱難與無奈，也讓她年紀輕輕即撒手人寰，留下的，是對自己不多的幾個親人永遠的不捨與留戀。

光親可敦臨終前，拉著深愛著自己的丈夫的手，千叮萬囑，要可汗一定要善待她的家人。於是，光親可敦去世後，登里可汗就派人到長安，指名要被唐代宗收養的僕固懷恩幼女作為他的繼室。唐代宗一開始沒有應允，後來登里可汗又一而再再而三的要求，甚至武力威脅，唐代宗只好答應了。大曆四年（七六九年），唐代宗冊立僕固懷恩幼女為崇徽公主，讓她以大唐公主的身分堂堂正正出嫁回紇。

從《全唐文》〈冊崇徽公主〉文，看得出唐代宗對僕固懷恩的小女兒愛如己女，對她出塞和親也是寄予了厚望。為了給女兒一份像樣的嫁妝——兩萬段繒彩，好讓她能夠體體面面的出嫁，甚至不惜下詔，向公卿的騾、馬徵稅。此時，經過多年的戰亂，昔日的盛唐早已是滿目瘡痍，財政拮据得連官員「薪水」都發不出來了：「時帑藏空虛，朝官無祿俸，隨月給手力，謂之資課錢。」（《舊唐書》〈回紇傳〉）因此，國庫中連一份皇帝女兒的嫁妝錢都拿不出來了。

這一年六月，崇徽公主辭別「養父」唐代宗，踏著當年姐姐的腳印，走上千里和親之路。唐代宗詔令宰相及百官將崇徽公主送至中渭橋，隨後，崇徽公主在兵部侍郎李涵、祠部郎中董晉的護送下，一路北上。

崇徽公主出嫁回紇可汗，或許是一種再好不過的歸宿了，因為那裡畢竟有姐姐打下的底子，還有當葉護的哥哥和侄女等親人，而且生活環境與習俗也比較不陌生。然而，讓一個弱冠及笄的少女走向漫漫大漠，畢竟是攸關命運的終生大事。正因如此，崇徽公主也和其他和親公主一樣，是懷著極其複雜沉重的心情，一步三回頭地走出塞門，所以，才有那個苔蘚累累、滿懷幽怨的手痕碑。

附注

①李山甫，生卒年不詳，約唐僖宗乾符初（八七四年）前後在世。他累舉不第，鬱鬱不得志，流寓河朔間，黃巢之亂後不知所終。李山甫文筆雄健，名著一方，著有詩集一卷，賦集二卷，並傳於世。

宋仁宗嘉祐四年（一〇五九年），歐陽修有感於李山甫《陰地關崇徽公主手跡》中「誰陳帝子和番策，我是男兒為國羞」詩句，作《唐崇徽公主手痕和韓內翰》一詩：

故鄉飛鳥尚啁啾，何況悲笳出塞愁。
青塚埋魂知不返，翠崖遺跡為誰留？
玉顏自古為身累，肉食何人與國謀。
行路至今空嘆息，岩花澗草自春秋。

詩中腹聯「玉顏自古為身累，肉食何人與國謀」這兩句顯然是承李山甫詩中「誰陳帝子和番策，我是男兒為國羞」引申而來，但立意更高，詞鋒也更犀利。大概是有感於對外屈辱的現實，宋人對這兩句極為推崇，南宋朱熹更說這兩句鋒刃利，議論好，「以詩言之，是第一等好詩；以議論言之，是第一等議論」（《朱子語類》）。

②至於從何路進軍到平叛前線，登里可汗跟唐代表藥子昂也進行了好一陣商討，一開始，回紇

想「自蒲關入，取沙苑路，由潼關東向破賊」，藥子昂認為不可，理由是「國家頻遭寇逆，州縣虛乏，難為供擬，恐可汗失望」，然後他又先後提出了三條進軍路線，一是「取土門路入，直取邢、洺、衛、懷」，二是「取懷州太行路，南據河陰之險，直扼賊之喉」，三是「取陝州太陽津路，食太原倉粟而東，與澤潞、河南、懷鄭節度同入。」（《舊唐書》〈回紇傳〉）其實這進軍路線之爭，說到底乃是利益之爭，回紇根據前兩次援唐的經歷，自然把這一出一進的沿途劫掠看作是理所應當的「賞賜」，自然是哪兒富庶就從哪兒走。代表朝廷的藥子昂為了保證關中不再受回紇的蹂躪，採取了犧牲河東地區的策略，提出的三條行軍路線，都是經過山西直接到平叛前線。登里可汗最後同意從第三條路線進軍至陝州黃河北（當然一路上少不了順手牽羊，巧取豪奪），等待與唐軍聯手平叛。

③回紇當然不會白白出力，當回紇兵進於河陽時，即「列營而止數月。去營百餘里，人被剽劫逼辱，不勝其弊。」回紇兵到了東京洛陽，那更是燒殺搶掠，無所不作，以至於「士女懼之，皆登聖善寺及白馬寺二閣以避之。」喪心病狂的回紇兵竟然縱火焚燒這兩閣，以致「傷死者萬計，累旬火焰不止。」（《舊唐書》〈回紇傳〉）回紇的燒殺搶掠，竟弄得整個洛陽城及周邊地區家家屋淨，個個無衣，「人悉以紙為衣，或有衣經者。」

咸安公主

四嫁回紇王　調解絹馬價

咸安公主是唐德宗李適的第八個女兒，也是唐朝第二位踏上遠嫁之路的天子真女。其實一開始，唐德宗不要說是讓親生女兒出塞，他壓根兒就沒打算再與回紇和親，原因出於他父親唐代宗寶應元年（七六二年）的十月，作為天下兵馬元帥、雍王的李適（也就是日後的德宗）與僕固懷恩領軍赴陝州黃河北，準備與回紇聯手討伐史朝義軍。一到回紇軍駐地，李適就帶著藥子昂、魏琚、韋少華等隨從去見登里可汗。誰知剛一見面，登里可汗就責怪李適不肯向他下跪，對他禮數不周，想藉機擺擺回紇可汗的威風，羞辱大唐。藥子昂對可汗說，雍王是唐肅宗嫡孫，現在肅宗和皇后剛去世，有孝在身，不宜下跪。回紇宰相、車鼻將軍就氣勢洶洶地說：「唐天子與登里可汗約為兄弟，今可汗即雍王叔，叔侄有禮數，何得不舞蹈？」藥子昂反覆說明，元帥身有喪禮，不宜下跪，更何況「元帥即唐太子也，太子即儲君也，豈有中國儲君向外國可汗前舞蹈？」一見說不過藥子昂，惱羞成怒的回紇車鼻將軍就命人將藥子昂、李進、韋少華、魏琚「各捞捶一百」，「以（雍）王少年未諳事，放歸本營。」一百錘！又是彪悍強壯的回紇人打的，結果韋少華、魏琚當晚回營即活活疼死了，藥子昂、李進躺在床上好多天才能爬起來（《舊唐書》〈回紇傳〉）。杜甫〈遺憤〉詩中「莫令鞭血地，再濕漢臣衣」寫的就是這件事。

這件事對唐朝和唐德宗本人來說，都是莫大的恥辱，是揮之不去的隱痛。所以，回紇只要提出和親，唐德宗每次都是毫不猶豫地予以拒絕。唐德宗後來之所以改變心意，而且還拿出了自己的親生女兒，這就要從當時唐朝內外的情勢以及回紇與唐朝的關係說起了。首先，經過安史之亂後的唐德宗時期的唐朝，已經不再是唐太宗、唐玄宗時的「天朝」了，唐德宗早已不可能像他的老祖宗那樣霸氣地對待諸蕃國，而此時曾經助唐平定安史之亂，經合法賞賜與非法掠奪獲得大量中原財物與人口的回紇，卻是越來越強大。趾高氣揚的回紇士兵，在長安城裡肆無忌憚地搶劫殺人，無論是地方政府還是中央機關，對此只能是聽之任之，毫無辦法。

自唐代宗將僕固懷恩的幼女，也是自己的養女封為崇徽公主，出嫁回紇登里可汗後，唐與回紇的關係表面上像是正常化了。回紇人經常趕著馬匹來長安，繼續跟唐進行以馬換絹的交易。回紇在京師長安以及其他幾個北方城市，開設有類似現在「領事館」等外交辦事機構，有為數不少的「使臣」長年駐紮。但這些回紇使者們往往仗著自己助戰有功，有恩於大唐，到了大唐這樣的溫柔富貴之鄉後就想方設法賴著不走，皇上「特詔厚賜遣之」，他們也厚著臉皮賴著，花費自然全由唐朝政府開支。而更惡劣的是，這些人在吃飽喝足之餘，還不遵紀守法，到處打砸搶掠、為非作歹。唐代宗大曆六年（七七一年）正月，幾名回紇人就擅自離開鴻臚寺（唐代專門負責管理外交事務的機構）出入坊間，搶人財物，掠人子女，被當地官員阻止後，他們又以三百騎（竟然還有駐軍！）侵犯長安的金光門、朱雀門。為防萬一，整個長安城只好諸門盡閉。大曆十年九月，又有幾個強悍的回紇人大白天在長安東市尋釁鬧事，行兇刺人，有市民當場將他們抓獲並送到萬年縣監獄給關了起來。結果無法無天的回紇人在長安的首領赤心，竟然自鴻臚寺飛馬至萬年縣，砍傷獄吏，劫囚而出！

大曆十三年正月，遠在漠北的回紇騎兵還入侵太原、榆次、太谷諸城，在陽曲將唐太原尹兼御史大夫鮑防打得大敗，殺死了一千多名唐朝士兵。後來，還是代州都督張光晟在羊武穀狠狠教訓了他們一通，這些不可一世的回紇兵才退回了漠北。

大曆十四年（七七九年）五月，唐代宗去世，太子李適繼位，是為德宗。唐德宗即位不久，即遣中官梁文秀赴回紇，一是告哀，二是想儘量改善一下目前雙方的關係。然而此時在回紇可汗牙帳，那些「九姓胡」首領們（主要來自康國，即粟特）正在勸說登里可汗，要他乘唐喪亂新舊交替之際，舉國南下，奔襲大唐。登里可汗想到與昔日的雍王，當今的皇上的那麼一段「過節」，他也就準備帶著那些狂妄的九姓胡們大舉南下，對於唐德宗所放出的善意，他哪裡還會在乎？所幸此時的回紇，還有幾個明白人，回紇宰相頓莫賀達幹就勸登里可汗：「唐，大國也，且無負於我。前年入太原，獲羊馬數萬計，可謂大捷矣。以道途艱阻，比及國，傷耗殆盡。今若舉而不捷，將安歸乎？」（《舊唐書》〈回紇傳〉）但狂妄自大、一意孤行的登里可汗早已是利令智昏了，哪還聽得進別人的勸告？眼看著回紇跟唐就要被拖入一場災難之中，頓莫賀達幹索性利用眾人對他的擁護，發兵將登里可汗和他的親信、那些九姓胡人共兩千餘人全部殺死，自己即可汗位，自號為合骨咄祿毗伽可汗。他「垂髮不剪，待天子命」，派酋長建達幹隨梁文秀來長安告變求封。時為唐德宗建中元年（七八〇年）。

唐德宗聽說登里可汗被殺，高興之餘，立即封頓莫賀達幹為武義成功可汗，並遣京兆尹源休帶著賀禮持節趕赴回紇去進行冊封。

而就在這期間，發生了一件大事，這事不但使冊封之事一拖再拖，也使唐與回紇之間產生了更大的糾葛與怨恨。

原來，每次回紇遣使大唐，「常參以九姓胡，往往留京師，至千人。」這些九姓胡人很善於經商。他們或是作為代理人替回紇經營，或是憑藉回紇勢力自己經營，方式儘管不同，獲利總是極厚。另外，他們還利用唐朝廷對他們的特別忍讓，「殖貨縱暴，與回紇共為公私之患」。唐德宗建中元年，也就是合骨咄祿毗伽可汗求封之際，正好回紇酋長突董、翳蜜施、大小梅錄等帶著一大幫九姓胡人還國。這一幫人到了振武，又賴在那裡讓地方上好吃好喝地招待了三個月。這時唐朝有一個軍使，也就是在羊武穀狠狠教訓了回紇人一通的張光晟，他看到那些人用馬車載著許多的大口袋（橐），覺得有點奇怪，就叫驛吏用長錐去刺一下。這一刺，把張光晟嚇了一大跳，原來，這一個個大口袋裡裝的，竟然是他們從長安一路搶劫來的年輕女子！張光晟氣極了，他暗地裡準備，想尋機救下這些可憐的女子。正好這時回紇發生政變的事情傳到了振武，這裡面的九姓胡人聽說頓莫賀達幹新立，殺了好多他們九姓胡人，一個個嚇得都不敢再回回紇了，可是突董「察視嚴極」，他們想逃也逃不了。於是這些人就私下遊說張光晟，要他殺了回紇人。張光晟一聽，正中下懷。他暗暗吩咐一名手下，讓他故意去冒犯突董等人，「突董果怒，鞭之」，張光晟就以此為藉口，先下手為強，「勒兵盡殺回紇群胡，收橐它（駱駝）、馬數千，繒錦十萬。」收拾了這群人，張光晟一面快馬飛報朝廷，一面將那些解救的女子送了回去。

唐德宗聞報，心裡自然十分愜意。他一面遣中人與回紇使建達幹一起到回紇去向可汗說明原委，一面「敕源休俟命太原」，先不要忙著去冊封新可汗。此時，唐德宗「因欲與虜絕」，就想借此與回紇斷絕關係算了。

這樣一直到第二年，也就是建中二年（七八一年），在回紇不斷地催促之下（在回紇人眼裡，得不到唐朝的冊封，這可汗也就有點名不正言不順了），唐德宗才令源休帶著突董等四人的屍體去了回紇。令唐人沒有想到的是，突董，他竟然是回紇新可汗頓莫賀達幹的「諸父」（伯伯或叔父），這下子當然有點難以交代了，當源休一行到了回紇，回紇大相頡幹迦斯傲慢地坐著迎接他們，一見面，回紇人就從四面八方湧來，氣勢洶洶地責問唐朝為什麼要殺了突董等人。源休辯解道：「彼自與張光晟鬥死，非天子命。」頡幹迦斯兇狠地說：「使者皆負死罪，唐不自戮，何假手於我邪？」威脅著要殺源休，「良久罷去，休等幾死」。雖然是保住了一條命，但休源等人提心吊膽在回紇待了五十多天，頓莫賀可汗連面都沒有露一下。直到源休等人臨回國，可汗才派人傳來話：「國人皆欲爾死，我獨不然。突董等已亡，今又殺爾，猶以血濯血，徒益汙。吾以水濯血，不亦善乎？」（《新唐書》〈回鶻傳〉）除了宣告不以血洗血，冤冤相報，頓莫賀可汗還讓回紇散支將軍康赤心等隨源休去長安，向唐要那拖欠的一百八十萬的馬價絹。當然唐德宗也只能隱忍不發，以金繒打發那些回紇使者了事。

二、德宗無奈　女兒出塞

這件事雖然過去了，但是雙方間的「樑子」算是結下了。這以後，唐與回紇基本上處於不冷不熱的狀態。唐德宗貞元三年（七八七年）八月，武義成功可汗（頓莫賀達干）遣首領墨啜達幹、多覽將軍合闕達幹等來唐，敬貢方物，求娶大唐公主。武義成功可汗這樣做，自然是想借大唐這張牌來鞏固自己的統治（他畢竟是弒君自立），提升回紇在諸蕃中的地位，增加回紇在西域與吐蕃爭鋒的籌碼。唐德宗因即位前七六二年的那樁事，心裡始終疙疙瘩瘩的，故而自即位以來一直採取結盟吐蕃來對付回紇的策略，所以儘管回紇多次遣使來唐，「屢求和親」，他總是一口回絕，他對宰相李泌說：「和親待子孫圖之，朕不能已」，只要他在位一天，他是不會同意與回紇和親的。

李泌就對唐德宗說：「辱少華等乃牟羽（登里）可汗也，知陛下即位必償怨，乃謀先苦邊，然兵未出，為今可汗所殺矣。今可汗初立，遣使來告，垂髮不剪，待天子命。而張光晟殺突董等，雖幽止使人，然卒完歸，則為無罪矣。」他進一步勸德宗：「回紇可汗銘石立國門曰：『唐使來，當使知我前後功』云。今請和，必舉部南望，陛下不之答，其怨必深。」（《新唐書》〈回鶻傳〉）他要唐德宗明瞭，此時的回紇，兵強馬壯，恃功自傲，是得罪不起的，要不然，「舉部南望」「其怨必深」，必然會鬧出亂子來。李泌希望德宗摒棄前嫌，如果回紇可汗向唐稱臣，答應將每次來朝的人數限制在兩百以下，馬絹交易每次馬匹不過千，也不再掠唐人出塞，那麼在此條件下，不妨答應與之和親，嫁一位公主過去。唐德宗考慮到回紇跟唐的既往關係，考慮到回紇武義成功可汗還算是回紇中的「親唐派」，現在他想要通過和親來改善雙方關係，當然也是為了鞏固自己的地位，道理上應該支持他。而更加令唐德宗不得不妥協的是，此時的吐蕃已化友為敵，唐朝急需與回紇結盟，來共同對付咄咄逼人的吐蕃。原來，在這一年（七八七年）的農曆四月，唐與吐蕃之間發生了平涼劫盟事件①，這一事件讓唐德宗想通過結盟吐蕃來共同對付回紇的戰略設想徹底泡了湯。這時，李泌乘勢提出了「北和回紇，南通雲南，西結大食、天竺」以對抗吐蕃的外交思路。唐德宗知道，此時他已別無選擇了。於是，趁著回紇使者還在長安，他「詔咸安公主下嫁，又詔使者合闕達幹見公主於麟德殿，使中詒者齎公主畫圖賜可汗」。為做到真正能夠結盟回紇，不至於使唐在西域腹背受敵，他不得不下大本錢拿出自己的親生女兒來。使者臨走時，唐德宗除了讓他們帶著咸安公主畫像給武義成功可汗，還將唐拖欠的五萬匹馬價絹讓他們帶回去，以示修好和親的誠意。

能夠娶到大唐真公主，武義成功可汗自然喜出望外。第二年，也就是貞元四年，即派他的妹妹骨咄祿毗伽公主率領五十六位回紇大酋婦人，並帶著三千匹馬的聘禮，浩浩蕩蕩來迎娶咸安公主。之後，為壯聲勢，也為路上安全起見，可汗又讓回紇宰相跌跌率領千餘人，也來大唐迎親。結果這一行人行至振武，被室韋軍團團圍住，激戰中宰相跌跌被打死，其餘的人突出包圍後繼續向長安進發。

唐德宗見回紇來了這麼多人，擔心又會在京城引起不必要的騷亂，就下詔讓回紇迎親使團在朔州和太原先留下七百人，其餘到長安後統一住鴻臚寺，不得隨意外出。這一年十月，迎親使團抵達長安，唐德宗在延喜門接待了他們。武義成功可汗雖然未親自來長安迎親，但他託使者上書唐德宗：「昔為兄弟，今婿，半子也。陛下若患西戎，子請以兵除之」。真可謂說到心坎裡了。

既然回紇可汗連自己的妹妹都派出來了，唐德宗當然也不能缺了禮數，但他拿不準、不知道在目前大唐跟回紇的這種情勢下，該以什麼樣的禮節來招待才算是不亢不卑？於是他問計於李泌，李泌認為昔日回紇葛勒可汗將自己的女兒嫁給唐肅宗的堂兄李承寀，李承寀帶著她來彭原見唐肅宗時，在當時那麼艱難的情況下，唐肅宗也只是讓她「獨拜廷下」，稱其「婦」而不稱其為「嫂」，實際上就是要維護一個君臣關係，那麼今天，就更應該如此了。唐德宗明白了宰相的意思，於是舉行宴會那天，他先派人領回紇公主進入銀台門，讓自己的三個女兒貞穆、憲穆、莊穆在銀台門內接待回紇公主，回紇公主首先下拜，唐公主則每拜必答，邊揖邊進，禮數周到地把回紇公主引進內殿。此時，唐德宗駕臨祕殿，先由唐三位公主入侍，然後，回紇公主進殿拜謁。拜謁完畢，內司賓將回紇公主引導到大姐貞穆公主處，後來再由翻譯引她們到宴會大廳，唐德宗再賜之以「國宴」。如此一絲不苟，精心安排禮儀，唐德宗是想讓回紇上下明白，對大唐而言，回紇只能算是藩屬國，君臣之禮不能亂也。

之後不久，唐德宗即「建咸安公主官屬，視王府」。這一年的十一月，唐德宗封武義成功可汗為汨咄祿長壽天親毗伽可汗，封咸安公主為智惠端正長壽孝順可敦。咸安公主跟武義成功可汗結婚僅一年，貞元五年（七八九年）十二月，可汗即因病去世，其子多邏斯繼立。唐德宗遣鴻臚卿郭鋒赴回紇，一邊弔祭天親可汗，安慰咸安公主，一邊冊封多邏斯為愛登里邏汨沒蜜施俱錄毘伽忠貞可汗。按照回紇習俗，咸安公主又跟忠貞可汗結為夫妻。然而這場婚姻同樣沒能維持多長時間，貞元六年四月，忠貞可汗就被其弟與僕固懷恩的孫女小可敦葉公主給合謀毒死，咸安公主在短短三個多月內，又第二次失去了自己的丈夫。

忠貞可汗死後，他的弟弟自立為可汗。此時，握有回紇軍政大權的大相頡幹迦斯正率回紇軍與唐北庭都護楊襲古一起，在跟攻打北庭的吐蕃大軍鏖戰，在家的回紇次相領國人殺了政變的兇手和篡位者，另立忠貞可汗年幼的兒子阿啜為新可汗。六月，頡幹迦斯率軍返回，「可汗與次相等皆俯伏自說廢立之由，且請命曰：『惟大相生死之』」。並將之前唐使臣郭鋒所帶來的國信器幣等東西一件不差全部拿出來，呈獻給頡幹迦斯。頡幹迦斯「乃相持號哭，遂執臣子之禮焉。」（《舊唐書》〈回紇傳〉）也就順其自然，承認既成事實，這樣回紇局勢很快就穩定了下來。

貞元七年五月，唐德宗以鴻臚少卿庾鋌兼御史大夫，令他去回紇，一面充當弔祭使，一面冊阿啜為奉誠可汗（也就是在這一個月，回紇遣律支達幹等來唐，告小寧國公主薨）。自然，咸安公主又成為奉誠可汗的可敦——顯然，奉誠可汗應該比咸安公主要小一些，這是典型的姐弟戀了。

貞元十一年（七九五年），剛剛二十出頭的奉誠可汗去世，因為他沒有兒子，國人就立大相骨咄祿為回紇新可汗，這位骨咄祿本出於跌跌氏族，年少時父母雙亡，就由可汗領養，他「辯敏材武，當天親時數主兵，諸酋尊畏」，在回紇有著很高的威望。他被立為可汗之後，「以藥羅葛氏世有功，不敢自名其族，而盡取可汗子孫內之朝廷」（《新唐書》〈回鶻傳〉）。但是無論怎麼說，此次可汗的確立，標明延祚多年的藥羅葛氏王朝已正式被取而代之，回紇汗國已經發生了偷天換日的重大變化。不過，以不干涉內政為原則，唐朝認可了這種和平式的政變。新可汗即位後，唐德宗即詔祕書監張薦出使回紇，冊封骨咄祿為愛騰裡邏羽錄沒密施胡祿毗迦懷信可汗，咸安公主自然又再嫁給了這位新可汗。

三、一手兩家　咸安咸安

可見此時的回紇，其實政權並不是太穩固，短短幾年內，可汗就換了四位，甚至還發生禪讓式政變，但咸安公主的可敦地位卻自始至終保持著。對於咸安公主在回紇的生活情況，史書上缺少明確的記載。但是無疑咸安公主出嫁回紇，讓唐與回紇得以重新結盟，回紇精悍的騎兵成了唐在西域對付吐蕃的「邊防軍」，從而維護了唐在西域的利益，保證絲綢之路暢通。

唐代的北庭，又名庭州，位於今新疆天山北麓吉木薩爾縣護堡子，乃唐朝從漠北通往西域乃至中亞的要衝。但自唐玄宗天寶末年，吐蕃攻陷隴右、河西地區，關、隴皆失後，「朝貢道隔。伊西北庭節度使李元忠、四鎮節度留後郭昕數遣使奉表，皆不至」（《新唐書》〈回鶻傳〉）。直到唐德宗貞元二年（七八六年），李元忠等才派人假道回紇，到了長安。此後道路雖然通了，但一路沙陀別部、三姓葛邏祿、加上吐蕃，敲詐刁難，攔路打劫，朝貢之路（也是絲綢之路）其實是通而不通。貞元五年冬到貞元六年春，吐蕃軍隊以曾為回紇部屬的葛邏祿、白服突厥做嚮導，大舉進攻北庭，回紇大相頡幹迦斯率軍由漠北西進，援救北庭，與吐蕃軍遭遇於橫口，大敗，恰好這時頡幹迦斯聽到了天親可汗被人暗殺的消息，遂匆匆率軍返回漠北。沒有了回紇的援助，北庭很快被吐蕃攻陷，北庭節度使楊襲古率部下兩千人逃奔西州（今新疆吐魯番）。「自是安西阻絕，莫知存亡，唯西州之人，猶固守焉。」（《舊唐書》〈回紇傳〉）唐朝的西域僅剩西州、安西（龜茲）兩大城堡及其少數幾個衛星據點，其實力根本無法與吐蕃抗衡，只能依附於回紇暫存。

北庭的陷落，是唐德宗也是咸安公主共同的心結，當然回紇可汗無論是從維護回紇本身的利益，還是從遵守長壽天親可汗當年的承諾出發，他也不能坐視不管。於是，在咸安公主的不斷敦促下，貞元七年，回紇派兵攻擊北庭的吐蕃、葛祿部落，大獲全勝。這一年八月，回紇遣使至唐，「獻敗吐蕃、葛祿於北庭所捷及其俘畜」。唐憲宗元和年間（八〇六～八二〇年），回紇保義可汗（八〇八～八二一年）還大破吐蕃，收復了北庭、安西，這樣北庭以東的交通終於得以恢復，中西交流的絲綢之路又再次被打開。

咸安公主出嫁回紇所作出的另一個重大貢獻，是促成了唐和回紇間的馬絹互市的正常發展。唐和回紇間的馬絹交易，興起於安史之亂後。據《新唐書》〈食貨志〉記載：「時回紇有助收西京功，代宗厚遇之，與中國婚姻，歲送馬十萬匹，酬以縑帛百餘萬匹。」十萬匹馬換絹百餘萬匹，即每匹馬換十多匹絹，這個價格算是比較合理公道。後來，回紇「仍歲來市，以馬一匹易絹四十匹，動至數萬馬」。這時的馬價就比較高了，而且交易量還很大，「蕃得帛無厭，我得馬無用，朝廷甚苦之」，（《舊唐書》〈回紇傳〉）唐廷根本付不出這麼多的馬價絹，只能先欠著。這樣每年都有拖欠，就越欠越多，唐廷一點一點地償還，到後來，不僅是「應接不暇」，簡直有點力不從心了。

而當時在東羅馬，中國絲綢價格比中國本土高出百倍。回紇貴族和商人從唐用馬換回的這些絹帛，大部分被轉手銷到西亞和歐洲以牟取暴利。正是因為有利可圖，回紇人才會大量地不斷地向唐朝出口馬匹以換取絹帛。到了唐德宗建中年間（七八〇～七八三年），唐拖欠的馬價絹竟然多達一百八十萬匹！無奈之下，唐德宗不得不從國庫中再拿出帛十萬匹、金銀十萬兩來償還馬價。

唐朝後期，經濟衰敗，財政拮据，「回鶻（紇）馬」已成為唐捉襟見肘的財政上的又一大沉重負擔，唐與回紇間絹馬貿易已形成困惑唐朝的一個非常棘手的問題。但由於回紇曾出兵幫助唐朝平定安史之亂，後來又一直在西域牽制著吐蕃，唐朝與回紇的絹馬互市，也就遠遠超出了經濟範疇，帶有濃厚的政治和軍事方面的考量，所以不管怎麼樣，唐朝都得勉力維持著這種交易。這時候，唐廷上下自然都想到了咸安公主，因為只有憑藉她一手托兩家的特殊地位，才能解決這一棘手的貿易摩擦問題。

關於這情況，明確的表現在大詩人白居易的《陰山道》一詩中②：「陰山道，陰山道，紇邏敦肥水泉好。每至戎人送馬時，道旁千里無纖草。草盡泉枯馬病羸，飛龍但印骨與皮。」其實回紇每次來中原換絹的所謂駿馬中，其中免不了一些又老又瘦的羸馬，「每歲死傷十六七」，但當時回紇仍要求一匹馬易五十匹縑（絹），這個價格可以說是相當不平等的貿易了。「縑去馬來無了日」，回紇馬源源不斷地湧來，早被戰爭拖得奄奄一息的唐朝根本無力承擔這高昂的買馬錢，「縑絲不足女工苦，疏織短截充匹數。藕絲蛛網三丈餘，回紇訴稱無用處」，長年下來，直弄得老百姓困苦不堪，只好偷工減料，窮於應付了。馬絹互市本來是互通有無、雙贏的交易，結果到了這個地步，變成雙方都怨聲載道，眼看著就要難以為繼了。這時候，「咸安公主號可敦，遠為可汗頻奏論」，咸安公主憑藉其雙重身分，開始出面來居中調停這件事情，她首先要求夫家回紇的眼光放遠，不要總是投機取巧以次充好，另外也要適當控制交易的數量，每年只挑選那些壯實的馬去互市，然後，她又要求娘家唐朝償清拖欠，今後也要保證絲綢的品質，不要授人以柄。於是，「元和二年下新敕，內出金帛酬馬直。仍詔江淮馬價縑，從此不令疏短織」。終於在元和二年（八〇七年），也就是在咸安公主去世的前一年，唐廷不僅從國家財政收入中拿出金銀、絹帛來償付拖欠的馬價，而且唐憲宗還下詔要求出自江淮馬價絹，加強檢測，保證品質。而絹馬比價，肯定在咸安公主的干預下，也作了一定的調整。正是由於咸安公主的努力斡旋，讓絹馬貿易能夠繼續下去，使唐與回紇的友好關係又得以維繫了幾十年。

唐憲宗元和三年（八〇八年）二月，咸安公主去世。她在回紇二十一年，先後嫁給長壽天親可汗、忠貞可汗、奉誠可汗及懷信可汗，創造了歷嫁祖孫三代、兩姓、四位可汗的和親記錄（隋義成公主嫁兩代四位可汗）。如果說當年寧國公主出塞是送做人質，以期請回紇出兵；崇徽公主出嫁，旨在討得登里可汗歡心，讓唐朝在安史之亂後能夠喘口氣；那咸安公主的出塞和親，乃是基於兩國需聯手抗衡吐蕃，因此雙方應該說是平等的。在唐代和親回紇的公主中，咸安公主應該算是最為成功的一個，她所嫁的四位可汗，均接受了唐朝的冊封，她也利用自己特殊身分與地位，為維護唐與回紇間的友好關係作出了特殊的貢獻，完成了歷史賦予的使命。咸安公主去世後，唐憲宗封贈她為燕國大長公主，賜溢曰襄穆。

附注

①平涼劫盟事件發生於七八七年（唐德宗貞元三年）。這一年的農曆四月辛未（十九）日，唐與吐蕃會盟於平涼（今甘肅省平涼市）。吐蕃尚結贊預先伏騎兵於盟壇的西部。會盟開始前，唐會盟大臣渾瑊等人應尚結贊之請，褪去甲冑，著禮服入幕。突然，鼓聲四起，埋伏於山谷間的吐蕃騎兵蜂擁而至，渾瑊倉促間躍馬向東疾馳，幸得有人救援得以奇跡般地脫險。而其餘唐朝會盟官員自崔漢衡以下六十餘人則全部被扣押，其隨從將士全被殺害。此次事件，共造成唐軍五百餘人死亡，一千餘人被俘。平涼劫盟事件後，唐德宗深悔堅持與吐蕃結盟的失誤，從此之後，他聽從李泌建議，調整了對吐蕃以及回紇、南詔等的政策，故而使得與回紇和親成為可能。

②白居易《陰山道——疾貪虜也》全詩：

陰山道，陰山道，紇邏敦肥水泉好。每至戎人送馬時，道旁千里無纖草。
草盡泉枯馬病羸，飛龍但印骨與皮。五十匹縑易一匹，縑去馬來無了日。
養無所用去非宜，每歲死傷十六七。縑絲不足女工苦，疏織短截充匹數。
藕絲蛛網三丈餘，回鶻訴稱無用處。咸安公主號可敦，遠為可汗頻奏論。
元和二年下新敕，內出金帛酬馬直。仍詔江淮馬價縑，從此不令疏短織。
合羅將軍呼萬歲，捧授金銀與縑彩。誰知黠虜啟貪心，明年馬多來一倍。
縑漸好，馬漸多。陰山虜，奈爾何。（載《全唐詩》卷四二七）

世祖嬌驕女　刁蠻欺夫君

忽都魯揭里迷失

索之史料，在元以前，雖有中原王朝納朝鮮半島女子為嬪妃的事，卻未曾有中原王朝公主嫁入半島的記載。而到了元代，自一二七四年元世祖忽必烈將自己的女兒下嫁給高麗世子王愖，在此後的八十餘年裡，高麗國王娶元朝皇帝或王室成員之女為王后，便成為一種例制，高麗國自忠烈王王愖的六代七位高麗王，除忠穆、忠定二王死於未成年未及婚配外，其餘都娶元公主，有的還一個人娶了幾位元朝公主為妻，八十餘年間，先後至少有七位元朝公主嫁入了高麗王室。嫁入高麗的這些大元公主們，雖然她們遠離故土，但她們依著娘家的勢力，靠元朝給她們撐腰，在高麗擁有至高無上的權力，儼然成為高麗的「太上皇」。這些公主一旦與高麗國王結婚，無論高麗國王是否已有嬪妃，都立刻被冊立為正宮王后，如有所出則自動獲得嫡子的地位，且優先立為世子，日後再成為國王。雖然在元朝人的眼裡，高麗僅僅相當於他們的一個行省，高麗王既是高麗國的國王，又是元朝的地方官，他們的廢與立也大都是元朝說了算，但元朝跟高麗王朝的聯姻，本質上也還是一種和親。元朝嫁公主與高麗，還是為了通過聯姻來進一步改善跟高麗的關係，從而籠絡、控制高麗，穩定外藩，將朝鮮半島納入自己勢力範圍，將高麗變成東征日本的前哨和基地，也使得這些和親與歷史上其他的和親相比，具有其特殊性。

一、蒙古七征　高麗三求

元朝，又稱大元，它是中國歷史上首個由少數民族蒙古族建立並最終統治中國全境的一個封建王朝。

蒙古族的祖先，源於室韋各部落。隋唐時期，這些人被突厥人稱之為達怛（韃靼）。唐太宗貞觀年間突厥勢衰之後，室韋人轉附於唐朝。在回鶻政權崩潰之後，這些由許多氏族、部落組成的室韋——達怛人開始大批大批進入大漠南北，大約在公元九至十一世紀，其中的一支蒙兀室韋，逐漸西遷到了斡難河（今鄂嫩河）、克魯倫河和土剌河（今圖拉河）三河的上游一帶。在之後上百年的繁衍發展中，這支蒙兀室韋又逐漸分成尼魯溫蒙古（「出身純潔」的蒙古人）和迭兒列斤蒙古（一般的蒙古人）兩大支，他們先後成為北方少數民族政權遼和金的臣民。到十二世紀，這些蒙古族的祖先們還是一部分人從事狩獵，一部分從事遊牧，只有少數部落開始經營農業，經濟發展很不平衡。不過這時，這些氏族、部落通過貿易，從中原獲得了大量鐵器，生產力迅速發展，開始出現階級分化的現象。

在金朝統治逐漸走向衰弱之後，蒙古人開始通過不斷的鬥爭逐漸擺脫金朝的統治。一二〇四年，蒙古族領袖鐵木真透過殘酷的戰爭，統一了蒙古各部。一二〇六年（金泰和六年），鐵木真被蒙古各部落推舉為「成吉思汗」，正式於漠北建立起「大蒙古國」（Yeke Mongghol Ulus）。此後，在驍勇善戰的成吉思汗帶領下，蒙古人不斷向四周擴張疆域。一二一八年，他們出兵滅了西遼，一二二七年又滅了西夏，一二三四年，在與南宋的聯合夾攻下，他們又滅亡了其宗主國金，於是黃河以北的廣大地區，盡歸他們鐵騎之下。

一二七一年（蒙古至元八年），蒙古大汗忽必烈公布《建國號詔》，取《易經》中「大哉乾元」之意，正式建立「大元」帝國。一二七六年（至元十三年），元軍攻陷南宋首都臨安（今浙江省杭州市），俘虜了六歲的宋恭帝及謝太皇太后，南宋滅亡。一二七九年（至元十六年），元軍在崖山（今廣東江門市）消滅了南宋最後的抵抗勢力，陸秀夫背著南宋九歲的小皇帝趙昺投海而死，元朝最終統一了中國全境。

另一方面，朝鮮半島的人類居住史，則可以追溯到舊石器時代。朝鮮半島上最早建立起來的政權，是箕子朝鮮政權。據史料記載，公元前一〇六五年前後周武王滅商後，原商朝大臣箕子率五千殷商遺民東遷至朝鮮半島，聯合本地土著居民建立起了「箕氏侯國」。而「朝鮮」一詞，最早在中國的《管子》《史記》等書中即已出現，乃「朝日鮮明之地」之意。

公元前一九七年左右，西漢盧綰叛亂後，燕人衛滿率千餘人進入朝鮮半島北部，他依靠這裡中原移民的力量取代箕氏朝鮮建立起了衛氏朝鮮，定都王險城（今朝鮮平壤）。公元前一〇八年，漢武帝發兵消滅衛氏朝鮮，於其地置樂浪、玄菟、真番、臨屯四郡，將朝鮮半島絕大部分收歸西漢政府直接管轄，只是在朝鮮半島東南部，還居有馬韓、辰韓、弁韓等三個部落聯盟集團（史稱三韓，其名始見於《三國志》〈魏志〉），它們雖然名義上隸屬于樂浪郡，實際上處於相對獨立的地位。不久，這三韓中的馬韓就發展為百濟，辰韓發展為新羅，弁韓發展為以金官伽耶為主的六伽耶聯盟（後分別併入百濟、新羅）。公元四二七年，於公元前後興起于中國東北的高句麗遷都平壤，跟新羅、百濟形成三雄爭霸的局面，朝鮮半島由此進入「三國時期」。

公元六六〇年和六六八年，在唐朝的支持下，實力強大的新羅先後消滅百濟和高句麗，統一朝鮮半島。隨後，六七〇年，唐與新羅之間爆發戰爭，六七六年兩國休戰以後，朝鮮半島大同江以北地區成為大唐勢力範圍，新羅則占領了原百濟故地和原高句麗部分領土，重新統一了大同江以南廣大地區。新羅統治者以慶州為都城，效仿唐朝在中央設三省六部，軍隊實行府兵制，建立起一個封建集權國家。

公元九世紀以後，新羅王朝日益腐朽，開始走向沒落。隨著中央集權的衰弱，各地方封建集團乘機擴張其勢力。公元九〇〇年，土豪家庭出身的裨將甄萱割地自立，建立後百濟國。九〇一年，新羅王室庶子弓裔自稱為王，建立了後高句麗（泰封國）。朝鮮半島由此進入「後三國時期」。

九一八年，泰封國弓裔的部將王建起兵推翻弓裔的統治，自稱為王，改國號為高麗。九三五年和九三六年，高麗先後吞併了新羅、後百濟，再一次統一了半島南部。此後，王建將自己的家鄉松岳改稱為開京（今朝鮮開城）並遷都於此，自封為天子，正式建起了高麗帝國。

九二二年，高麗開始大規模修葺被廢棄了數百年的古都平壤，王建定平壤為西京，將它作為高麗另一個軍事、政治中心，並以此為根據地大肆北伐，開疆拓土。有遼一代，高麗已將其領土北界由新羅時的大同江向北擴張至清川江中上游至鴨綠江下游一帶。

高麗自建國後，先後接受過後晉、後周、宋、遼、金的冊封。

因高麗所居的朝鮮半島與蒙古人崛起的漠北相距不遠，因此，蒙古人興起不久，即把虎視眈眈的目光投向高麗。而為雙方提供首次接觸機會的，是契丹人。一二一六年，活動於遼陽一帶的一支九萬餘人的契丹軍隊在蒙古軍的打擊下，進入高麗，一二一八年九月，他們攻占了高麗的江東城（今朝鮮平壤東）。這一年冬天，蒙古元帥哈真率大軍進入高麗，兵臨江東城，適逢天降大雪，大軍糧餉難以為繼，哈真只得遣使高麗元帥府，要求高麗資助糧草併發兵共同圍剿契丹軍。高麗元帥趙沖答應了哈真的要求，於是一二一九年正月，蒙古、東夏、高麗聯合出兵，一舉攻下江東城，平定了契丹兵亂。之後，高麗與蒙古相約「兩國永為兄弟」，答應「歲進貢賦」，哈真率蒙古大軍撤回。

然而，蒙古使者的驕橫貪婪與索求無厭，讓高麗人倍感壓力，高麗國內敵視蒙古的情緒日益高漲。一二二五年，蒙古使者著古與再一次到高麗索貢，在帶著貢物返回的途中，被人殺害。雖然未能查出究竟是誰下的毒手，但蒙古人自然把這筆賬算在了高麗人的頭上，一心要對高麗實施報復性的征討，只是由於適逢蒙古西征及成吉思汗去世，才沒有立即下手。一二三一年八月，蒙古繼位者窩闊台剛剛穩住陣腳，即派撒禮塔統兵東征高麗。一見到聲勢浩大的蒙古大軍，高麗麟州都領洪福源即納城投降，撒禮塔一路連下高麗十四餘城，十月，大軍圍攻西京，十二月，高麗高宗王皞向撒禮塔獻出大量金銀、衣、馬、器皿以及貂皮等物，向蒙古奉表稱臣，撒禮塔在高麗各京、府、縣留下了七十二名達魯花赤（鎮守者）後，蒙古軍撤回。

不久，因蒙古屢屢催逼貢賦，又不斷要求高麗貢進王公貴族子女，難以招架的高宗王皞遣使致書撒禮塔，希望他諒一時難辦之情，暫緩催索。撒禮塔反而因此把高麗使臣囚禁了起來。一二三二年六月，高宗王皞因害怕蒙古大軍再度入侵，索性先下手為強，在盡殺高麗全境蒙古所置七十二位達魯花赤後，率王公貴族及諸州縣軍民退守江華島。見高麗竟敢如此翻臉，八月，窩闊台命撒禮塔再次出兵，征伐高麗。撒禮塔一路南下，一直打到高麗的南京（今韓國首爾），但在攻打仁城時，撒禮塔被一箭射中，不治而亡，蒙古軍不得不折回。之後，窩闊台下詔，責王皞犯有五大罪狀，令其「悔過來朝」，但王皞不但未奉詔入朝，反而「遣兵攻陷已附西京等處降民，劫洪福源家」。一二三五年，窩了一肚子氣的窩闊台又派大將率軍，以高麗降將洪福源為嚮導，三伐高麗。蒙古兵所向披靡，陸續攻掠了高麗大片國土，被困于江華島數年的高麗高宗不得不再次遣使請和，奉表入貢。一二四一年四月，他將王族永寧公王綧收為己子，讓他與貴族子弟十人入質于蒙古（王綧後居遼東，領高麗降民），以表示與蒙古重新修好的誠意，蒙古開始退兵。

其後幾年，雙方頻頻遣使往來，基本上保持了和平友好關係。可是當貴由、蒙哥汗執政時期，高麗國又開始拒絕朝貢了。為能徹底征服高麗，從一二四七年到一二五八年十一年間，蒙古對高麗又先後展開了四次討伐。每次，野蠻的蒙古軍在高麗燒殺搶掠，無惡不作，「所擄男女，無慮二十六萬六千八百餘人，殺戮者不可勝計，所經州郡，皆為煨燼」（《高麗史》〈高宗世家〉）。蒙古大將札剌兒還多次出兵進逼江華島對岸，堅持以國王移陸出降和派王太子入朝為退兵條件。但高麗王廷雖然屢次遣使與蒙古議和，就是不出江華島。蒙古軍擅長陸戰，不習水性，也只能望島興嘆。

見江華島久攻不下，蒙古開始謀劃另立高麗質子為高麗新君。眼看著自己即將被邊緣化，一二五八年，避居江華島的高麗朝臣發動政變，誅殺主張棄陸保島的權臣崔氏，又遣世子王倎入蒙古充當人質，對蒙古表示臣服，要求蒙古放棄另立高麗新君的計畫。第二年，蒙古與高麗王庭達成和解協定，高麗承諾移居陸地，蒙古軍撤出高麗，終於結束了兩國持續多年的戰爭狀態。

一二五九年，高麗世子王倎應蒙古要求，奔赴正在四川前線督戰的蒙古大汗蒙哥。當王倎到達六盤山時，得到蒙哥去世的消息。他當機立斷改道南行，前往汴梁與當地官員一起迎接從鄂州返回的忽必烈。正打算回去與阿里不哥爭奪汗位的忽必烈見高麗世子不遠萬里特來朝覲，十分驚喜，興奮地說：「高麗萬里之國，自唐太宗親征不能服之，今其世子自來歸我，此天意也！」（《新元史》〈高麗傳〉）於是，他讓王倎與自己一起北上開平（今蒙古多倫）。

這一年的六月，王倎的父親高麗高宗王皞去世。消息傳到開平，已是次年二月了。忽必烈立王倎為新高麗王，並立即派兵護送他回國繼位，要求他「完復舊疆，安爾田疇，保爾室家」，「永為東藩」。此後，「倎求出水就陸，免軍馬侵擾，還被擄即逃民」。忽必烈「皆從之。詔班師，乃赦其境內。」（《元史》〈高麗傳〉）。一二六〇年六月，王倎派自己兒子永安公王僖入賀忽必烈即位蒙古大汗，忽必烈授予王倎封冊、虎符和高麗國王印。

王倎（即高麗元宗，一二六〇～一二七四年在位）嗣位後，為感謝忽必烈對他的支持，除頻頻遣使入貢，他還多次親身或派世子王愖入朝，使得高麗與蒙古的關係得到了很大的改善，但是在國內，由於武臣林衍和金俊把持著朝政，王禃處處受到掣肘；其次，王禃雖為高麗世子，合法的王位繼承人，但他畢竟是由蒙古人直接冊立，這就使得他繼位的合法性受到了懷疑；更加上，蒙古人在高麗的胡作非為，也讓高麗國內的反元情緒不斷高漲，而忽必烈南征南宋時，又令高麗為蒙古大軍製造軍艦，提供糧草，更是火上澆油，親蒙古的王禃自然就成為萬夫所指，眾矢之的。一二六九年六月，高麗權臣林衍利用民意，借機發動政變，逼王禃讓位給他的弟弟安慶公王淐。此時，世子王愖還滯留蒙古未歸，消息傳來，他即刻向忽必烈求救。忽必烈一面從王綧、洪茶丘（洪福源子）所管高麗民戶中急遣三千軍馬從王愖「赴其國難」，一面下詔斥責林衍擅自廢立，召其來朝，「面陳情實，聽其是非」，命東京行省「國王頭輦哥等率兵壓境，如逾期不至，即當窮治首惡，進兵剿戮」（《元史》〈高麗傳〉）。在忽必烈強大的壓力下，十一月，林衍被迫恢復了王禃的王位。

三個月後，蒙古至元七年二月，王禃赴蒙古答謝朝拜。他上書忽必烈，要求蒙古派兵助他討滅權臣、還都舊京，並請在高麗再置達魯花赤，另外，他還為世子王愖請婚，求娶蒙古公主。對於王禃主動提出要出島還都，忽必烈十分高興，他命東京行省頭輦哥國王和平章趙璧率軍護送王禃還居舊京，以脫朵兒、焦天翼為高麗國達魯花赤，至於請婚一事，他認為等到還都國家安定之後再說。

這一年五月，王禃在頭輦哥國王等護衛之下，抵達開京（今開城），放榜宣布還都，傳令遷江華島吏民回京。此時在江華島上，武臣林衍已死，其子惟茂繼掌權柄，他欲抗命不從，繼續留守江華島，結果被擁護還都的朝臣所殺，之後，百官、妃嬪、民眾等相繼離開避居了近四十年的江華島，遷回開京。守備江華島的「三別抄」（「別抄」是一支在權臣當國時挑選驍勇之士組成為他們所用的特別部隊，分左、右及神義別抄，所以稱「三別抄」）還力圖以武力阻止還都，被王禃下令解散。①

至元八年（一二七一年），王禃又兩次遣使赴元，為世子王愖求婚。他先是派樞密使金鍊向忽必烈求婚，六月，又遣世子王愖及高麗世胄弟子二十八人入質於元，並再次求婚。剛剛建國大元的元世祖忽必烈終於同意，讓自己十三歲的幼女忽都魯揭里迷失下嫁王愖。

二、天子豹女　任性驕蠻

忽必烈雖已許婚，但以公主年幼為由，並不急於讓忽都魯揭里迷失跟王愖成婚，直到至元十一年（一二七四年）五月，在高麗王禃父子的一再懇求之下，忽必烈才同意讓年已十六歲的女兒忽都魯揭里迷失正式出嫁王愖。就在雙方為這場可以說是遲到的婚姻各自進行準備之時，這一年的六月，王禃因病去世，八月，忽必烈派人護送王愖回國，即位為新一代高麗王（即高麗忠烈王），這樣忽都魯揭里迷失的遠嫁之行，又不得不再向後推遲幾個月了。

忽都魯揭里迷失乃是忽必烈跟阿速真皇后的季女，貨真價實的金枝玉葉。能夠娶上大元皇帝的親生女兒，高麗上下，特別是剛剛即位為高麗王的王愖，都感到莫大的榮幸，所以對於這一次聯姻，高麗極為重視，在忽都魯揭里迷失確定行程日期之後，王愖即派樞密院副使奇蘊赴元大都（今北京）迎候，忽都魯揭里迷失一進入高麗境內，王愖即令他的嬪妃、公主及朝中百官的夫人們出城迎候，他自己則率將軍朴球等人遠赴肅州相迎。至元十一年（一二七四年）十一月，忽都魯揭里迷失車隊抵達高麗國清寺，早已等候於此的高麗宰樞百官以隆重的儀式熱烈歡迎他們國母的到來。忽都魯揭里迷失讓脫忽等隨行人員先入開京（今開城），「張穹廬，祓以白羊膏」，然後，她跟王愖一路彩旗高張，鼓樂齊鳴，熱熱鬧鬧地「同輦入京」，這一派喜氣洋洋安樂祥和的氣氛，直使得高麗京城裡的父老們奔相走告，拱手相慶：「不圖百年鋒鏑之餘，復見太平之期」（《高麗史》〈后妃傳二〉）。

當然，在跟忽都魯揭里迷失結婚之前，三十九歲的王愖早已納妃生子，其正妃乃是高麗宗室始安公王絪的女兒，忽都魯揭里迷失到達高麗之後，王愖將伉儷情篤的正妃降為貞和公（宮）主，讓她移居別宮，將忽都魯揭里迷失冊為「元成宮主」（正宮），一時「百官皆賀」。

忽都魯揭里迷失從小嬌生慣養的身分，再加之出嫁時才十六歲，使得她貴為王妃，位居正宮，任性驕蠻不在話下。在嫁入高麗次年（一二七五年）的九月，忽都魯揭里迷失生下了一個兒子。結婚不久即喜得貴子，諸臣百官自然紛紛前去祝賀，王惬以前的王妃，現在的貞和宮主免不了也要去喝杯喜酒，致意一番。在安排喜宴的位置時，宮人小尼將貞和宮主「布席於東廂」，王惬見後說：「不如正寢」，看來王惬還是念舊情，想把貞和宮主的位置安排在正殿。小尼馬上就「正寢置平床為公（宮）主坐」。恰好移席的這一幕被忽都魯揭里迷失的隨從式篤兒看到了，他憤憤不平地對忽都魯揭里迷失說：「平床之坐欲使同於宮主也」，忽都魯揭里迷失一聽，不由得一下子火氣就上來了，她馬上命人把貞和宮主移到了西廂房破舊的高榻上。但貞和宮主真是有修養，她照樣過來跪在地上向忽都魯揭里迷失敬酒道賀。而就在這時，坐在旁邊的王惬回過頭來看了忽都魯揭里迷失一眼。可就是這無心的一眼，讓忽都魯揭里迷失勃然大怒：「何白眼相視？豈以宮主屈節於我乎？」非但如此，她還「命罷宴，下殿大哭曰：『將往吾兒處。』」（《高麗史》〈后妃傳二〉）忽都魯揭里迷失還沒完，她大哭大鬧催促式篤兒馬上為她備車，說要回大元讓父皇來為她做主。眼看著大喜的日子就這樣被忽都魯揭里迷失鬧得不可收拾，忽都魯揭里迷失的奶媽看不下去了，她氣呼呼地站了起來：「公主若出，老婢必死於此！」她以自殺相要脅，忽都魯揭里迷失這才停止了哭鬧，稍稍平靜了下來。

其後，忽都魯揭里迷失就將貞和宮主打入冷宮，讓她跟王惬再難有見面的機會。接著，有人寫了一份匿名信給元駐高麗的達魯花赤：「貞和宮主失寵，使女巫咒詛公主。」忽都魯揭里迷失一聽到這個報告還得了，她馬上派人「囚宮主於螺匠家，封其府庫」。後來，還是群臣為貞和宮主開脫求情，忽都魯揭里迷失才不得不將貞和宮主給放了出來。

忽都魯揭里迷失不但對她所妒忌的貞和宮主如此，她也不允許王愖再靠近其他女人。除了對於有可能接觸到王愖的女人懷有著極強的妒忌心理，忽都魯揭里迷失還仗著自己是元朝的公主，對高麗上自宰相，下到工匠，包括貴為高麗王的自己的丈夫，只要稍有不滿，就隨意打罵，毫無公主、王后所應該具有的風度與素養。有一次，王愖與忽都魯揭里迷失相約一起到天孝寺，她一到那兒，就「以陪從少怒而還」。回到宮裡，雖然王愖一再地賠不是，忽都魯揭里迷失仍是餘怒未消，「以杖迎擊之」。面對迎頭而來的拐杖，王愖非但不閃躲，反而「投帽其前」，拿下帽子任她打。然後，待忽都魯揭里迷失稍稍消了氣，王愖又陪她再一次去天孝寺。當然這一次，前呼後擁，比上一次要氣派得多了。但到了山頂，王愖先行一步進入了天孝寺內，就是這先行一步，又引得忽都魯揭里迷失再一次大發脾氣，當著文武大臣的面，對王愖「且詬且擊」，就連隨從大臣們也都看不下去了：「辱豈有大於此者乎？」（《高麗史》〈后妃傳二〉）

忽都魯揭里迷失對貴為高麗國王的丈夫動輒打罵，乃至棍棒相加。王愖雖不堪忍受，但對這位有強大的元朝撐腰的悍妻，也是毫無辦法，每次忽都魯揭里迷失發作，他連回嘴都不敢，最激烈的反抗只是「露坐於外」，暗自落淚而已。有一次，宮中慶典要布置彩燈，忽都魯揭里迷失心血來潮想去看看，然而王愖因為正準備去奉恩寺，耽擱了一下，宰相等官員也沒來得及前去迎候，忽都魯揭里迷失「先出閱樂於彩棚前」。驚恐萬分的王愖生怕又得罪她，就「囚僉議府吏」，讓他們當自己的替罪羊。他又怕此舉引起大臣們誤會，派人對宰相說：「公主請我鑾駕，而卿等後至，恐公主責我，且囚府吏卿等，毋以我為躁也。」（《高麗史》〈后妃傳二〉）堂堂高麗國王，居然怕老婆到這種程度，可見平時忽都魯揭里迷失給他什麼「待遇」了。

除了任性跋扈，富可敵國的忽都魯揭里迷失還是一個見錢眼開的女子。在高麗興王寺，有一座漂亮的黃金塔，多年來寺中的僧人很少將這尊鎮寺之塔示人，忽都魯揭里迷失得知後，她就想方設法把它弄到手，興王寺僧侶幾次乞還，都沒有要得回來。過了幾年，忽都魯揭里迷失的母親去世，要在興王寺做法事，王愖才趁機要求她將黃金塔還給興王寺，好讓法師們專心法事，超度亡靈，她才迫不得已將塔還回。更有一年，忽都魯揭里迷失派人將高麗松子、人參拿到元朝的江南去賣，結果賺了一大筆錢。嚐到甜頭後，忽都魯揭里迷失就派宦官到高麗各地去徵收松子、人參，「雖不產之地，無不征納，民甚苦之」。另外，她還派中郎鄭允者在江華「搜奪民家所藏白金五十斤」，將人家的「奴婢連婚接派者幾三百人」，「並取之」。如此的巧取豪奪，還像高麗王后嗎？

至元十五年（一二七八年），忽都魯揭里迷失的父親，元世祖忽必烈招女兒及女婿王愖入朝。這是他們兩人結婚後第一次回元省親（朝拜、探親）。本來，從至元七年王禃還都起，元朝又在高麗恢復設置了達魯花赤，令他們常駐王京，其後，忽必烈又以忻都、洪茶丘領東征元帥府軍駐鎮高麗。這一次在覲見忽必烈時，王愖就奏稱，高麗軍民總官兼征東都元帥洪茶丘干預高麗內政：「如茶邱者，只宜理會軍事，至於國家之政，皆欲擅斷，非臣所知也。上國如欲置軍於小邦，寧以達達、漢兒，如茶邱之軍，惟乞召還。」（《新元史》〈高麗傳〉）他還提請廢除元朝專設的高麗達魯花赤一職，「凡其國不便事，皆奏罷之」，忽必烈大概覺得有女兒在高麗做大元的代理人就夠了，所以爽快地答應王愖的所有奏請。

起初，長期生活在元朝的王愖自忽必烈許婚後，就在服裝和髮式上開始效仿蒙古「辮髮胡服，以從朝制」，他回到高麗後，「國之人見其容服已改，為之泣下」（《蒙兀兒史記》〈高麗傳〉）。王愖迎娶忽都魯揭里迷失後，在他們兩人的影響下，高麗王室在服裝和髮式上也開始效仿起蒙古。一二七八年，王愖又下令「境內皆服上國衣冠」，此舉不但令高麗上下一片譁然，就連忽必烈聞訊後也不以為然，有一次，他問起康守衡高麗的服飾，康守衡回答：「服韃靼衣帽，至迎詔賀節等時以高麗服將事」，忽必烈很惋惜地說：「汝國之禮何遽廢哉？」

至元二十四年（一二八七年）忽都魯揭里迷失又準備攜子入元省親。為了這次入覲，她「命選良家子女，使忽赤搜索人家，雖無女者亦驚擾」，原來，自古以來，高麗女子就以婉媚溫良著稱，元朝的大小官員競相以收納高麗女子作妻妾或侍婢為榮。當時達官貴人甚至相互攀比，看誰家擁有高麗女奴的數量多且女奴的出身好②。每年，元朝都要派人去向高麗索要大量女子，高麗甚至因此還成立了專門的機構，這次忽都魯揭里迷失要回娘家，自然少不了要帶幾名出身、模樣都不錯的女子作為禮物，「遂選西原侯瑛、大將軍金之瑞、侍郎郭蕃、別將李德守女」，不過這一次最終未能成行：「公主至西京，聞賊起咸平府，道梗，遂還。」（《高麗史》〈后妃傳二〉）

第二年，忽都魯揭里迷失與王愖兩人又一起赴元。這一次朝覲的隨從中，有一位名為安響的學者，他隨王愖到大都，帶回了元朝新刊印的《四書集話》。後來，安響就在高麗國內廣收門徒，講授程朱理學，一時間理學就在高麗傳播開來。同時，高麗人這一年還要回了一座島。原來，在一二六九年的林衍廢立事件中，高麗兵馬營吏崔坦以誅林衍復前王為名，聚眾起事，在殺盡西京（今平壤）留守及州縣官員後，以西京五十餘城附元。一二七〇年正月，忽必烈將西京改為東寧府（後升東寧路），劃歸元遼陽行省管轄。這一次朝拜，王愖懇請忽必烈將西京歸還給高麗，忽必烈也爽快地答應了。

三、安平公主 魂斷半島

忽都魯揭里迷失帶給高麗的也還有其它正面的影響。自她出嫁，高麗取得駙馬國的地位，提升了高麗在元政治體系中的地位。在元與高麗聯姻之前，蒙古駐高麗的大臣往往對高麗君臣頤指氣使，聯姻之後，他們就有所收斂了。比如在忽必烈答應嫁女之後，，高麗元宗，也就是王愖的父親王禃宴請元朝大臣黑的，請其坐上座，黑的卻堅辭不受，他說現在皇上的女兒已經許配給世子了，那麼元宗您也就是皇帝駙馬爺的父親了，作為皇帝的臣子，又怎麼敢違禮呢？至元十六年正月，忽必烈因高麗國內發生大饑荒，「豫給一歲糧」。至元二十八年（一二九一年），忽必烈將王愖跟忽都魯揭里迷失所生的兒子王謜冊封為高麗王世子，授特進、上柱國，頒賜銀印。同年十月，元朝又因高麗饑荒，撥給大米二十萬斛。至元三十年（一二九三年）二月，元因王愖恪守藩屬，積極配合協助元朝東伐日本，特賜王愖「推忠宜力定遠功臣」。王愖在位三十四年間，先後赴元十四次，雖然每次都帶著多少不等的禮物，但元朝每次回賜高麗物品，甚至是「薄來厚往」。

值得一提的還有，忽都魯揭里迷失雖然比較任性，但她畢竟是忽必烈的女兒，也有明白事理的一面。王愖「嘗使內豎與伶人鼓樂」，忽都魯揭里迷失不允許他玩物喪志而影響了國家政事，就叫人去告訴王愖：「以絲竹而理國家，非所聞也。」王愖喜歡出遊，忽都魯揭里迷失就責問：「惟游田是務，奈國事何？」王愖回：「火獵，民有焚禾者償其直（值）」，忽都魯揭里迷失見此，就對隨從大臣說：「民之病已不可言，扈從者亦勞矣，歸乎？」王愖只好起駕回宮。至元三十年，王愖與忽都魯揭里迷失赴元朝拜，到了金郊，王愖嫌服務不夠周到，怒杖地方官，到了鳳州，當地官員將他服侍得舒服了，他又開始眉開眼笑起來。忽都魯揭里迷失就警告他：「前日金郊則受譴，今日鳳陽則取悅。所進膳饈盡是民膏，還駕時勿以斂民取悅為事。」（《高麗史》〈后妃傳二〉）如此體察下情，明理懂事，簡直判若兩人了。

至元三十年十一月，王愖又與忽都魯揭里迷失一起再一次赴元。此時，元世祖忽必烈因重病在身，已經無法再召見他們了，但對王愖仍「寵賚之厚，諸王、駙馬無與為比」。第二年正月，忽必烈去世，王愖與忽都魯揭里迷失一起以羊馬敬祭於殯殿。本來按照當時的規定，只有蒙古人才可以進入殯殿，但王愖特殊的身分與地位，例外地被特許了。

元成宗鐵木耳即位後，封忽都魯揭里迷失為安平公主。王愖藉著元成宗新即位，自己又正受寵，趁機上書要求收回被元占領的耽羅島。耽羅島位於高麗西南面，後被三別抄軍作為反元的基地，一二七三年，元軍平定三別抄軍後，在耽羅島設立直屬機構進行管理，並屯兵駐守。元成宗對於王愖收回耽羅島的要求表示：「此小事，可使還屬高麗」。於是耽羅島在二十多年後又回到高麗版圖。

元成宗大德元年（一二九七年）五月的某一天，忽都魯揭里迷失帶著宮女出去踏青。在壽寧宮裡，她折了一枝芍藥花在手裡把玩。看著手中嬌豔的芍藥花，她不由得感慨年年歲歲花相似，歲歲年年人不同，一轉眼自己孤身來到高麗，也早已紅顏老去，青春不再。在外人看來，大元的公主，忽必烈的女兒，高麗國王后，呼風喚雨，風光無限，但心中的孤苦與無奈，有誰知曉，又能向誰去傾訴？忽都魯揭里迷失禁不住淚灑花瓣，悲痛難已。回宮後不久，她即憂鬱成疾，病逝於高麗賢聖寺，年僅三十九歲。

關於忽都魯揭里迷失的死因，史書上還有另外一種說法。據《新元史》〈高麗傳〉，忽都魯揭里迷失的兒子王謜覺得母親死得有點蹊蹺，懷疑是被叫無比的人害死的。原來，王愖有個寵妃叫無比，她仗著年輕受寵，勾結宦官，「縱暴中外」，這次母親突然去世，王謜便懷疑與她有關，一氣之下，他縱劍殺了無比。

忽都魯揭里迷失去世以後，王愖遣人赴元告喪，元成宗派火魯忽孫赴高麗弔祭。九月，忽都魯揭里迷失被葬於高陵，謚號莊穆仁明王后。

附注

①「三別抄」首領裴仲孫後另立承化侯王溫為高麗國王，率部退據珍島，另組小朝廷。至元八年（一二七一年），蒙古和高麗軍聯合攻入珍島，「三別抄」軍死傷大半，餘部在金通精率領下遁入耽羅島（今韓國濟州島），至元十年，元將忻都領兵入海，攻占耽羅島，平定了「三別抄」軍的叛亂。之後，忽必烈將耽羅島收歸元朝，置一耽羅國招討司管轄之。

②元索要高麗的婦女，一類是供元朝帝室或王公大臣作為妻妾或侍女，另一類是供軍人作為配偶。前一類要求必須是處女，一二八七年，元世祖忽必烈曾下旨要求高麗的處女必須先告官登記，否則不得出嫁，而為了滿足元朝的不斷索求之需，一三〇七年，高麗王廷下令，全國十三歲以上十六歲以下的女子，不得擅自出嫁，以待遴選。據史料記載，從一二七五到一三四七年，高麗共遣使赴元獻處女十六次。另一類選配軍人配偶的婦女要求就比較低了，可以是孤兒、逆賊之妻、僧人之女、罪犯的妻女等。為滿足元朝對這兩類婦女的需求，高麗還專門成立結婚都監和寡婦處女推考別監，在全國廣為搜求各類女子。為免遭骨肉分離，離鄉背井之苦，高麗人生了女兒往往都祕而不宣，就連鄰居也不讓知道。

宮廷深閨怨　紅杏出牆來

寶塔實憐

孛兒只斤．寶塔實憐公主本是元晉王甘麻剌的女兒，在一二九五年（元成宗元貞元年）底被元成宗封為公主，嫁給當時還是高麗世子，長期生活在元大都的王源。王源，是忽必烈的女兒忽都魯揭里迷失跟高麗王王憪所生的兒子，所以寶塔實憐公主所嫁的還是半個蒙古人，屬於元皇族成員。然而即便如此，寶塔實憐公主之嫁於王源，仍然是一樁帶有政治色彩的和親婚姻。

一、一波未平　一波又起

王源出生於一二七五年（元世祖至元十二年）的九月，至元二十八年（一二九一年），元世祖忽必烈將他這個十六歲的外孫冊封為高麗王世子。之後，王源即長期宿衛元大都，跟外公外婆家的人一起生活。一二九五年十二月，王源短期回國，再一次赴元時，元成宗即將孛兒只斤．寶塔實憐嫁給他。當時兩人的婚禮，就是在元大都舉行的，而且還是按蒙古禮儀來操辦的。首先是王源連續三天分別以白馬八十一匹獻於元帝、太后和岳父晉王。同時，皇太后、晉王分別以數百隻羊、數百壇酒設蒙古式大宴慶賀（獻白馬和以九或九的倍數為吉祥數都是蒙古禮儀。王謜之後的高麗忠肅王、忠惠王、恭愍王娶元公主時，也都以這種方式獻聘禮）。

王謜與寶塔實憐公主結婚後，繼續宿衛元大都。一二九七年（元成宗大德元年）六月，因母親忽都魯揭里迷失去世，王謜回國奔喪，但他只待了三個月，就又回到元大都。而此時，他的父親王愖因「喪配偶」、「春秋方耄」、「疾恙交功」等原因，上書元成宗，請傳位於兒子王謜，自稱逸壽王。於是這一年十一月，元成宗下詔，以王謜為「開府儀同三司、征東征中書省左丞相、駙馬、上柱國、高麗國王」。這樣有著蒙古血統的王謜在元朝的支持下，成為了新一代高麗王（是為高麗忠宣王）。

次年一月，寶塔實憐公主跟王謜一起，在太子阿木罕以及丞相雍吉剌歹等人一路護送下，從元大都東行。進入高麗境，「忠烈幸金郊，百官郊迎，儀仗妓樂如迎王禮」。就連逸壽王王愖都親自赴金郊以「王禮」來迎候兒子、兒媳。

而早在與寶塔實憐公主結婚之前，王謜已經娶了好幾位妻子，她們一位是高麗宗室西原侯王瑛的女兒，一位洪氏是南陽人府院君洪奎的女兒，王謜還納高麗平壤君趙仁規的女兒為妃，也娶了一個叫也速真的蒙古貴族之女，並且生有兩個兒子，王鑒和王燾。在王謜的這幾位妻子當中，趙妃後來居上，「集千般寵愛於一身」。本來，根據當時高麗跟元朝兩國的情勢，嫁入高麗王室的公主，自動取得正妻的地位，寶塔實憐公主也就是理所當然的正宮王妃。問題是作為高麗國王的王謜，卻與這位正宮王妃之間「頗失夫婦之禮」，總是把寶塔實憐公主晾在一邊，而把更多的時間更多的寵愛給了趙妃。王源的這種態度似乎也太過分，也因此，寶塔實憐公主耐不住了，她在與奶媽及左右商量後，「作畏吾兒字書付隨從闊闊不花」，去向太后上書告狀說：「趙妃詛咒公主使王不愛」。（《高麗史》〈后妃傳二〉）

就在隨從闊闊不花臨出發去元朝送這封告狀信的時候，有人偷偷把這件事情告訴了王源，王源就派朴景亮來質問闊闊不花，結果非但沒有問出個名堂，朴景亮被人痛打了一頓。王源知道這下子事情有點麻煩了，就戰戰兢兢地跑到逸壽王府，去向他的父親求救。王愖聽了也覺得這件事情不宜再鬧大，否則輕則對他們父子不利，重則恐怕會為高麗國惹來麻煩。於是，王愖就「幸公主所慰安之」，與此同時，他還以金銀、家產、人口等賜闊闊不花以及寶塔實憐公主的其他隨從們，甚至賜了一個漂亮的高麗女子給闊闊不花當老婆，試圖讓他去說服寶塔實憐公主，大事化小，小事化無。但難解心頭之怨的寶塔實憐公主堅持派闊闊不花與大將軍金精、吳挺圭等帶著那份用畏吾兒字寫的狀紙「如元告之」，把事情傳到了元朝。

一波未平，一波又起。就在闊闊不花走了沒幾天，宮門口又有人貼了一張字條：「趙仁規妻事神巫咒詛，使王不愛公主而愛其女。」（《高麗史》〈后妃傳二〉）有人把這張紙條拿給寶塔實憐公主看，這下子更是火上澆油了，寶塔實憐公主「下仁規及其妻於獄，又囚仁規子瑞璉玥女婿朴義盧穎秀等及妻，又遣徹裡如元告貼榜事」。其實，這張匿名字條，是司宰主簿尹彥周受人指使而貼的，寫的根本是莫須有的事情，這一點恐怕連寶塔實憐公主心裡也有數，但她還是要藉此機會鬧一鬧，耍耍威風。果然，首先是以前不怎麼理睬她的丈夫王源坐不住了。王源知道，此事如果再鬧到元朝，他恐怕就要吃不了兜著走，於是他急忙派金方慶以及致仕宰相等人先後來到公主府，苦苦懇求寶塔實憐公主不要派人去元大都告狀。但寶塔實憐公主一概不理，王源「又使人請之，亦不聽」。

兩方人馬爭相告狀，其結果當然是可想而知了。不久，皇太后即派人與闊闊不花一起來到高麗，以元仁宗的詔命，先是將將軍柳溫等人抓了起來，關進了巡馬所，趙妃就更不用說了，當然也被囚禁了起來。接著又把趙妃的父親趙仁規也抓了起來，押往元大都。然後，那幫人又以酷刑審問趙仁規的妻子，他的妻子終於「不勝苦，誣服」，被迫承認了一切。元朝隨即將趙妃及宦官李溫等押到元大都去，由皇太后親自進行審訊。與此同時，為了能夠使公主與王源兩人和好如初，皇太后還「遣蕃僧五人道士二人來」，大施法術，以解除對寶塔實憐公主的詛咒，並專門派洪君祥來到高麗，安慰王源，試圖能夠化解兩人之間的矛盾，讓他們好好地過日子。

而就在寶塔實憐公主派人赴元向皇太后告狀，高麗王宮正鬧得不可開交之際，在元廷的中書省，正有大臣向仁宗「奏源有罪當廢」。原來，即位之後，在元大都生活多年，深受中原社會政治文化薰陶的王源極想做個好國王，他一改父親王愖的弊政，標榜自主，重用高麗本土官員，大刀闊斧對朝政進行整肅。他封自己的老丈人，趙妃的父親趙仁規為高麗司徒、司空、侍中，讓他集大權於一身，成為自己的股肱之臣；他還立資政院，以崔沖紹為光祿大夫；另外，他還擅寫高麗皇朝帝系，自造曆書。本來，在元朝人的眼裡，高麗也就是他們的一個行省，高麗的君主不過是元朝一個地方官而已，而王謜的做法豈不是犯上作亂，另有所圖嗎？當然，王謜不尊太后懿旨主動與寶塔實憐公主和好，自然也成為其不聽話的一大罪狀。於是，元大德二年（一二九八年）八月，元成宗派孛魯兀等人來到高麗，召王謜及寶塔實憐公主入朝。當孛魯兀一行準備返元時，逸壽王王愖在金郊設宴款待元朝官員並為王謜及寶塔實憐公主送行，就在大家酒酣耳熱之時，孛魯兀突然拿出一份元成宗的密詔，當眾對王愖宣讀：「聞謜莅政以來，處處失宜，眾心疑懼，殆以年甫逾冠，經歷尚少，未能副朕親任之意。卿宜依前統理國政，使謜入侍闕庭，明習事理。」（《蒙兀兒史記》〈高麗傳〉）宣讀完，孛魯兀便當場把高麗國國王的大印交給了王愖，這樣王愖又復位為高麗王，王謜在做了八個月的高麗國國王後瞬間被廢，不得不再次入元宿衛，而當時孛魯兀來高麗已十多天，居然「國人不知有此詔也」，這事做得夠絕了。

二、行為不檢　改嫁未成

經歷了這一系列的風波，最終以王愖復位，王謜被廢，寶塔實憐公主跟王謜又雙雙回到元朝收場。從表面上看，似乎所有的問題都解決了，一切又回到原來的起點，但實際上事情不可能如此簡單。首先，王謜雖然只做了八個月的高麗國國王，但他在高麗，在元大都，都有他的支持者和親信，而王愖復位後，與他關係一直不錯的吳祈、石天補、王惟紹、宋璘、宋邦英諸人，自然跟王謜那一派的人開始了新一輪的明爭暗鬥；其次，雖然寶塔實憐公主又跟王謜一起回到了元大都，趙妃也不再在王謜身邊，但兩人都覺得受到了對方深深的傷害，再回到過去，已經不大可能了。加上兩人個性相左，夫妻生活又摻雜了太多家國人事方面的因素，更加深兩人之間的裂痕，有時還會鬧到針鋒相對，到了元大都後兩人甚至都很少住在一起了。

寶塔實憐公主自從與王謜夫妻失和後，「素不謹，每與內僚諸人亂」（《高麗史》〈后妃傳二〉）。在高麗，有位瑞興侯，叫王琠，乃是高麗神宗靖孝王的後代，他人長得魁梧，也很漂亮。因同是王族成員，所以他跟寶塔實憐公主也會一起參加一些活動，一來二去，兩個人也就相互有了好感。而從一開始，王謜對寶塔實憐公主的不檢點行為，基本上睜一隻眼閉一隻眼，隨她去。這樣，膽子越來越大的寶塔實憐公主「遂屬意於琠」，就一心一意跟王琠好上了。當然，一開始，兩人還是遮遮掩掩、偷偷摸摸的，但沒過多久，因為仗著有大元撐腰，又在娘家，寶塔實憐公主就開始不顧影響，跟王琠公開雙宿雙飛，儼然一對情侶了。元大德五年，就有人給王愖出主意，讓他派人到元朝去，說服元成宗乾脆將寶塔實憐公主改嫁給王琠，理由是寶塔實憐公主與王琠兩人現在正情投意合，與其這樣尷尬，還不如就讓他們光明正大結婚算了。那些出主意的人也明白，要想讓元廷同意，還得找更好的理由。正好，元朝不是對王謜不滿意嗎？他們就說服王愖向元朝上表，說自己準備另立王琠為世子，計畫將來將高麗王位傳給他。這樣，寶塔實憐公主改嫁給王琠不就是順理成章，而且還是皆大歡喜！其實，這些人最真實的意圖，是想通過寶塔實憐公主的改嫁，讓王謜不再是元朝的駙馬，元朝不再支持他，這樣稱得上半個蒙古人的王源就復不了位，甚至在王慥死後也繼承不了王位，那些既得利益者也就能夠保護他們利益了。王慥還真的被說動了，他派都僉議司使閔萱去元朝，「表請改嫁公主」。但閔萱大概覺得這個表請太過荒唐，「不敢進而還」。

一三〇三年，元成宗大德七年，又有流言蜚語傳來，說元廷準備要讓王源回國復位了，王慥一聽，不知怎麼辦才好。他知道如果元朝真有此意，一旦成議，他根本就阻擋不了，只能束手待詔、聽天由命。這時有個叫宋璘的大臣給他出了個主意，讓他還是打換世子這張牌。王慥覺得，也只能如此了，於是他「表請入朝」，想親自到元朝去說服元成宗同意將寶塔實憐公主改嫁給瑞興侯王琠。

誰知一行人剛走到平壤，旨意來了：「帝不許入朝」，元成宗大概看出他們此行的目的，一行人只得又灰頭土臉回來。不久，元成宗派刑部尚書塔察兒、翰林直學士王約來到高麗。王約對王慥說：「天地間至親者父子，至重者君臣，彼小人但知自利，肯為王國家地耶？」要他處理好父子、君臣關係，不要受唯利是圖的小人們所挑撥。王慥聽後，流著淚對王約說：「臣老耄，聽信僉邪，是以至此。願改過，且請源復位。」（《新元史》〈高麗傳〉）

雖然沒有跟王琠結得成婚，但是誰也無法阻擋寶塔實憐公主跟王琠繼續來往。而此時寶塔實憐公主雖然名義上與王源還是夫妻，兩人卻早已分居，平時甚至連見面的機會都很少了。一三〇六年（元大德十年），王慥來元朝拜，下榻於兒子王源府邸。一天，年過七旬的王慥更衣外出，不小心摔了一跤，結果把牙齒給摔折了，「數日不能食」。本來，這是一樁小意外，但王慥的死黨王惟紹、宋邦英等人卻認為，這是又一個扳倒王謜的機會，於是他們就一面「勸王移寓公主所」，一面透過寶塔實憐公主的奶媽以及宦官李福壽向皇后大進讒言，又對元廷左丞相阿忽台、平章政事八都馬辛進言：「前王素失子道，又不與公主諧，故我王疾之，欲以禿魯花瑞興侯琠為後者，非一日。前王誠宜悔過自新，以供子職。昨我王舍於其邸，不謹奉侍至使折齒，我王欲勿怒得乎？曩前王願為僧，省官不許，今聽其祝髮，令琠繼尚公主，可副我王之志。」（《高麗史》〈王惟紹傳〉）意思大概是，王謜向來對父親很是不孝，加之又不能跟寶塔實憐公主和睦相處，頗失夫婦之道，所以「我王」很不喜歡他，想要撤掉他的王位繼承人資格，另以瑞興侯王琠為王位繼承人。其實王謜應該自己先學會怎樣做個孝順的好兒子。就在昨天，「我王」住在他的邸所，他不好好地伺候，以致「我王」把牙齒都摔斷了，這樣做兒子，不是太令人失望，太令人氣憤了嗎？讓王琠繼尚公主，與寶塔實憐公主結婚，這已是「我王」早有的心願了。欲加之罪何患無辭的這一大段話還真蠱惑了左丞相阿忽台等人，對以王琠為王位繼承人、繼尚公主的建議表示贊同。之後，自以為即將大功告成的王惟紹等人又派人去遊說右丞相答剌罕，但是答剌罕卻認為：「益智禮普化王（王謜），世祖之甥，寶塔公主，亦宗室女也，廢嫡改嫁，於理安乎！」但王惟紹還不死心，答剌罕就問他：「瑞興侯亦王之子耶？」王惟紹說不是，答剌罕又問：「誰出？」（《高麗史》〈王惟紹傳〉）王惟紹答不上來，狼狽而退。

王惟紹等人的陰謀敗露以後，高麗洪子藩等五人上書元中書省：「惟紹等離間王父子，逆理亂常，罪莫甚焉。」（《高麗史》〈王惟紹傳〉）中書省官員就「召王父子面詰」，並以「逆理亂常之罪」把帶頭起事的王惟紹等四人抓了起來。

討了此番沒趣，王愖的從臣高世全等人勸王愖回國，王愖擔心王源會在路上害他，不肯回去。見久勸不回，王愖的從臣七十人又上書元中書省：「極論惟紹等罪，且請奉王還。」元成宗也認為王愖作為高麗國王，應該及早歸國理政。於是，中書省「設宴餞王，又累進驛騎趣（趨）行」，敦促王愖早點啟程回國。無奈之下，他「乃飲藥發痢，自夏至秋不起」，玩了一齣苦肉計。隨後，他又「潛遣人詣行在，請與公主俱還」。他還經由左丞相阿忽台告訴皇后：「翁與婦偕行可乎？如不得已，我且還都備儀以送亦未晚也。」顯然，他是怕一離開大都，兒子王源一派要加害於他，想藉著寶塔實憐公主，以元朝為其護身符。

而此時，寶塔實憐公主聽說王惟紹等人被抓，「怒甚，召文衍杖之。又使人守門，禁出入王所告狀者，諸從臣皆離散」，（《高麗史》〈王惟紹傳〉）。可想而知，寶塔實憐公主對於王惟紹等人廢王源，改立瑞興侯王琠為王位繼承人，再讓她改嫁王琠，應該是十分贊成的。從寶塔實憐公主的所作所為看，她所追求的，更多的還是個人的得失和快樂，至於兩國關係國家利益，並不在她的考量之列。因此，王愖想將寶塔實憐公主作為自己跟兒子爭雄的一顆棋子，這個如意算盤，註定打不響。

自一二九八年王愖復位，王源被廢，兩人的支持者之間的明爭暗鬥，一直沒有停止過。在元中書省以及元廷官員中，一直有人支持王愖，也有人為王源說話。雖然皇后等人支持王愖，但王源作為高麗王室中第一個有元朝皇族血統的王子，又長期入質於元，加以當年在元大都，他和當時還是皇子的元武宗、仁宗「同臥起，晝夜不相離」，所以他在元大都還是很有一定勢力。儘管他跟寶塔實憐公主的關係不是很好，甚至就是針尖對麥芒，但王惿一派要想取消他的世子之位，讓他從此賦閒在元大都，也不容易。

大德十一年（一三〇七年），元成宗鐵木耳汗駕崩，由於皇太子早殤，皇位一時虛懸。當時，朝中分作兩派，八達太子及右丞相等與王源商定，擬迎立懷寧王海山為帝，左丞相阿忽台等則謀奉安西王阿難達承繼大統。經過較量，最後八達太子在王源等人的幫助下，清除政敵，迎懷寧王即位，即為元武宗。王源因「助八達汗靖內亂」「定策有功」，成為新皇帝的座上賓。作為回報，元武宗即位以後，為王源大勢捕殺那些反對他的人物，有的人逃到寶塔實憐公主府裡藏到公主臥室裡，也被抓了起來。王惿派在元朝任職的心腹，全部被罷免，換上了王源的支持者，就連王惿本人也被遷到了慶壽寺，給軟禁了起來。至此，高麗國政盡歸於王源，名義上還是高麗國國王的王惿只剩下「拱手行印」的份兒了。

見大勢已去，王惿孤單單一個人回到高麗。第二年，元武宗至大元年（一三〇八年）五月，王惿鬱鬱而終，享年七十三歲。王惿去世以後，王源偕寶塔實憐公主回國奔喪，並重新繼承王位，再次成為高麗國王。

但是這一次王源在國內也只待了幾個月，這一年的十一月，具有極深的中國情結的王源把高麗的國事政事全部委託給齊安公淑全後，便急不可待地偕寶塔實憐公主回到元大都。元武宗授王源「開府儀同三司、太子太傅、上柱國、駙馬都尉」，並進封他為沈王，讓他入中書省恭議政事。此後的近十年中，王源在元朝參與各種朝議，左右朝政，成為元廷中舉足輕重的人物。

三、樂而忘返　幸運人生

一三〇九年，元朝封寶塔實憐公主為韓國長公主。由於她那名存實亡的夫君王源「留居大都」，「樂而忘返」，這位韓國長公主也就長期住在娘家。一三一二年（元皇慶元年）春，元仁宗即位，新皇帝鑒於王源「久留京師，國內無主」，多次催促他回高麗，皇太后也認為，王源作為一國之主，不宜久居京師。可每次，王源都找各種藉口來拖延回國時間，到了第二年春天，元仁宗再次催促他，王源「無以為辭」，就把次子王燾（蒙古名阿剌訥忒失里）招到元大都，上書元仁宗，請求將王位傳給王燾。元仁宗見他實在無意於再當高麗王，只好同意他的請求，冊封王燾為「征東行中書省左丞相，上柱國」，新一代高麗王。這一年四月，新高麗國國王王燾上奏元仁宗，要求讓上王王源以及王后寶塔實憐公主跟他一起回國。王源以自己已經退位為由，想繼續留在元大都，但這一次元仁宗沒有答應。這樣在元朝當了五年高麗國王的王源與寶塔實憐公主一起，跟著新國王啟程回國。

本來作為上王，王源完全可以在高麗安身立命。但由於長期在中國駐留，王源對中國產生了深厚的感情，他早已把中國作為他的第二故鄉，對高麗倒反而生疏，這一次他也只勉強住了幾個月，便又收拾行裝，啟程赴元，不過這一次，寶塔實憐公主沒有跟他一起，一個人留在了高麗，當然，這大概是因為王琠的緣故吧。

一三二五年，在高麗住了一年多的寶塔實憐公主動身赴元，元仁宗派人去迎接，王源也「請迎於道，帝許之」，於是王源跑了很遠的路去迎接寶塔實憐公主——這恐怕是兩人結婚以來很難得的恩愛場面了，不知王源是出於政治的考慮，還是善意地想跟寶塔實憐公主重歸於好？但是不管如何，他都已經沒有機會了。寶塔實憐公主回到元大都後不久，即身患重症，回天乏術。

作為和親公主，能長期住在娘家，且死於自己的家鄉，可以說是寶塔實憐公主的造化了。但作為高麗國王妃、韓國長公主，寶塔實憐公主死後自然不能葬在元朝，還得歸葬高麗。寶塔實憐公主的靈柩運回高麗時，元仁宗「命中書省御史台百官奠於道」。第二年，當靈柩運抵高麗時，高麗的文武百官「玄冠素服迎於郊」，然後，將寶塔實憐公主葬於永安宮，幾年以後，元追封寶塔實憐公主為薊國大長公主。

寶塔實憐公主之和親高麗，可以稱之為一次失敗的和親，由於寶塔實憐公主政治上的幼稚與愚蠢，加上嫉妒狹隘的心理，以及自私自利為所欲為的品性，自她嫁入高麗，非但未能為元與高麗兩方面關係的改善做出成績，反而一直是非不斷，成了別人用來製造矛盾，挑起糾紛的一個籌碼與工具。當然，就她個人而言，她無疑是幸運的，其他和親公主獨在異鄉為異客所經歷的那些艱難困苦與孤獨無奈，可以說完全沒有沾上邊。加以有當時強大的元朝強有力地支撐著她，就連她「素不謹，每與內僚諸人亂」，作為高麗國王的丈夫都聽之任之，奈何不得。但要是換個朝代，恐怕早就成為刀下之鬼了。

寶塔實憐公主去世以後，王謜繼續留在元朝。由於對中國傳統文化情有獨鐘，王謜曾派博士柳衍等人從江南購得一萬八千卷圖書，在元大都築起一座萬卷堂，「以書史自娛」，除了不少高麗文士侍從，元朝著名文臣如趙孟頫、姚燧、閻復、李齊賢、虞集、元明善等也都曾雲集其間，詩文唱和，蔚然成一時之風。因為曾參與擁立武宗，一段時間參與元廷朝政，所以王謜退位後仍不免捲入元廷政治紛爭之中。一三二〇年（元延祐七年），元仁宗去世，皇太子碩德八剌襲位，是為英宗。英宗即位後，與王謜有怨的閹人禿古思等成為新帝身邊的紅人，王謜預感到「時事將變」，於次年四月，主動赴江南降香，希望能借南遊躲過一劫，但剛到鎮江，就被英宗派人「擁逼」回大都。一三二一年十二月，英宗以學佛經為名，流王謜於吐蕃的撒思吉之地（今西藏自治區薩迦縣），後又改遷脫思麻（今青海省青海湖南海南藏族自治州一帶）。一三二三年八月，英宗被殺，泰定帝也孫鐵木兒即位，大赦天下，王謜才得以被赦免召回。

歷盡劫難、九死一生的王謜千辛萬苦回到元大都後，對於他的第二故鄉中國這片熱土仍癡心不改，仍繼續留在元朝，一三二五年十二月，王謜因病去世，時年五十歲。

寶塔失里

一婦勇當關　贏得終生情

元皇慶二年（一三一三年），高麗忠宣王王源的兒子王燾被元仁宗冊封為高麗王，回國即位。元仁宗延祐三年（一三一六年）正月，王燾再次赴元朝拜，七月，元仁宗將元世祖的孫子營王也先帖木兒的女兒亦憐只班封為大元公主，嫁給了王燾。兩人在元朝完婚後，於當年冬天回到高麗。

但亦憐只班公主紅顏薄命，她在高麗與王燾僅僅生活了三年，即不幸香消玉殞。亦憐只班去世以後，王燾分別遣人向元廷及老丈人營王告訃。「營王遣使來弔喪，皇太后亦遣中使於侊不花來吊。」

亦憐只班公主年紀輕輕就不幸去世，大家都覺得有點蹊蹺，於是在她去世一年後，元朝派李常志來高麗調查亦憐只班公主的死因。李常志的調查從拷問亦憐只班公主的宮女開始。宮女交代，平日裡亦憐只班公主和王燾的關係其實並不像他們在元朝時表現得那麼要好。原來，王燾除了亦憐只班公主，還有一個德妃，王燾每次到延慶宮寵幸德妃時，亦憐只班公主都會妒性大發，與王燾大吵，免不了推推搡搡甚至動起手來了。有一次，亦憐只班公主竟然被王燾打得鼻孔出血。還有一次在妙蓮寺，兩人又吵了起來，亦憐只班公主就被王燾拳腳相加，要不是有人出手相救，亦憐只班那一次恐怕連命都要送掉。李常志問到了這些情況後，如獲至寶，就將宮女帶回元朝，準備進一步審問清楚後再治王燾的罪。

一見宮女被帶走，王燾以及高麗大臣們就有點兒慌了，於是就有人上書元中書省，說宮女之言不可信，那是屈打成招的誣告。為坐實證據，李常志又不得不再三提審那位宮女，但審來審去，也沒有審出什麼直接有用的證據來證明亦憐只班公主之死就與她的兩次被毆打有關。而作為元朝自己選出來的高麗王，元朝自然不能單憑推測就處置王燾（更何況他還有一半的蒙古血統），於是最後此事也就不了了之。

亦憐只班公主去世以後，先是被元追贈為靖和公主，後又被追封為濮國長公主。

一、金童早逝　德寧還政

元泰定二年（一三二五年），泰定帝也孫鐵木兒鑒於亦憐只班公主已死，便把魏王阿不哥的女兒封為金童公主，嫁給王燾作繼室。兩人也同樣完婚於元大都。第二年，兩人同赴高麗後不久，金童公主「從王幸漢陽龍山，生子，是為龍山元子」。不幸的是金童公主也和亦憐只班公主一樣紅顏薄命，剛生下兒子沒有多久，就去世了，終年只有十八歲。元朝後來追封她為曹國長公主。

元文宗至順三年（一三三二年），王燾又一次到元大都朝拜，因金童公主已死，元文宗又將宗王伯顏忽都之女封為慶華公主，嫁給王燾作繼室。第二年，王燾與慶華公主回到高麗。

元順帝至元五年（一三三九年）三月，也就是與慶華公主結婚七年後，王燾去世，慶華公主年紀輕輕的就成了寡婦。長子王禎（蒙古名普塔失里）承襲高麗王位，是為高麗忠惠王。王禎坐上王位不久，即「宴公主於永安宮」，請慶華公主吃了一頓飯。過了幾天，出於禮貌，慶華公主就在她的寢宮裡回請王禎，但她不知道王禎雖身居高麗王位，卻是出了名的浪蕩鬼，他對慶華公主早就垂涎三尺了，慶華公主此舉無疑是引狼入室。果然，喝了一點酒後，王禎就「佯醉不出」，待天色暗了下來，王禎就闖入慶華公主臥室。「公主驚起。忠惠使宋明理輩扶之使不動，且掩其口，遂蒸焉。」兇相畢露的王禎叫人按住慶華公主，並用東西堵上她的嘴，強姦了她。

慶華公主和王禎雖無血緣關係，但名義上卻是繼母子關係，出了這樣的事情，慶華公主感覺受到莫大的羞辱，第二天，她就收拾東西並派人去馬市買馬，準備回元大都。王禎接報，十分驚恐，他「命李儼、尹繼宗等禁馬市不得賣馬」。買不到馬，慶華公主就沒有走得成。當然紙是包不住火的，這件事情還是很快就傳到了元大都，在朝廷上下掀起了軒然大波。一直將王禎稱之為「潑皮」的右丞相伯顏就藉機派人將王禎押到元大都軟禁了起來，一直到次年四月，伯顏被貶，元廷才將他放了回來。

元至正三年（一三四三年），在高麗生活了十年的慶華公主去世，葬於高麗，元後來諡贈她為肅恭徽寧公主。

作為王燾的長子，王禎第一次成為高麗王，是在元文宗天曆三年（一三三〇年）的時候。原來，因為屢受沈王之黨的攻擊和元廷的責訊，元文宗復位後，王燾即派金之鏡到元朝，請求將高麗王位傳給世子王禎，元文宗表示同意。於是同年二月，當時正在大都的王禎被冊封為高麗國王。即位後不久，元文宗即將鎮西武靖王的女兒亦憐真班封為德寧公主嫁給了王禎。這一年七月，德寧公主就和王禎一起東赴高麗。

元文宗至順三年（一三三二年），因為有人到元朝告密說王禎與遼陽行省正密謀叛亂，妄圖擁立太子妥懽帖睦爾（成吉思汗的八世孫）為帝，於是王禎被召到元大都，突然被解除了高麗王位，由其父王燾復位。「燾及左右皆失色」，但元朝皇帝的旨意是不能違背的，這樣王燾又復位，王禎又繼續當世子，直到至元五年（一三三九年），王燾病危，立遺囑把王位傳給王禎，王禎才在王燾去世後又一次即位為高麗王。

據《高麗史》記載，王禎荒淫兇狠，綁架、奸殺婦女，無惡不作。至正三年（一三四三年），因為王禎的胡作非為，元朝又一次派人將他押到元大都。元順帝「詔以檻車流禎於揭陽縣」，至正四年（一三四四年）正月，「禎行至岳陽縣卒，或云遇鴆焉。禎死，高麗人無憫之者」。（《新元史》〈高麗傳〉）

德寧公主與王禎結婚後，生有兒子王昕（蒙古名八思麻朵兒只）和女兒長寧翁主。王昕從小聰明可愛，頗受元順帝妥懽帖睦爾的喜愛。妥懽帖睦爾曾問王昕：「汝學父乎，抑學母乎？」王昕回答說：「願學母」，妥懽帖睦爾聽後非常開心，稱他「好善、惡惡」，對其大加讚賞。

王禎死後，元順帝即冊封只有八歲的王昕為高麗王（是為高麗忠穆王），德寧公主垂簾聽政。

王禎死時，德寧公主正當盛年，她耐不住寂寞，「居中裴佺與康允忠出入得幸」，遂與居中裴佺和康允忠勾勾搭搭不清不楚起來。不久，「有人錄佺罪惡貼匿名狀於版圖門」，醜事被人以匿名信的方式張貼了出來。德寧公主這下顏面掛不住了，便對宰相說：「自今裴佺勿復近侍」，但是人們很快又發現，「佺猶在公主宮中用事」（《高麗史》〈后妃傳二〉），德寧公主的保證只是一句空話而已。

至正八年（一三四八年）十二月，王昕身患重病，德寧公主「徙居密直副使安牧第，庶務皆取決」於她，從幕後走到台前，穩定住高麗的上層人物，獨掌高麗權柄。王昕去世後，德寧公主派李齊賢到元朝，請求在王禎的母弟江陵大君王祺和王禎的庶子慶昌院君王眡當中挑選一人繼承王位。元朝選擇了王眡（蒙古名迷思監朵兒只，是為高麗忠定王）。由於王眡當時只有十二歲，德寧公主「頗與政，王不能，沮」。

母后專政，國王形同傀儡，再加之王眡性格比較浮躁，年小不懂事，「嗜戲謔」，於是「國人弗善之，多歸心江陵大君祺」，高麗國人都希望江陵大君王祺來做高麗王。面對這樣的人心向背，至正十一年（一三五一年），元順帝便將王眡遷到江華島（後被毒死），冊立王祺（蒙古名伯顏帖木兒）為新高麗王（是為高麗忠愍王）。

王祺即位，雖然德寧公主還想保持她在高麗王庭的特殊地位，但她畢竟只是新高麗王的嫂子，況且王祺也不是小孩，於是王祺即位不久，德寧公主不得不還政於王祺，退入深宮。據史書記載，王祺對他的嫂子德寧公主「事之甚謹」，德寧公主在高麗的日子過得應該還算安寧。

元至正二十七年（公元一三六七年，高麗忠愍王十六年，也就是在元朝退出中原退回漠北的前一年），元順帝封德寧公主為貞順淑儀公主，一三七五年，明太祖洪武八年（高麗辛禑元年），德寧公主亦憐真班在高麗去世，被安葬於高麗頃陵。

二、同甘共苦　臨危不懼

言歸正傳。元順帝至正八年（一三四八年），高麗王王昕死後，作為王禎的母弟，江陵大君王祺也曾作為新一代高麗王的兩個候選人之一。最後，元朝選擇了王禎的庶子慶昌院君王眡為高麗王。至正九年（一三四九年），王眡回國即位。大概是為了安撫王祺吧，元順帝特地將自己的兒子魏王阿不哥的女兒，也就是自己的親孫女寶塔失里封為承懿公主嫁給了他。

而嫁給王燾作繼室的金童公主，也是魏王阿不哥的女兒，也就是說，金童公主與承懿公主，她們實際上是親姐妹。但是王燾和王祺，其實卻是父子關係。親姐妹先後嫁給了父子倆，似乎是不倫了，但為了國家利益，元順帝也就顧不得這些了。

能夠娶到當朝皇帝的親孫女，王祺自然十分高興。舉行婚禮那天，他以隆重的禮儀，「親迎於北庭」。王祺與寶塔失里在元大都完婚後，並沒有立即回國，而是兩人在元朝又生活了兩年。

至正十一年（一三五一年），王祺被冊立為高麗王，十二月，王祺回國即位，承懿公主也跟王祺一起到了高麗，開始了她的王后生涯。

承懿公主與王祺結婚八年，都沒能生下一兒半女，這令元朝急，高麗大臣們更急，這不是要令高麗王位無後嗎？他們開始懷疑是不是承懿公主沒有生育能力，於是高麗百官推舉丞相來對承懿公主說：「王即位九年，未有太子，願選良家女充後宮。」承懿公主雖然跟王祺感情非常好，但她也為沒有能為王祺生下一男半女感到遺憾，於是不假思索就答應下來，同意為王祺納妃。不久，王祺就納權臣李齊賢的女兒為惠妃。

雖然這件事預先徵得承懿公主的同意，但後來得知納妃一事其實並非王祺的本意，而是大臣們的意見時，承懿公主後悔得連續幾天茶飯不思，她覺得自己一不小心犯了個大錯誤，讓本屬於自己獨有的快樂與幸福拱手讓給了別人。從此以後，「讒謗百端，公主遂有妬志」，高麗的後宮也就變得不那麼安定。

此時的元朝上下，除了各個政治集團之間的明爭暗鬥，全國各地的農民起義也早已星火燎原。至正十四年（一三五四年），元丞相脫脫奉命出征起義軍，因兵力不足，便向高麗徵兵。王祺派柳濯、李權、崔瑩等三位大將率領二萬三千人從征，在攻打高郵時，李權等人戰死。至正十八年（一三五八年），農民起義軍頭領方國珍和張士誠先後派人聯絡高麗，要求聯手對付元朝，王祺沒有理睬他們。至正十九年（一三五九年）冬，為切斷高麗對元的經濟、軍事援助，鞏固遼陽行省，圍困元大都，劉福通領導的「紅巾軍」決定東征高麗。紅巾軍渡過鴨綠江之後，連續攻下高麗義州、靜州、麟州及西京（平壤）等地，不久因大雪退回鴨綠江以西。稍後，紅巾軍關先生（關鐸）、破頭潘（潘誠）、沙劉等人又率二十萬眾渡過鴨綠江，劍鋒直指高麗王京。面對越來越嚴峻的形勢，「祺卜遷都避之，不吉，仍營白岳宮闕為新京，移居之」，避敵鋒芒遷都南下。在此兵臨城下的危急時刻，承懿公主表現出異乎尋常的勇敢，她「從王南幸，事出倉卒，去輦而馬，見者皆泣下」。（《高麗史》〈后妃傳二〉）在逃難的路上，承懿公主為趕時間，「去輦而馬」，因時間倉促，她的貼身丫鬟只能騎著一匹十分羸弱的病馬，一路走走停停，那場景還真是有點兒令人慘不忍睹啊。

至正二十一年（一三六一年，高麗忠愍王十年），高麗大將安祐、崔瑩等合兵二十萬圍攻王京，「賊大敗，斬沙劉，關先生餘黨渡鴨綠江而去，賊遂平」。這樣承懿公主和王祺才又回到了王京。

可是承懿公主和王祺沒過上幾天安定的日子，也還是在這一年（一三六一年），高麗亂中添亂，又發生了「興王之變」，高麗王族中有人試圖要趁亂奪取王位了。當氣焰囂張的叛軍包圍王宮，隨時會破門而入形勢十分嚴峻之時，嚇破了膽的王祺匆忙跑進太后的密室，「蒙毯而匿」。但面對不斷叫囂的叛軍，承懿公主卻表現得極其沉著、冷靜和勇敢。她哪兒也不去，就靜靜地坐在王宮門口，跟那些虎視眈眈的叛軍士兵對峙，一直到叛亂被平定才起身離開。承懿公主此舉，極大地穩定了軍心與人心，為平定叛亂贏得了寶貴的時機。

至正二十五年（高麗忠潛王十四年，公元一三六五年），在跟王祺結婚十五年之後，承懿公主終於懷孕了。聽說公主懷孕了，至今還尚無子嗣的王祺十分高興，他「以公主有身彌月，赦二罪以下」，進行全國大赦。由於承懿公主懷孕時年齡偏大，第二年生產時不順。王祺見承懿公主「難產病劇，令有司禱於佛宇神祠，又赦一罪。王焚香端坐，暫不離側」（《高麗史》〈后妃傳二〉）。但王祺的誠心這次沒有能夠感動上蒼，不久，承懿公主即因難產而去世。王祺「悲慟不知所為」，別人勸他注意身體，節哀順變，王祺說：「吾與公主約，不如是，不可遠避他處以圖自便」。（《高麗史》〈后妃傳二〉）真是感人至深。

三、感天動地　真愛無極

承懿公主去世後，王祺一邊「遣密直副使楊伯顏如元告喪」，一邊大張旗鼓為承懿公主操辦喪事。這一年四月，王祺將承懿公主安葬於高麗正陵，為表示對承懿公主的不捨、思念與哀悼，王祺為承懿公主舉辦了非常隆重的葬禮。葬禮期間，停朝三日，百官玄冠素服，為承懿公主披麻戴孝。王祺還「設殯殿，國葬，造墓齋」，「令諸司設奠，賞其豐潔者。於是爭務華侈，至有稱貸以辦者。王（祺）素信釋教，至是，大張佛事，每七日令群僧梵唄隨魂輿，自殯殿至寺門，幡幢蔽路，鐃鼓喧天，或以錦繡蒙其佛宇，金銀彩帛羅列左右。觀者眩眼，遠近諸僧，聞者皆爭赴。」（《高麗史》〈后妃傳二〉）史書還記載，承懿公主的喪事，「依齊國大長公主（即忽都魯揭里迷失）例，窮奢極侈以此府庫虛竭」。但儘管如此，王祺還覺得不足以表達他對承懿公主的那份感情，在承懿公主下葬之前，王祺還親手為公主畫像寫真。畫成之後，面對公主畫像，王祺「日夜對食悲泣，三年不進肉膳」。他還命令所有大臣在任職及出使之前，都必須到承懿公主的陵前行禮。

王祺對承懿公主稱得上是至誠至切了。第二年，高麗忠湣王十五年（元至正二十六年，公元一三六六年），王祺又在高麗王輪寺的東南面為承懿公主大興土木，建造影殿。他「令百官輦木石，數百夫挽一木尚不能進」（《高麗史》〈后妃傳二〉）。為了影殿能夠早日建成，就連朝中百官也被王祺派去運送木料、石頭了。在施工現場，數百人抬著巨木，晝夜不斷，而路上則到處可見累死的耕牛。這項工程動用人員之多、耗資之大，在高麗歷史上可以說是前所未有的。

至正二十七年（一三六七年），元順帝派忽都帖木兒到高麗，賜承懿公主魯國徽懿大長公主謚號。王祺來到承懿公主的魂殿，親口把元朝所賜謚號告知承懿公主。並端坐在公主的畫像前，像從前一樣，喃喃私語，陪公主吃喝。此情此景，令在場的人無不潸然淚下。

至正二十八年（一三六八年），朱元璋攻入元大都後，元順帝妥懽帖睦爾北奔上都（今內蒙古克什克騰旗境內），史稱「北元」，朱元璋則在應天（今南京）稱帝，改元洪武，定國號為明。北竄的妥懽帖睦爾自然還夢想有朝一日能夠捲土重來，故派人極力拉攏高麗，第二年還將王祺晉封為元右丞相。而明朝為了儘快消滅元朝的殘餘勢力，也在極力籠絡高麗。在這種情況下，王祺先派李成瑞出使北元，以盡女婿之責，後又派禮部尚書洪尚載出使明朝，表示與元斷絕關係。

雖然已滄海桑田，世事巨變，但王祺對承懿公主的思念之情卻始終沒有減弱。忠澘王十九年（公元一三七〇年），王祺為承懿公主「置守陵戶，納土田」，撰文讚揚承懿公主，雖然難免是官樣文章，溢美之詞，但在其宗主國元朝業已潰北，王祺還能如此對待承懿公主，可以見得王祺跟承懿公主，雖然也是一場政治婚姻，但是兩人關係早已超越了政治而成為一場跨國之戀了。承懿公主雖然好妒，但她勇於擔當，臨危不懼，關鍵時刻總是能夠挺身而出，為夫分憂。她與王祺的這份真愛，總算為嫁給高麗的那些大元公主們，掙回了一點面子。

明洪武八年（高麗忠澘王二十四年，公元一三七五年），在位二十四年的王祺被部下所殺，時年只有四十五歲。①

王祺在世時因無子，以寵臣辛旽之子辛禑為養子，他去世以後，辛禑就成為新一代高麗王。一三八八年，高麗權臣左軍都統使李成桂發動政變，廢了辛禑，擁立其子辛昌為新高麗王。一年之後，李成桂又藉口辛昌並非王氏正統，不可以為高麗國王，將辛昌廢黜並流放江華島，迎立高麗神宗七世孫王瑤為王，是為高麗恭讓王。明洪武二十五年（一三九二年），李成桂又廢了恭讓王，自己正式登基即位為王，他擬定兩個國號——「朝鮮」和「和寧」，奏請明太祖朱元璋裁定，朱元璋以「朝日鮮明」之意，圈定「朝鮮」二字，以李成桂為「權知朝鮮國事」，由此「李氏朝鮮」正式登上歷史舞台，建國四百七十餘年的高麗國走向滅亡。

四、元麗聯姻　各有所得

元朝皇室和高麗王室之間密集的通婚，算得上是中國和親史上一個獨特的現象。自一二七四年元世祖忽必烈將親生女兒忽都魯揭里迷失下嫁給高麗忠烈王王諶之後八十餘年，高麗六代七位高麗王，除忠穆、忠定二王死於未成年，其餘五位均娶元公主為后。而先後出嫁高麗的七位大元公主，她們不是當今皇帝的女兒或孫女，就是王爺的女兒，地位身分都不低。元朝之所以捨得花血本與高麗世代聯姻，其中有一個最重要的原因，那就是為了防止高麗倒向日本，為了利用高麗來牽制日本，以高麗作為東征日本的一塊穩固基地。從元定國之初的至元二年（一二六五年）開始，元世祖忽必烈就曾多次派人通好日本，但日本或拒而不納，或根本就不予理睬。無奈之下，元朝只好借助於日本鄰國高麗了。確實，元麗聯姻之後，高麗或是出面斡旋，或是出兵相助，或是為元朝征討日本的軍隊提供軍糧和戰船等等，為元朝東征日本提供了多方面的幫助與支持，也以自己特殊的地理位置，成為元朝牽制日本的一顆重要的棋子。

元朝與高麗代代聯姻的關係，使得元朝皇帝成為高麗國王的岳父，高麗國王成為元朝的駙馬，高麗國王與元公主所生之子又被立為世子，日後再成為國王（當然也有例外）。在這種關係中，高麗王實際是擁有雙重身分的國王，他既是元朝的地方官，又是高麗國的國王。最典型的例子，元朝曾在高麗置征東行中書省，由高麗國王兼任征東行中書省丞相。高麗朝廷一般有兩種禮儀，平時宰樞臣僚處理本國一般事務謁見國王時，用的是高麗禮儀，而宰臣、行省官員處理行省事務謁見國王兼行省丞相時，則需要用「元朝禮」。這些都反映了高麗國作為元帝國的附屬國兼駙馬國的地位。

因為高麗國與元帝國這種特殊關係，使得高麗與元朝間人員往來十分頻繁。據統計，從蒙古太祖十九年（一二一九年）至元朝滅亡（一三六八年），蒙古國與元朝派遣使臣前往高麗的次數是二百七十七次，而高麗從蒙古太宗四年（一二三二年）至元朝滅亡，共遣使赴元四百七十九次，兩者加起來是七百五十六次，無疑居元朝與各藩屬國往來次數之首。也就是說在所有藩屬國中，元帝國與高麗的關係應該是最密切最牢靠的，這當然是代代聯姻所促成的。

元朝時，有大量的高麗人入住中原。元朝高麗人聚集最多的地方是元遼陽行省和元大都。居住在元大都的高麗人一是貴族子弟，二是婦女和宦官。元朝廷經常強索強買高麗婦女，許多高麗婦女入元官宦之家成為妻妾和侍女。粗估從高麗忠烈王元年（元世祖至元十二年，公元一二七五年）到高麗忠滑王十七年（元順帝至正二十八年，公元一三六八年），史書中有明確記載的高麗進獻和元朝索要高麗女子就達五十五次之多。除了進貢婦女以外，高麗還向元朝進貢宦官，在元大都的高麗宦官和高麗女子的數目幾乎一樣。高麗宦官很善於鑽營，權勢極大，各方面往往超過了漢人宦官。

通過這種政治性的婚姻聯結，元朝達到了進一步控制高麗的目的，高麗王也得以憑藉其駙馬身分提高自己的地位，終元一代保持了本國的局部主權。當然，無論是在政治還是經濟、軍事、文化方面，這種聯姻關係也使得高麗獲益良多。高麗上層每遇到重大矛盾危機，都是由元朝出面協調，使得國家得以穩定發展（雖然元朝有干涉內政之嫌）。當日本要出兵高麗時，元朝都會派出軍隊幫助高麗防守。每當高麗遇到饑荒，元朝或直接賑災，或借糧，都會出手相助。元與高麗的經濟交流，除數量相當大的貢賜物品外，互通有無的民間貿易往來也甚為發達。棉花的種植，也是元時由中國傳入高麗的。相傳元至正二十三年（一三六三年），高麗人文益漸使元，求得棉籽十餘枚，他回到高麗後令人種植，結果僅一枚出了芽，他派人小心伺候這棵獨苗，秋後收得棉籽百餘枚，之後年年加種，越種越多，後來又有一胡僧去高麗授以百姓繅織之術，於是棉花種植與棉布紡織不到十年就遍布高麗全境。

元朝時，大量代表中國儒學及理學思想的書籍，流向高麗。來元的高麗人中，有不少精通漢文的文人學者和高僧，他們與中國文人交往密切，相互切磋唱和。高麗名臣李齊賢長期在元陪侍王源，廣泛結交元朝著名儒臣文士，學問大進，有《益齋集》傳世，被認為是高麗時代的優秀古典作品。元仁宗恢復科舉後，高麗也依制選送士人參加會試，即使未能及第，元亦授予官職，他們歸國後即可憑此出國留學的資歷而獲高官，至於科考及第的，那就更了不得了。

由於元麗兩國地位的不平等，使得元公主在高麗具有特殊的權力和地位。出嫁高麗的元朝公主，依仗元廷的支持，把握內宮權柄，干預高麗國事。她們廣泛參加朝會、宴享、巡幸、接見使臣等各種活動，決定高麗人事的任免，強迫高麗國王採納自己的意見，一語不合，她們就會仗著通「天」的優勢去告御狀，要求元廷干預。而出嫁高麗的幾位元朝公主，除了承懿公主，其他幾位與高麗王的關係都稱不上和諧，有的甚至長期分居，勢若水火。但不論怎麼樣，大元公主在高麗卻能始終保持崇高的地位，過著養尊處優的日子，她們還能夠攜著夫君頻繁地回娘家，有的甚至還一住好多年，跟其他朝代的和親公主相比，這些大元和親高麗的公主們，應該算是幸運的。

附注

①王祺之死，死於他自己的荒唐以及一直困擾著他的繼嗣問題。據《高麗史》〈恭愍王世家〉記載，「王性不喜色，又不能御，故公主生時御幸甚稀」。王祺的身邊有洪倫、韓安、權瑨、洪寬、盧瑄等一班年輕俊美的世家子弟，這些人不但要負責保衛國王的安全，還常常要把自己打扮成女子模樣來滿足恭愍王。據《高麗史》〈恭愍王世家〉記載，王祺「常自粉黛為婦人狀，先納內婢少者，房中取袱掩其面，召興、慶及倫輩亂之，王從旁室穴隙視之。及心歆動，即引倫輩入臥內使行於己如男女。更數十人乃已」。再後來，則發展到更加荒唐的地步，不光是普通宮女，王祺甚至脅迫自己的妃子們也參與這種淫亂之中。據《高麗史》〈恭愍王世家〉：「王慮無嗣，因使倫、安等強辱諸妃，冀其生男以為己子。定、惠、慎三妃死拒不從。後幸益妃宮，使興、慶、倫、安等通，妃拒之，王拔劍欲擊妃，懼從之。」而據《高麗史》〈洪倫傳〉：「王使倫等通諸妃嬪，冀生子以為嗣，益妃有身。宦者崔萬生嘗從王如廁，密告曰：『臣詣益妃殿，妃曰有身已五月矣。』王喜曰：『予嘗慮影殿無所托，妃既有身，吾何憂乎？』少選問：『與誰合？』萬生曰：『妃言洪倫也。』王曰：『明日謁昌陵，佯使酒殺倫輩以滅口，汝知此謀亦當不免。』萬生懼，與倫、安、瑨、寬、瑄等謀，是夜三更入寢殿，乘王大醉，萬生手劍擊之，頭髓濺壁，瑨、寬、瑄、安等遂亂擊。」意即一位妃子懷孕後，王祺想對外宣稱是自己的孩子，為了滅口，就密謀要去殺掉孩子的生父洪倫，結果洪倫先下手為強，刺殺了王祺，一代高麗王就這樣死於非命。

孝莊文皇后　懿德長在史

布木布泰

布木布泰，一個大家可能還不太熟悉的名字，但是一說到孝莊文皇后，孝莊太后，大家就清楚了：就是那位歷經四帝，躬助三朝，兩扶幼主，為大清王朝的建立、鞏固和發展作出了重大貢獻，歷經康、雍、乾三帝追封累加謚號為孝莊仁宣誠憲恭懿至德純徽翊天啟聖文皇后的大清國母啊，她從蒙古科爾沁草原走出來，為大清朝奉獻了一生、是中國歷史上少有的和親公主——也是一位傑出的女政治家。

一、滿蒙聯姻　立國之基

蒙古族到明代末年，北方蒙古族以大漠為中心，分成了漠南蒙古、漠西蒙古以及大漠以北的喀爾喀蒙古三部分。蒙古科爾沁部，即屬於漠南蒙古中的一部，也是蒙古各部中最早與滿洲前身建州女真部建立姻親關係的一部。

蒙古科爾沁部，是來自蒙古的「黃金家族」。科爾沁部的始祖哈布圖·哈撒爾，是也速該的次子，元太祖成吉思汗的二弟。他生於公元一一六四年。其實，「科爾沁」一詞，並非蒙古語，而是源於鮮卑語，「帶弓箭的侍衛」的意思。成吉思汗在稱帝前，曾於其帳殿周圍設立一支衛隊，由成吉思汗從各「千戶」、「萬戶」中精選年輕力壯、武術高強、箭法出眾者組成，正常人數在兩千人左右，他任命他的弟弟哈撒爾為這支衛隊的「兀勒都赤」，也就是「指揮者」。這支帶弓箭的護衛軍，雖然人數不多，卻最為強悍。他們平時負責護衛「帥帳」，戰時則成為衝鋒陷陣的先鋒。後來，這支「科爾沁」護衛軍規模不斷擴大，「科爾沁」也就成了一個常設軍事機構，集聚在一起的人也越來越多，漸漸地也就族群化了，當然大家還是唯哈撒爾及其後裔的馬首是瞻。到了十五世紀初，「科爾沁」漸漸就由軍事機構的名稱演變成哈撒爾後裔所屬各部的泛稱，形成了著名的科爾沁部。

蒙元時期，哈撒爾及其後裔在蒙古統治機構中擔任要職，手握重權。哈撒爾的封地享有特殊的地位，他們有權確定子孫的繼承，有權成立「兀魯思」（分封國家），有權以汗做稱號，實際上成為大蒙古國境內的一個小封國。北元時期，科爾沁部落進一步走向強盛，經歷了「北元的宗主國」、「與北元對等的部落國家」等幾個發展階段。

從公元一四三二年（明宣德七年）起，部分科爾沁人開始東遷到大興安嶺以東的嫩江流域駐牧。後來，一些科爾沁人則進一步向南挺進，到達明朝開原、鐵嶺邊外。此時科爾沁的部落首領們一邊聯合起來蠶食明朝遼東邊境地區，一邊通過新安關和慶雲堡，和明朝進行著互市貿易。他們以馬、貂皮、羊皮、狐皮、鹿皮、人參、水獺、蘑菇等土特產品換取明朝的銀錢及絹緞布料、鍋碗瓢盆等日常生活用品。

公元一五八八年（明萬曆十六年）左右，嫩江科爾沁部繼續往西南擴展，在遭到蒙古札魯特等內喀爾喀部的阻滯後，開始向開原東北邊外的海西女真諸部居住的混同江口一帶發展，一時控制了女真的葉赫、烏喇等部。到明朝末年，子孫繁眾的嫩江科爾沁部的活動範圍，已經擴展至西起興安嶺山陰，東至哈爾濱以東，北達嫩江上游，南抵混同江江口一帶。而自遏制住混同江江口一帶的水陸交通要道後，嫩江科爾沁部與蒙古大汗之間的隸屬關係以及與明朝之間的貿易關係，開始逐漸疏遠，與女真諸部之間的聯繫則變得頻繁了起來。

多年以來，女真人一直在中國東北地區繁衍生息，後分為三部，其中以居於今中朝邊境的長白山一帶的建州女真最為強大。明朝初年，為包抄和壓制北元殘餘勢力，明朝在東北地區設立遠東指揮使司，明先後將建州女真分成三個衛，總稱「建州三衛」，開始著手控制女真部的各個部落。此後，建州女真部進一步南移，與明朝交往也更為密切，進一步提高其社會生產力。十六世紀七十年代，建州女真與明朝時有衝突，「建州三衛」逐漸走向瓦解，部落零散，各自為政。一五八六年（明萬曆十四年），被明襲封為指揮使的努爾哈赤以祖、父遺甲十三副，相繼兼併征服海西女真部與東海女真部，統一了分散在東北的女真各部，初步建立起了八旗制度。

當初，努爾哈赤統一女真各部的征戰，受到葉赫、烏拉等部的強烈抵抗。明萬曆二十一年（一五九三年），女真葉赫、烏拉、輝發等連同蒙古科爾沁部組成九部聯軍，攻伐努爾哈赤統領的建州部，結果被努爾哈赤一舉擊潰。萬曆二十二年（一五九四年），為防努爾哈赤報復，科爾沁部貝勒明安與內喀爾喀五部貝勒老薩共同派遣使者，向努爾哈赤獻馬百匹、駝十峰以示通好，這是蒙古科爾沁部與女真通好的最早記錄。

當然，此時蒙古各部與努爾哈赤之間還處在若即若離的境地，努爾哈赤對蒙古各部則採取又打又拉的策略。明萬曆二十五年（一五九七年），努爾哈赤因對科爾沁部不滿，派穆哈連帶兵征討，科爾沁部得到女真葉赫部的支援，擊敗並生擒了穆哈連。蒙古察哈爾部林丹汗繼位後，科爾沁部又按照末代蒙古大汗林丹汗的旨意，在萬曆三十六年（一六〇八年）派兵援助女真烏拉部，一舉擊退努爾哈赤長子褚英的進攻。不久，科爾沁部首領翁果岱又帶長子奧巴率部幫助女真葉赫部擊敗了努爾哈赤的軍隊，殺死了努爾哈赤的部將布揚古，科爾沁部甚至還侵入到建州境內肆意擄掠一番。

一六一二年，努爾哈赤聽說科爾沁台吉（台吉，源於漢語皇太子、皇太弟，是蒙人對部落首領的一種稱呼，一般有黃金家族血統的首領才能稱台吉）明安有個女兒，甚為漂亮賢淑，便遣使求聘。雖然此時女兒已經許配給了人家，但明安一聽說努爾哈赤求婚，還是趕緊回絕了先許之婿，把女兒送到了努爾哈赤大營。努爾哈赤見此，以禮相迎，大宴成婚——滿蒙之間延續數百年的姻戚關係，即由此拉開了帷幕。兩年之後的一六一四年，努爾哈赤又讓第八子皇太極娶科爾沁部莽古思之女哲哲為妻（後尊為孝端皇后）。次年，努爾哈赤自己又娶了科爾沁台吉洪果爾之女為妻。

一六一六年（明萬曆四十四年），努爾哈赤在統一女真各部後，於赫圖阿拉（今遼寧省新賓縣西老城）稱汗，國號「金」或「大金」（史稱後金），改元天命。翌年正月，作為老丈人的科爾沁部台吉明安率眾親至赫圖阿拉，向努爾哈赤稱賀。

一六一八年（後金天命三年，明萬曆四十六年），努爾哈赤發出名為《七大恨》的討明檄文，起兵反明。一六一九年，後金與明軍激戰薩爾滸，努爾哈赤採取集中兵力、各個擊破的方法，以少勝多大敗明軍。一六二一年，努爾哈赤率重兵圍攻明東北重鎮瀋陽，由於城中降兵叛變以及後金不斷增加兵力，瀋陽城最終易手。同年，後金還成功攻下明遼陽，並遷都於此。一六二五年，努爾哈赤又遷都瀋陽，並改瀋陽為盛京。

與此同時，為解除後顧之憂，全力對付明朝，努爾哈赤還加緊了對鄰近的蒙古科爾沁部的懷柔活動。正處於察哈爾部和後金兩強之間的科爾沁部，因不滿蒙古林丹汗貪得無厭的索要和肆意欺淩，也逐漸向後金靠近。後金天命九年（一六二四年）二月，努爾哈赤遣希福、庫爾纏至蒙古科爾沁部，與奧巴（翁果岱長子，哈撒爾第十八世孫）為首的科爾沁部，刑白馬烏牛昭告天地盟誓。

除了結盟，此時雙方的聯姻也頻繁了起來，後金天命八年（一六二三年），洪果爾將女兒嫁給了努爾哈赤第十二子阿濟格，科爾沁台吉阿爾寨以女嫁努爾哈赤第十四子多爾袞。後金天命十年（一六二五年）二月，科爾沁台吉宰桑又把自己的女兒，也就是本章的主人公布木布泰嫁給皇太極。通過聯姻與結盟，後金來自蒙古方面的壓力大為減少，得以集中精力去對付明朝。

科爾沁部與後金結盟、聯姻，自然會令察哈爾的林丹汗大為震怒，一六二五年十一月，他率內喀爾喀部至奧巴駐地，圍城問罪。奧巴向努爾哈赤告急求援，努爾哈赤派三貝勒莽古爾泰、四貝勒皇太極率兵前來解圍，林丹汗不得不悻悻而退。次年五月，奧巴攜貂皮、貂裘、駝馬等親赴後金，答謝努爾哈赤的解圍之恩。努爾哈赤出城設帳迎接奧巴，並將弟弟舒爾哈赤貝勒圖倫的女兒肫哲公主嫁給了奧巴。六月，努爾哈赤與奧巴在渾河邊焚香獻牲，行三跪九叩之禮，對天焚燒誓書，發誓聯合起來共同對付察哈爾、喀爾喀。努爾哈赤封奧巴為土謝圖汗，奧巴諸弟也均有封爵。由此，蒙古科爾沁部徹底倒向了後金，成為後金伐明的左膀右臂。

一六二六年，後金攻打明寧遠城，努爾哈赤被明軍將領袁崇煥用紅夷大炮打成重傷，不久即因傷勢過重去世，第八子皇太極即位。皇太極繼位後，決定在南下入關之前先解決蒙古這個後背隱患問題。後金天聰二年（一六二八年），皇太極率眾親征察哈爾林丹汗，令科爾沁諸台吉集合待戰。科爾沁部奧巴不忍殺掠林丹汗及其蒙古部眾，以足疾為由未到達所會之地，僅與其弟布達奇率部抵達察哈爾邊界，虛張聲勢而還。皇太極聞訊，派遣索尼、阿朱戶兩人以向公主（奧巴的妻子）送禮為名，持信來到科爾沁部，嚴厲譴責奧巴這種畏首畏尾的行為，並提出要與奧巴絕交。奧巴看了信，大為驚慌，再三挽留使臣，並於公元一六二九年正月，帶病親赴盛京謁見皇太極，獻上駱駝十峰、馬一百匹，另獻給皇太極一匹好馬、一副盔甲以謝罪。

在皇太極的不斷追擊之下，林丹汗不得不撤退至漠北蒙古喀爾喀部，然而喀爾喀部不願接納他，林丹汗只得再向西逃。一六三四年，林丹汗逃至大草灘（今甘肅境內）一帶暫且安身，不久即因病去世。林丹汗去世後，其勢力迅速土崩瓦解，第二年，林丹汗之子額哲歸降皇太極，獻上了據說是當年元順帝離開中原時帶走的傳國玉璽，漠南蒙古由此併入後金版圖。

解除了後顧之憂，一六二九年十月，皇太極親率大軍南下攻明，土謝圖汗奧巴率圖昧、洪果爾、吳克善等二十三名台吉及部眾隨皇太極出征，並在這次征伐中攻城掠地，立下卓著戰功。從此，科爾沁部與女真的聯盟越加穩固，凡後金遇有大征伐，科爾沁部皆舉眾相隨，並屢立戰功。

一六三六年，皇太極在瀋陽稱帝，上尊號為「寬溫仁聖皇帝」，改國號為大清，改族名「滿洲」，改元崇德，讓雙方都獲益匪淺的滿洲部與蒙古科爾沁部的聯姻，也被皇太極作為一項基本國策確定了下來。其實，為了籠絡科爾沁部，除了不斷娶蒙古科爾沁部女子為妻，後金及清皇族的公主、小姐也不斷嫁到科爾沁部去，原科爾沁部所處的清廷封地上，有很多公主陵、公主嶺的地名，就因清皇族下嫁的公主而得名。

二、繼位之爭　初露崢嶸

布木布泰（也有譯本布泰），生於明萬曆四十一年（一六一三年）二月初八（西曆三月二十八日），是蒙古科爾沁部宰（寨）桑的第二個女兒。布木布泰的祖父為貝勒日固齊（斷事官）莽古思（後被皇太極追封為和碩福親王，莽古思的妻子，布木布泰的祖母被皇太極冊封為和碩福妃，清人稱其為科爾沁大妃），布木布泰的父親是莽古斯的長子，他本名叫布和，因為有宰桑職務，連稱宰桑布和（宰桑是取漢語「宰相」的諧音，乃科爾沁部落首領的參謀和助手）。宰桑的夫人，也就是布木布泰的母親叫博禮（蒙古語「平平安安」的意思），清人稱她婆婆叫科爾沁大妃，管她叫科爾沁次妃。博禮為人賢慧敏捷、孝順謙和，具有較強的交際能力。布木布泰因此從小受到良好的教育，兼通蒙、漢文，性格開朗豪放。她十三歲那年，皇太極因被她那迷人的風姿所吸引，派人來求婚，寨桑很爽快地答應了。一個月過後，也就是後金天命十年（一六二五）二月，宰（寨）桑即派大兒子吳克善送布木布泰與皇太極完婚。皇太極在遼陽東北岡舉行盛大儀式，歡迎送親隊伍，努爾哈赤也率后妃和各貝勒、大臣遠行遼陽城外十里相迎。從此，布木布泰成了三十四歲的皇太極寵愛有加的側福晉。

有必要在這裡再說明一下，十一年前的一六一四年，同樣是嫁給皇太極為正房大福晉的哲哲，其實是布木布泰的親姑姑，而在九年以後的天聰八年（一六三四年），布木布泰的姐姐海蘭珠守寡在家，也嫁給了已繼承汗位的皇太極。姑侄三人同事一夫，這在中原人看來似乎有點兒不可思議，但在北方遊牧民族，卻是再正常不過的事情。

婚後，布木布泰接連為皇太極生下三個女兒：天聰三年（一六二九年），生長女也是皇四女雅圖，後來受封為固倫雍穆長公主；天聰六年（一六三二年），生皇五女阿圖，後來受封為固倫淑慧長公主；次年，又生了皇七女，後來受封為固倫端獻長公主。一六三六年皇太極改國號為大清，稱帝於盛京（瀋陽）時，同時建立起後宮制度，在其眾多妻妾中分封了五宮后妃。

布木布泰的姑姑哲哲，理所當然正位中宮清寧宮，為皇后，地位僅次於皇后的，是在布木布泰後入宮的姐姐海蘭珠，她被封為宸妃，位居東宮——關雎宮。其他兩位西宮麟趾宮貴妃、次東宮衍慶宮淑妃，原為察哈爾蒙古林丹汗之妻，皇太極征服察哈爾部後娶之，他作這樣的安排，主要是出於政治上的考慮。布木布泰被封為莊妃，居次西宮——永福宮，稱西側福晉，皇太極在頒給她的用滿、蒙、漢三種文字寫成的冊文中寫道：「……茲爾本布泰，系蒙古科爾沁國之女，夙緣作合，淑質性成。朕登大寶，爰仿古制，冊爾為永福宮莊妃。爾其貞懿恭簡，純孝謙讓，恪遵皇后之訓，勿負朕命。」顯而易見在崇德五宮后妃，也稱五大福晉中，莊妃在後宮的地位並不顯赫，其實此時後宮受到皇太極專寵，統攝一切的是她的姐姐宸妃。

布木布泰在宮中地位的首次提升，是在崇德三年（一六三八年），這一年正月，宸妃所生、被皇太極視為皇嗣的皇八子因病夭折，恰在幾天後，也就是正月三十日戌時（公元一六三八年三月十五日），莊妃布木布泰於永福宮生下皇九子福臨。母以子貴，從此永福宮一改往日的冷清，變得門庭若市。

清代官書稱莊妃曾「輔佐太宗文皇帝」（皇太極），然僅此一句，語焉不詳，倒是民間盛傳一則「莊妃勸疇」的故事。崇德七年（一六四二年），明清松錦大戰，清軍俘獲明薊遼總督洪承疇，皇太極派范文程等一干漢族官員前往勸降，但是，洪承疇「延頸承刀，始終不屈」。一天夜裡，牢門輕啟，莊妃扮作一位侍女，手持參湯飄然而至，她動之以情，曉之以理，娓娓道來一席話，讓絕食等死的洪承疇態度大變，繳械投降歸了大清。然而這個故事的可信度並不高。據史書記載，被俘之初拒不投降的洪承疇之所以後來一改初衷，甘為大清鷹犬，是因為皇太極親自出馬，招降成功。其實莊妃布木布泰的初露崢嶸，是在皇太極去世後的爭位大戰中。

崇德八年（一六四三年）八月，皇太極突發腦溢血，暴死於清寧宮中。由於死得突然，對於由誰來繼承大統，皇太極沒有來得及留下遺囑，這樣他一去世，在繁雜堂皇的喪儀背後，「諸王兄弟，相爭為亂，窺伺神器」，一場激烈的權力角逐悄悄而又密鑼緊鼓地進行著。當時，最有實力問鼎權力大位的，有兩個人，一個是三十四歲的皇太極的長子肅親王豪格，他隨父南征北戰，擁有父親親將的兩黃旗和伯父代善鑲紅旗、堂叔濟爾哈朗鑲藍旗的擁護和支持；一個是努爾哈赤的十四子、三十二歲的睿親王多爾袞，他雄才大略，用兵很能把握分寸，頗得皇太極倚重和信賴。他曾西征察哈爾林丹汗殘部，得元朝傳國玉璽而歸，在大臣、親王中有很高的威望，他的擁護者有英親王阿濟格、豫郡王多鐸以及正、鑲兩白旗將領。自皇太極去世，兩派之間串聯、遊說、結盟、分崩，頻繁的明爭暗鬥，短短幾天直弄得水火不容，必欲置對方於死地而後快。

八月十四日，皇太極死後第五天，按捺不住的兩派終於攤牌了。一開始，年高輩尊的代善力挺豪格：「虎口（豪格）帝之長子，當承大統。」豪格欲擒故縱，起身遜謝說：「福小德薄，非所堪當」。說完，自以為穩操勝券的豪格便起身離開了會場。豪格一謙讓一離開，阿濟格、多鐸就乘機勸多爾袞即位。為掩人耳目，也有人提出立代善為帝，代善不願陷入這漩渦之中，連忙說：「吾以帝兄，當時朝政，尚不預知，何可參於此議乎！」說完退場，阿濟格也跟隨而去。眼看著推舉之事一時陷入僵局，這時，一直沒有開口的多爾袞提出另外一個方案：「虎口王即讓而去，無繼統之意，當立帝之第三子，而年歲幼稚，八高（固）山軍兵，否與右真王（濟爾哈朗）分掌其半，左右輔政，年長之後，當即歸政。」由幼皇子嗣位，由他多爾袞和濟爾哈朗輔政，兩黃旗天子親兵的地位保持不變，這其實是個折中的方案，也是劍拔弩張的雙方都容易接受的方案。此言一出，兩黃旗大臣不再堅持立豪格，轉附多爾袞，會場上的氣氛頓時緩和了下來。經過協商，最後，大家一致同意立皇九子為帝。這樣在祭祖禱天、集體盟誓後，六歲的小娃娃福臨就被抱上了皇帝寶座。

雙方都手握重兵，每一方都有稱雄天下的實力，為什麼結果卻讓並無一兵一卒的六歲的小娃娃坐上了皇位？這真是令人有點匪夷所思了。其實，一方面就是因為雙方太勢均力敵了，使得任何一方都沒有絕對能夠戰勝對方的實力與把握，豪格和多爾袞，無論誰登基，都免不了引發一場大內戰大屠殺，這是誰都不希望看到的，所以關鍵時刻誰都不想輕舉妄動，誰也不會首先撕破臉皮。因此，豪格表面上屢次假意推辭，多爾袞也遲疑不決，兩人都既心有不甘，但又都不想鋌而走險，那麼這就給擁戴「第三者」福臨提供了一個絕好的機會。另一方面，可以說，這樣一種結局的出現，福臨的母親莊妃無疑在幕後起了關鍵性的作用。實際上，正是足智多謀的莊妃審時度勢，聯絡她的姑姑皇后哲哲，利用兩派之間的矛盾，巧妙周旋，左右說服，使多爾袞與豪格兩大勢力集團最終不得不達成妥協，將皇位給了年方六歲的福臨。不難猜想，這一雙方都能夠接受且避免了兩敗俱傷的提議，應該出自於莊妃：既滿足兩黃旗大臣立皇子的要求，又使多爾袞的權力欲望不致落空。當然，要使手握重兵、權力欲望極強的多爾袞接納這樣的方案，孝莊還得去多方施展她的手腕，讓多爾袞即便是心不服，口頭上也不會再說什麼。至於孝莊是如何給了多爾袞「溫柔一刀」，讓他最終繳械投降，偃旗息鼓，有的研究者認為孝莊向多爾袞獻出了自己。當然，這只是一種猜測罷了。

幕後的莊妃不動一刀一槍，化解了一場險象環生的皇位之爭，把自己的兒子扶上了皇帝寶座，坐收了「漁人之利」。在這一次差點兒釀成內亂的皇位爭鬥中，最終結果可以說各方都是贏家，但最大的贏家無疑是此時還不太起眼的莊妃。

福臨即位之後，次年改元順治，三十一歲的莊妃被尊為孝莊皇太后（因皇太極謚號稱文皇帝，故又稱孝莊文皇太后）。

三、眾說紛紜　太后下嫁

明崇禎十六年（一六四三年），李自成率領農民起義軍攻陷燕京（今北京），崇禎皇帝自縊身亡，明朝滅亡。消息傳到盛京，孝莊皇太后當機立斷，讓攝政王多爾袞率領大清所有兵馬大舉入關，以實現清太祖努爾哈赤和清太宗皇太極問鼎中原的遺願。多爾袞率清軍與明降將吳三桂合兵剿滅李自成的農民起義軍後，很快占領了北京。

清軍攻下北京後，孝莊皇太后力排眾議，決定遷都北京。順治元年（一六四四年）十月十九日，孝莊帶著福臨偕文武百官，在王公、群臣的跪拜下，離開盛京，浩浩蕩蕩向北京進發，大清帝國兩百七十多年入主中原的歷史，就這樣被一個女人輕輕拉開了帷幕。

入住紫禁城後，為鞏固清王朝的統治，孝莊皇太后接受明朝降官洪承疇、范文程的建議，在得到多爾袞的應允後，儘量使其朝廷機構設置在滿洲貴族處於核心地位的前提下，多參明朝政權機構框架，多使用原明朝文臣武將。另外，為減輕民眾稅賦，還特別頒旨，取消了明末的遼餉、剿餉、練餉和加派的稅賦、徭役等負擔，這對穩定清初的政局，發展國家經濟，起了相當大的作用。

除了輔助兒子治國平天下，此時，孝莊皇太后還得要拿出她全部的智慧與手腕與多爾袞巧作周旋。多爾袞對於皇位，實際上仍是非常嚮往的。雖然福臨登基後，他高踞攝政王之位，掌握大清實際上的軍政大權，但畢竟未能暢其所願坐上皇位，總是一種缺憾。因此，隨著他功業的累進，權勢的不斷增強，他的權力欲望也越加熾烈。他偷用御用器皿、私造皇帝龍袍，命史官按帝王之制為他撰寫起居注，還營建了規模超逾帝王的府第，而當年妨礙他獲得皇位的豪格，在不久之後的順治元年（一六四四年）就被他網羅罪名，廢為庶人，圈禁至死，與他同居輔政王之位的濟爾哈朗，儘管一開始就很明智地退避三舍，但順治四年（一六四七年）還是被罷去職位，第二年又降為郡王。

多爾袞排擠異己，結黨擅權，弄得關內關外，只知有睿王多爾袞，而不知還有個小皇帝，因此，當時很多人都認為，多爾袞廢帝自立，恐怕也只是個時機問題了。而此時，朝廷內外能夠讓多爾袞有所顧忌，讓他不那麼張揚跋扈的，恐怕也只有手無縛雞之力，也無一兵一卒的孝莊皇太后了。面對多爾袞的步步緊逼，孝莊採取隱忍、退讓的策略，她以靜制動，讓野心勃勃，狂妄不可一世的多爾袞始終在她的溫柔掌控之中。她讓福臨不斷給多爾袞戴高帽、加封號，不使多爾袞有能夠廢帝自立的理由與機會：順治元年十月，加封多爾袞為叔父攝政王，旋又加封為皇叔父攝政王；順治四年，停止多爾袞御前跪拜；順治五年（一六四八年）十二月，孝莊又建議順治帝尊多爾袞為「皇父攝政王」，遇元旦或慶賀大禮，多爾袞得可以與皇帝一起，接受文武百官的跪拜，享受和皇帝一樣的禮遇。

有一種說法，多爾袞之所以被尊為「皇父攝政王」，得以享受和皇帝一樣的待遇，是因為大約在順治四年年底，孝莊以太后的身分下嫁多爾袞，福臨之稱多爾袞為「皇父」，也正是因為這樣的原因，否則，享受九五至尊的他是萬不可以這樣稱呼多爾袞的。有關太后下嫁多爾袞之說，清代史書並無明確記載，但在民間，這個說法卻流傳甚廣，最早見諸文字者，是清末刊行的明朝遺臣張煌言（張蒼水）的《蒼水詩集》，其中〈建夷宮詞〉一詩，似有影射太后下嫁之事：

上壽觴為合巹尊，慈寧宮裡爛盈門。
春宮昨進新儀注，大禮恭逢太后婚。
掖庭猶說冊閼氏，妙選孀閨作母儀。

椒寢夢回雲雨散，錯將蝦子作龍兒。

慈寧宮是皇太后的居處，春官指禮部官員，「上壽」就是祝壽，所以本詩一開始應該是在說一個壽宴，「合巹」是古代少數民族結婚時候的一種習俗，有點像現代喝交杯酒的意思。「慈甯宮裡爛盈門」，是說慈甯宮裡張燈結綵喜氣洋洋。「大禮恭逢太后婚」，這個就非常清楚了，就是皇太后的壽宴恰好遇上婚禮，所以禮部就呈進了預先擬定的比較特殊的禮儀程式。婚禮和壽宴一起辦，這當然是一種猶抱琵琶半遮面、很策略的安排了。「掖庭猶說冊閼氏，妙選孀閨作母儀」，這兩句更是欲說還休，給了後人以很大的想像空間。張煌言的詩大概寫於順治六七年間，是當世人的記載，應該有一定的可信度，然而它畢竟還不是信史，但是可以斷定的是，張煌言的這首詩絕不是空穴來風，他應該也是聽到了什麼傳言，有所指，有感而發。

另外，在朝鮮《李朝實錄》中，有一段涉及「皇父」的文字，也很是耐人尋味：「順治六年二月壬寅，上（朝鮮國王）曰：『清國諮文中有皇父攝政王之語，此何舉措？』金自點曰：『臣問於來使，則答曰今則去叔字，朝賀一事，與皇帝一體云。』鄭太和曰：『敕中雖無此語，似是已為太上矣！』上曰：『然則二帝矣！』」清廷使臣答朝鮮官員金自點那句話，閃閃爍爍，含糊其辭，正可說明其中確有難言之隱。朝鮮大臣鄭太和指出多爾袞已做了太上皇，則是已看出其中端倪，實際上也就是說多爾袞已經當了皇帝的父親，太后已然是下嫁攝政王多爾袞了。

清朝滅亡後，民國教育部在清理清禮部檔案時，發現在曆科殿試策文中，「皇父攝政王」

這幾個字，與「皇上」為同格抬寫；而在皇帝御批件的檔案裡面，順治四年之後的內外奏疏，也多稱多爾袞為「皇父」，可見多爾袞享受皇帝一樣的待遇，為「皇」之「父」，乃滿朝上下的一種共識。另外，順治七年（一六五〇年）十二月多爾袞死後，朝廷追尊其為「誠敬義皇帝」，一切均用皇帝喪儀，神位附太廟（祭祖之地），這種待遇，除了皇帝本人，只有以旁支入繼大統的皇帝的生父才配享用，如果僅作為皇叔或者輔政大臣，多爾袞自然是不可能享受這種「哀榮」的。這似乎是在告訴人們，多爾袞名為攝政王，實為太上皇，為皇上之「繼父」也。

當然，太后下嫁的直接史料，至今尚未發現，關於這一疑案，現在也還難有定論。但不管怎麼說，即便是孝莊下嫁多爾袞，那也是為了兒子的皇位，為了保住他們孤兒寡母的性命所作的一種迫不得已的選擇。所以多爾袞一去世，飽受屈辱的孝莊便對多爾袞來了個徹底的，甚至是矯枉過正的清算，不但對死去的多爾袞削爵毀墓並撤去太廟牌位，而且孝莊還透過兒子福臨，一方面對八旗王公、大臣普施皇恩，封爵晉位，升遷賞賜，另一方面對受多爾袞迫害的冤案一律給予平反昭雪，恢復爵位和官職。被多爾袞害死的肅親王豪格，不但被徹底平了反，其兒子還被封為和碩親王和議政大臣。真乃三十年河東，三十年河西。

四、兩扶幼主　三慰帝心

多爾袞死了，孝莊心中一塊大石頭落了地。但是，這邊孤兒寡母與多爾袞之間關乎生死存亡的權力角逐剛告一段落，她卻又陷入了家庭矛盾的漩渦之中。原來，滿蒙聯姻，互為倚重，本是清太祖努爾哈赤在位時定下的一項基本國策，大清帝國的建立，蒙古諸部特別是科爾沁部也是立下了汗馬功勞，蒙古王公一直是大清倚為股肱的一股重要力量。也正是因為如此，深諳世事的孝莊將自己跟皇太極所生的三位公主，分別嫁與了蒙古貴族弼爾塔哈爾、色布騰和鏗吉爾格。順治八年（一六五一年），福臨親政伊始，孝莊即將自己親侄女、大哥卓理克圖親王吳克善的女兒博爾濟吉特氏接到北京，封她為皇后，正中宮之位。孝莊此舉，也可算是公私兼顧，為滿蒙聯盟又加了一個牢牢的扣兒。但令孝莊想不到的是，這位聰明、漂亮，喜歡奢侈、愛嫉妒的博爾濟吉特氏皇后，卻很不討丈夫福臨的喜歡。結婚後不久，福臨就向孝莊及大臣們表示，他要廢后另立。儘管孝莊以母親的身分嚴詞不允，大臣們也屢次諫阻，但這位固執的小皇帝卻毫不退讓。順治十年（一六五三年）八月，見實在阻止不了兒子了，孝莊便作出讓步，同意降皇后博爾濟吉特氏為靜妃，改居側宮。然後，一六五四年，孝莊特地將兩個侄孫女、二哥察罕郡王的兩個孫女召進宮來，封姐姐為孝惠章皇后，封妹妹為淑惠妃，這樣皇后之位還是由蒙古人來擔當，大清的另一半，也還是蒙古人。

但此時福臨已經如癡如醉地戀上了他的同父異母的弟弟博穆博果爾的福晉董鄂氏，他覺得這個弟媳不但精通詩文，而且性格溫順，儀表端莊，正是自己尋覓已久的紅顏知己。本來，董鄂氏是因為丈夫博穆博果爾經常從軍出征，她按例入宮侍奉后妃，這才與福臨有相識之機的，誰知兩人竟一見鍾情，很快墜入情網。孝莊知曉了這一危險的宮廷偷情後，驚恐異常，她知道如果任其發展下去，那就勢必禍起蕭牆，大清國有滅頂之虞啊！為防患於未然，她立刻宣布「嚴上下之體，杜絕嫌疑」，即日廢除命婦入侍舊例。與此同時，她還趕緊接自己兩個侄孫女進宮，讓她們跟兒子完婚，試圖以兩位美麗的少女來籠絡住小皇帝的心。但孝莊所做的這一切並不能阻止福臨對董鄂氏的迷戀。為了掩人耳目，也為了獲得更多接近董鄂氏的機會，順治十二年（一六五五年）二月，福臨特地封博穆博果爾為和碩襄親王。

當然，流言蜚語很快就傳入博穆博果爾耳中，他關起門來將妻子董鄂氏狠狠地訓斥了一番。但博穆博果爾萬萬沒有想到，在聽說他訓斥了董鄂氏之後，他那當皇帝的哥哥竟然一抬手就給了他一耳光。被戴了綠帽，又挨了打，羞憤難當的博穆博果爾選擇了自殺——時為順治十三年（一六五六年）七月。

為了把負面影響降到最低，孝莊要求兒子將博穆博果爾按親王體例發喪，待二十七天喪服期滿後，孝莊又派人將董鄂氏接入宮中，先封為賢妃，一個月後，又按兒子的意願，晉封她為皇貴妃。

在後宮，皇貴妃地位僅次於皇后，不過福臨對母親的這種安排還是很不滿意，他認為董鄂氏有德有才，堅持一定要立董鄂氏為皇后。一次，孝莊身體欠佳，皇后未能及時去探視，福臨便抓住機會，指責皇后「禮節疏闕，命停應進中宮箋表」，並將此事交由諸王公貝勒及大臣們討論，準備第二次廢后了。本來，皇帝廢后另立，哪朝哪代都有，算不上什麼大事，但福臨的先後兩位皇后都是來自蒙古，說到底，這是一場政治利益大於一切的婚姻，假如福臨再度廢后另立，這就違反了滿蒙多年來達成的默契，勢必要影響滿蒙關係，動搖大清的立國之基了。深明其中利害關係的孝莊自然不能容許兒子如此胡來，她憑著自己太后加母親的威嚴，使得兩個月後，福臨同意仍「如舊制封進」。

但是此後，福臨仍特別執拗的要廢后另立。為表明自己堅持到底的決心，甚至公然下令摳去太廟匾額上的蒙古文字。面對這樣多情執著的兒子，孝莊小心翼翼地維持著這微妙而又緊張的母子婆媳關係，讓大清帝國的基業不致因後宮的變故而發生動搖。所幸的是，孝莊的這份苦心與無奈，福臨與皇后不理解，通達人情的董鄂氏卻能夠體諒，她不惜委屈自己，主動周旋於皇后與皇帝之間，儘量緩和調節兩人之間的關係，有時甚至到了孝莊所難以達到的作用。見董鄂氏如此的通情達理，豁達大度，孝莊也不再把她當外人，有事先與她商量，心裡話也總是向這位兒媳婦傾訴，以至於到後來婆婆對這位兒媳到了須臾不能離開的地步。但儘管如此，深知其中輕重厲害的孝莊仍堅守著自己的底線——絕不允許兒子再廢后另立！

另外，為培養福臨的執政能力，孝莊還為兒子寫下激勵忠言：「為天子者，處於至尊，誠為不易。民國者之本，治民必簡任賢才，治國必親忠遠佞，用人必出於灼見真知，蒞政必加以詳審剛斷，賞罰必得其平，服用必合乎則。毋作奢靡，務圖遠大，勤學好問，懲忿戒嬉。倘專事佚豫，則大業由茲替矣。凡幾務至前，必綜理勿倦。誠守此言，豈惟福澤於萬世，亦大孝之本也」。作為一名少年天子，性情急躁的福臨有時遇事難免不夠冷靜穩重。順治十六年（一六五九年）六月，南明將領鄭成功率兵圍困江寧（今南京），揚言要蕩平江南，直取北京。消息傳來，福臨驚慌失措得提出要放棄北京退守關外。對此，孝莊嚴詞斥責：祖宗的基業，怎能輕易斷送？羞愧難當的福臨遂拔劍擊几，逝言要御駕親征。孝莊又耐心勸說：皇帝貴為天子，不應意氣用事，每臨大事尤其要冷靜對待。最終福臨改為留在北京坐鎮指揮，派大軍快速增援，又由於鄭成功決策的失誤，不久江寧之圍即解。

順治十四年（一六五七年）十月，董鄂氏生下一個兒子，雖然這是福臨的第四個兒子，然而此子一出生，他即下詔立其為太子。不幸的是，三個多月後，順治十五年的農曆正月二十四，這位備受寵愛的皇太子即不幸因病夭折了。雖然為減少董鄂氏的喪子之痛，順治追封這位短命的皇太子為榮親王，然經此打擊，董鄂氏卻從此一病不起，勉強在病榻上捱了兩年，順治十七年（一六六〇年）八月，這位集萬千寵愛於一身的皇貴妃即香消玉殞，撒手追子而去。兩年之內連遭喪子喪妻之痛，極重感情的福臨從此也是精神頹落，鬱鬱寡歡，未出半年，即因患痘症追妻尋子而去。

福臨臨終前，本想把皇位傳給次子福全，但孝莊看中了玄燁，遂通過皇帝信賴的傳教士湯若望，以玄燁出過天花為由，勸說福臨改立皇三子玄燁，於是，八歲的玄燁成為大清新帝（年號康熙）。

為避免重蹈攝政王擅權的覆轍，福臨臨終前有意安排了四位滿洲老臣索尼、遏必隆、蘇克薩哈和鰲拜輔政。安徽有位叫周南的秀才，千里迢迢趕到北京，以皇帝尚未成年不能親政為由，上書懇請孝莊太皇太后垂簾聽政，被孝莊嚴詞拒絕了。雖然她有足夠的聲望、資歷、能力與理由，但孝莊她很清楚，外戚干政，后妃臨朝，此例一開，勢必為後代所效仿，引發動盪與內亂，給朝政增添無法預料的變數。因此，她堅持把朝政託付給四大臣，自己則多方延師傾力調教小孫子玄燁，培養他各方面的才能，以便他將來能擔當起統御龐大清帝國的重任。

玄燁八歲即位，十歲時，生母佟佳氏即不幸病故，所以，雖然貴為大清皇帝，但他在這世界上唯一的親人，也就只剩下他的皇祖母孝莊太皇太后了。而對於孝莊而言，玄燁登基，等於是歷史又重演了一回。她又得和十七年前一樣，肩負起培養幼帝，把握政局的重任，只不過這一次兒子變成了孫子，年齡上由六歲變成八歲。

因為有了教導兒子的一番經歷，孝莊對小皇孫的教導，從一開始就做到高標準、嚴要求。她不光關心他的起居，對他的言語舉止，也都立下規矩，稍有逾越，則嚴加責罰，毫不留情。康熙後來回憶說：「朕自幼齡學步能言時，即奉聖祖母慈訓，凡飲食、動履、言語，皆有規度，雖平居獨處，亦教以罔敢越軌，少不然即加督過，賴是以克有成。」當然，玄燁也沒有辜負皇祖母的苦心和期望，他從小「即知黽勉（努力）學問，好讀書，嗜書法，留心典籍，竟至過勞，痰中帶血，亦未少輟」，成為歷史上少有的不恥下問、勤奮好學的帝王，並很快成長為一代有為的英主。另外，孝莊還注重以西方的先進文化來培養康熙，她先後聘請了多名西人到宮中，比如德國人湯若望、義大利人利類思、葡萄牙人安文思、比利時人南懷仁等，他們教小皇帝天文、數學、地理、繪畫和醫學等課程。玄燁還學以致用，讓南懷仁設計出適合山區作戰的輕型火炮，在平「三藩之亂」中，這種火炮顯示了巨大的威力。可以說玄燁之成長為雄才大略一代名帝，清王朝在康熙朝得以全面復興，形成一個較為清平繁榮的黃金時代，康乾盛世的到來，其首功，應該歸之於孝莊。

康熙十四歲親政以後，孝莊則大膽放手讓孫子去處理朝政，很少干預。她諄諄教導孫兒：「古稱為君難。蒼生至眾，天子以一身臨其上，生養撫育，莫不引領，必深思得眾得國之道，使四海咸登康阜，綿歷數於無疆，惟休。」「祖宗騎射開基，武備不可弛。用人行政，務敬以承天，虛公裁決。」（《清史稿》〈后妃傳〉）

除了耳提面命，不斷提醒兒子、孫兒要勤政愛民，孝莊也憑著她的身分與威望，以適當的方式不斷幫助兒子、孫子去治理這個龐大的帝國。為了得到漢族官吏的支持，順治九年（一六五二年），孝莊皇太后把為清朝戰死的定南王孔有德的女兒孔四貞留在身邊，加封她為和碩格格，她還敢於衝破滿漢不通婚的祖制，於順治十年（一六五三年），將皇太極的十四女和碩恪純公主下嫁給吳三桂之子吳應熊。

康熙登基後，在康熙初年紛繁複雜的政局中，孝莊盡力以自己的影響平衡著各種關係，維持政局的穩定。康熙初年，輔政大臣鰲拜結黨營私，擅權專政，孝莊在給孫子挑選皇后時，一反常規，她沒有繼續從其母族博爾濟吉特氏中挑選，而是親定首輔索尼的孫女赫舍里氏為皇后，以索尼來牽制鰲拜，體現了一個政治家的胸襟與識見（康熙後來成功剷除鰲拜，也與孝莊的支持分不開的）。孝莊一生生活儉樸，反對奢華，後宮的用具，多年不讓更新，但每逢荒年欠歲，她都「輒發帑賑恤」，把宮中積蓄拿出來做賑濟。比如順治十年（一六五三年）七月，南方暴雨成災，百姓流離失所，她特地將宮中節省下來的八萬兩銀子拿出來賑濟災民。順治十一年、十三年，她又分別拿出四萬兩和三萬兩銀子用於救災。康熙年間，吳三桂叛亂，為支持朝廷平叛，孝莊「念從征將士勞苦，發宮中金帛加犒」（《清史稿》〈后妃傳〉），又把節省下的銀兩捐出犒賞出征的士兵。

康熙二十六年農曆十二月，孝莊病危，康熙親奉湯藥，晝夜不離左右，並親自率領王公大臣步行到天壇，祈告上蒼，請求折損自己壽命，增延祖母壽數。康熙在誦讀祝文時，禁不住涕淚交流，動情地說：「憶自弱齡，早失估恃，趨承祖母膝下，三十餘年，鞠養教誨，以至有成。設無祖母太皇太后，斷不能致有今日成立，同極之恩，畢生難報……若大算或窮，願減臣齡，冀增太皇太后數年之壽。」（《清聖祖聖訓》卷一）然人生自有定數，這一年的十二月二十五日（西曆一六八八年一月二十七日），孝莊這位從蒙古大草原走出來的親善大使，有清一代最為傑出的女政治家，走完了她七十五歲披荊斬棘、多彩多姿的人生旅程，安然離開了人世。

孝莊在彌留之際，曾囑咐康熙說：「太宗奉安久，不可為我輕動。況我心戀汝父子，當於孝陵近地安厝，我心始無憾。」（《清史稿》〈后妃傳〉）皇祖母去世後，康熙遵囑，將孝莊生前居住的慈寧宮東王殿五間房子拆建於昌瑞山下，稱「暫安奉殿」，停靈其中。然而誰也未曾想到，孝莊梓宮暫安奉殿，卻一下子「暫安」了三十八年！直到雍正三年（一七二五年），她的重孫子雍正才命人在暫安奉殿原處就地草草建起一座陵園，將孝莊靈柩葬入地宮（因其陵在盛京太宗皇太極昭陵之西，故稱「昭西陵」）。有的研究者認為，孝莊遺囑中「不忍」云云，不過是一種托詞，其實是因為她下嫁多爾袞，自知無顏於九泉下復見本夫皇太極，故只得另外「擇吉安厝」了。也有人認為，其實遺囑本身可能就是清宮精心設計的一種偽詞，為下一步孝莊不與皇太極合葬另擇地安葬找藉口作鋪墊，所以要解孝莊下葬之謎，「太后下嫁」又是一個繞不開的話題①。

布木布泰，莊妃，孝莊皇太后，孝莊太皇太后，這位流淌著成吉思汗黃金家族血液的大家閨秀，兩輔幼帝，經歷無數驚濤駭浪，以她的睿智、嫵媚、堅韌和剛強，歷經人世滄桑，搏擊時代風雲，成就名留青史的偉業。她沒有、也不要任何政治頭銜，只以一位妻子、一位母親、一位祖母的自然身分，在幕後為丈夫、為兒子、為孫子默默地奉獻。她先後佐助三代帝王，主持了入關、定都、滅明三件大事，對大清的建立、鞏固和繁榮，作出卓越的貢獻。可以這麼說，她當時在朝廷中的地位，並不亞於唐代的武則天，但她卻不稱帝；她的權威，也絕不小於後代的慈禧太后，但她也不「垂簾聽政」。作為一名傑出的具有遠見卓識的女政治家，孝莊在滿清宮廷鬥爭的漩渦中奮鬥了一生，其芬芳永澤後人，也為一部和親史譜下了光輝動人的篇章。

附注

①中國人崇尚「入土為安」，但康熙卻三十多年不葬祖母，雖然雍正解釋為康熙與祖母感情篤深，不忍下葬，但這種托詞是說不過去的，其中必有迫不得已的隱衷。有人認為，孝莊絕無下嫁多爾袞之事，但其失身卻是不可避免的。孝莊留下遺旨不與太宗皇太極合葬，就是認為自己白璧有玷之身無法再與太宗同穴。康熙完全了解孝莊當年辱身以嫁的苦心，所以在孝莊生前，孝養無微不至；孝莊去世之時，不能將她葬於皇太極昭陵，但是康熙又不忍心讓祖母孤零零地別葬他處，於是就出現了停孝莊梓宮數十年而無法下葬的局面。

國家圖書館出版品預行編目(CIP)資料

和親美人計／李鴻建著 . -- 初版 . -- 臺北市：
遠流，2017.08
面；　公分
ISBN 978-957-32-8040-8（平裝）

1. 女性傳記　2. 中國

782.22　　106011539

和親美人計

作　　者——李鴻建
總監暨總編輯——林馨琴
責任編輯——楊伊琳
特約編輯——陳宜靜
行銷企畫——張愛華
封面設計——小比

發 行 人——王榮文
出版發行——遠流出版事業股份有限公司
地址：臺北市10084南昌路二段81號6樓
電話：（02）36926899　傳真：（02）23926658
郵撥：0189456-1
著作權顧問——蕭雄淋律師
2017年8月1日　初版一刷

新台幣定價300元　（缺頁或破損的書，請寄回更換）

ISBN 978-957-32-8040-8

YLib 遠流博識網
http://www.ylib.com　E-mail:ylib@ylib.com